Bundesärztekammer (Hrsg.)
Die Medizinische Fachangestellte

Die Medizinische Fachangestellte

Erläuterungen und Umsetzungshilfen zur Ausbildungsverordnung

Herausgegeben von der Bundesärztekammer
Bearbeiterin R. Bristrup

Unter Mitarbeit von H.-W. Buchholz, A. Erdt, R. Hoerschelmann, R. Klakow-Franck, W. Kunstmann

Mit 13 Abbildungen

Auf CD-ROM: Individuell anpassbarer Ausbildungsplan mit Anhang; Gesetzestexte, Lehrpläne, Adressverzeichnis und Internetlinks

Deutscher Ärzte-Verlag Köln

ISBN 978-3-7691-3274-8
ISBN   3-7691-3274-2

aerzteverlag.de

Bibliografische Information der Deutschen Nationalbibliothek
Die Deutsche Nationalbibliothek verzeichnet diese Publikation in der Deutschen Nationalbibliografie; detaillierte bibliografische Daten sind im Internet über http://dnb.d-nb.de abrufbar.

Die Wiedergabe von Gebrauchsnamen, Handelsnamen, Warenbezeichnungen usw. in diesem Werk berechtigt auch ohne besondere Kennzeichnung nicht zu der Annahme, dass solche Namen im Sinne der Warenzeichen- oder Markenschutz-Gesetzgebung als frei zu betrachten wären und daher von jedermann benutzt werden dürfen.

Wichtiger Hinweis:
Die Medizin und das Gesundheitswesen unterliegen einem fortwährenden Entwicklungsprozess, sodass alle Angaben immer nur dem Wissensstand zum Zeitpunkt der Drucklegung entsprechen können.
Die angegebenen Empfehlungen wurden von Verfassern und Verlag mit größtmöglicher Sorgfalt erarbeitet und geprüft. Trotz sorgfältiger Manuskripterstellung und Korrektur des Satzes können Fehler nicht ausgeschlossen werden.
Der Benutzer ist aufgefordert, zur Auswahl sowie Dosierung von Medikamenten die Beipackzettel und Fachinformationen der Hersteller zur Kontrolle heranzuziehen und im Zweifelsfall einen Spezialisten zu konsultieren.
Der Benutzer selbst bleibt verantwortlich für jede diagnostische und therapeutische Applikation, Medikation und Dosierung.
Verfasser und Verlag übernehmen infolgedessen keine Verantwortung und keine daraus folgende oder sonstige Haftung für Schäden, die auf irgendeine Art aus der Benutzung der in dem Werk enthaltenen Informationen oder Teilen davon entstehen.

Copyright © 2007 by
Deutscher Ärzte-Verlag GmbH
Dieselstraße 2, 50859 Köln

Umschlagkonzeption: Hans Peter Willberg und Ursula Steinhoff
Satz: Plaumann, 47807 Krefeld
Druck/Bindung: Ebner & Spiegel, Ulm

5 4 3 2 1 0 / 601

Autorenverzeichnis

Dipl.-Päd. Rosemarie Bristrup
Referentin im Dezernat 3 der Bundesärztekammer,
zuständig für die Fachberufe im Gesundheitswesen
Herbert-Lewin-Platz 1
10623 Berlin

Dipl.-Bw. Hans-Werner Buchholz
Kaufmännischer Geschäftsführer
Ärztekammer Schleswig-Holstein
Bismarckallee 8–12
23795 Bad Segeberg

Armin Erdt
Abteilungsleiter Medizinische Assistenzberufe
Bayerische Landesärztekammer
Mühlbaurstraße 16
81677 München

Ass. Roswitha Hoerschelmann
Leiterin der Abteilung Arzthelfer/in – Ausbildungswesen
Landesärztekammer Hessen
Im Vogelsgesang 3
60488 Frankfurt

Dr. med. Regina Klakow-Franck, M.A.
Stellv. Hauptgeschäftsführerin
Leiterin des Dezernats 3 der Bundesärztekammer,
u.a. zuständig für Qualitätssicherung und
Qualitätsmanagement
Herbert-Lewin-Platz 1
10623 Berlin

Dr. rer. medic. Wilfried Kunstmann
Referent im Dezernat 1 der Bundesärztekammer,
zuständig für Gesundheitsförderung
Herbert-Lewin-Platz 1
10623 Berlin

Grußwort

Nach genau 20 Jahren wird die bisherige Ausbildung zur Arzthelferin zum 01.08.2006 durch die neue Ausbildungsverordnung für Medizinische Fachangestellte abgelöst.

Mehrere Jahre hat es gedauert, bis aus dem Projekt „Neuordnung" Realität wurde: Auf der Basis wissenschaftlicher Vorarbeiten zum Qualifikationsbedarf bei Arzthelferinnen haben zunächst die Gremien der Bundesärztekammer und dann Sachverständige von Arbeitgeber- und Arbeitnehmerseite beim Bundesinstitut für Berufsbildung beraten; die Bundesministerien für Gesundheit sowie für Bildung und Forschung und die Kultusministerkonferenz für die Berufschulseite waren am Prozess beteiligt. Das Ergebnis des Novellierungsverfahrens ist im Konsens aller Beteiligten entstanden und muss nun ebenso in gemeinsamen Anstrengungen aller Ausbildungspartner – Betriebe, Berufsschulen, Ärztekammern, Auszubildende – in die Tat umgesetzt werden.

Die neue Verordnung kommt zu einer Zeit, in der das deutsche Gesundheitswesen vor großen medizinischen, strukturellen und ökonomischen Herausforderungen steht. Sie soll einen Beitrag dazu leisten, dass die Medizinische Fachangestellte den Strukturwandel als qualifizierte Mitarbeiterin in Arztpraxen sowie stationären und anderen Versorgungseinrichtungen an prominenter Stelle begleiten und mitgestalten kann. Fachliche Kompetenz in Behandlungsassistenz und Praxismanagement, patientenorientierte Betreuung und die Fähigkeit zur Kooperation und Koordination sind die notwendigen Voraussetzungen hierfür – Kompetenzen, die das modernisierte Berufsbild in den Mittelpunkt rückt.

Durch diese Erläuterungen will die Bundesärztekammer dazu beitragen, die Umsetzung der anspruchsvollen Ziele der Verordnung in Betrieb, Berufsschule und Kammer zu erleichtern.

Prof. Dr. med. Dr. h.c. Jörg-Dietrich Hoppe
Präsident der Bundesärztekammer

Dr. med. Cornelia Goesmann
Vizepräsidentin und Vorsitzende der
Fachberufegremien der
Bundesärztekammer

Inhaltsverzeichnis

1 Wie ist die Broschüre aufgebaut?

Diese Broschüre soll allen am Ausbildungsprozess Beteiligten, insbesondere Ärzten, die Umsetzung der neuen Ausbildungsverordnung erleichtern und einen möglichst reibungslosen Übergang von der Arzthelferin zur Medizinischen Fachangestellten ermöglichen oder eine erstmalige Ausbildung begleiten.[1] Die Verordnung selbst sowie alle wesentlichen Informationen, die sich aus ihr ergeben oder diese ergänzen, sind hier zusammengestellt und ausführlich erläutert:

→ Der Leser erhält zur Orientierung zunächst einen Überblick über die Ziele der Neuordnung und die veränderten Akzente des Berufsbildes.

→ Es folgen die einzelnen Paragrafen der Verordnung im Wortlaut und mit Kommentaren sowie Verknüpfungen zum Berufsbildungsgesetz.

→ Der komplette Ausbildungsrahmenplan wird in übersichtlicher Tabellenform dargeboten. Jedes Einzelne der insgesamt 143 Lernziele innerhalb der zehn Berufsbildpositionen wird darüber hinaus in Form von erläuternden Stichworten konkretisiert. Dieser Stichwortkatalog ist *nicht* Bestandteil der Verordnung selbst, sondern dient der Illustration der allgemein gehaltenen und umfassenden Lern- bzw. Ausbildungsziele durch die Verfasserin. Die Erläuterungen sollen für Ausbildende und Ausbilder eine praktische Hilfestellung für die Ausbildung im Betrieb sein, auch mit Blick auf die deutlich gestiegenen Prüfungsanforderungen.

Jeder der zehn Berufsbildpositionen ist außerdem eine komplexe Zielbestimmung vorangestellt. Sie beschreibt die anzustrebende Endkompetenz und die gewünschten beruflichen Einstellungen und Fähigkeiten in umfassender Form, um das modernisierte Berufsbild zu charakterisieren.

→ Der Rahmenlehrplan für den Berufsschulunterricht einschließlich der allgemeinen und berufsbezogenen Vorbemerkungen in der von der Ständigen Konferenz der Kultusministerien der Länder beschlossenen Fassung wird wiedergegeben. Eine kurze Einführung in das Lernfeldkonzept soll die „neue" Berufsschuldidaktik verständlich machen.

---

1 Aus Gründen der besseren Lesbarkeit wird bei der Verwendung des Begriffs „Arzt" die weibliche Form und bei Verwendung der Begriffe „Medizinische Fachangestellte", Auszubildende o.Ä. die männliche Form mitgedacht.

→ Das Muster eines betrieblichen Ausbildungsplanes (auch auf CD-ROM) stellt eine praktische Hilfestellung für die Ausbildung dar.

→ Von Interesse sind sicher auch die Hinweise zu den Anforderungen und Durchführungsmodalitäten der Abschlussprüfung.

→ In den „Beiträgen" findet der Leser komprimierte Zusammenfassungen zu wichtigen Einzelthemen.

→ Im Informationsteil sind die Adressen aller Ärztekammern, weiterer wichtiger Institutionen und Einrichtungen sowie deren Websites zusammengestellt. Er wird ergänzt um wichtige Texte oder Textauszüge für Ausbildung und Berufstätigkeit.

Zu einigen Inhalten haben weitere Autoren namentlich ausgewiesene Fachbeiträge geleistet. Ihnen sowie Frau Dr. Goesmann für die stets konstruktive Begleitung dieser Veröffentlichung gilt der Dank der Verfasserin. Hinweise der Leser und Nutzer sind stets willkommen, um diese Handreichung fortzuentwickeln.

2 Was ist neu?

Die Ausbildungsverordnung für Medizinische Fachangestellte ist eine Antwort auf die veränderten medizinischen, technischen, strukturellen und wirtschaftlichen Anforderungen in der medizinischen Versorgung: Das Krankheitsspektrum, die Patientenstruktur und das Patientenverhalten haben sich verändert; es gibt mehr ältere, multimorbide, chronisch kranke Patienten und ein gestiegenes Informations- und Anspruchsniveau. EDV und Telematik durchdringen alle Anwendungsbereiche. Der medizinisch-technische Fortschritt verändert permanent die medizinische Behandlung. Medizinische Erfordernisse und wirtschaftliche Rahmenbedingungen erfordern neue Organisations- und Kooperationsformen; Arbeits- und Betriebsorganisation sowie Verwaltung werden mit den Instrumenten des Qualitätsmanagements modernisiert und effektiviert.

Die Medizinische Fachangestellte als kompetente Mitarbeiterin des Arztes in verschiedenen Betriebsformen ist ausführend und gestaltend in alle Behandlungs- und Verwaltungsprozesse eingebunden. Ihr Qualifikationsprofil war deshalb auf die gegenwärtigen wie zukünftigen Anforderungen in der Patientenversorgung auszurichten. Dabei wurde das bewährte Berufbild mit gleichgewichtigen Ausbildungsanteilen in den Bereichen Behandlungsassistenz und Betriebsorganisation und -verwaltung beibehalten, ebenso das Ziel einer Allround-Fachkraft, die in allen ärztlichen Fachgebieten einsetzbar ist. Folgende Neuerungen sind darüber hinaus zu nennen:

◢ Die **neue Berufsbezeichnung** spiegelt das Selbstverständnis eines modernen Gesundheitsfachberufes und den gestiegenen Anspruch wider. Gleichzeitig kommt darin der stärkere Dienstleistungscharakter und das erweiterte Einsatzspektrum auch im stationären Bereich und in anderen medizinischen Versorgungseinrichtungen zum Ausdruck.

◢ Die **Ausbildungsinhalte** wurden in Umfang und Niveau an die Erfordernisse einer modernen, qualitativ hoch stehenden Patientenversorgung angepasst: Kommunikation mit Patienten und im Team, insbesondere der Umgang mit Konflikten, Beschwerden und Störungen sowie die Patientenbetreuung, -koordinierung und -beratung wurden deutlich ausgeweitet. Die Ausbildungsbereiche Praxismanagement, Verwaltung und Abrechnung, Dokumentation, Datenschutz und Datensicherheit sowie Informations- und Kommunikationstechnologien wurden deutlich modernisiert bzw. neu aufgenommen. Qualitätsmanagement, Zeit- und Selbstmanagement sowie Marketing sind ebenfalls völlig neue Inhalte. Im Bereich der Behandlungsassistenz bleibt die Medizinische Fachangestellte „rechte Hand" des Arztes im bekannten Umfang: Sie assistiert bei Maßnahmen der Diagnostik und Therapie und führt vom Arzt angeordnete Maßnahmen durch. Sie begleitet den Patienten vor, während und nach der Behandlung und erläutert ärztliche Maßnahmen, Verordnungen und Verschreibungen. Handeln in Notfällen, Gesundheitsförderung und Prävention sind neue Schwerpunkte. Die Bereiche Hygiene und Arbeitsschutz wurden gemäß der gewachsenen Bedeutung neu akzentuiert.

◢ Ziel der Ausbildung ist die **berufliche Handlungsfähigkeit**. Damit ist ein Handeln im betrieblichen Gesamtzusammenhang gemeint, das selbstständiges Planen, Durchführen und Kontrollieren/Bewerten umfasst. Es geht damit über die Beherrschung rein fachlicher Fertigkeiten und Kenntnisse hinaus. Dem entsprechend sind die Ausbildungsziele im Ausbildungsrahmenplan handlungsorientiert bzw. in der Form eines zu erreichenden Endverhaltens beschrieben (s. Kap. 10.4).

◢ Die Ausbildung ist nicht mehr durch Wochenrichtwerte, sondern durch die neue **Zeitrahmenmethode** zeitlich gegliedert. Dies ermöglicht eine flexible Anpassung auf die praxisspezifischen Besonderheiten, z.b. das ärztliche Fachgebiet oder die Betriebsform.

◢ Inhalt, Struktur, Niveau und Zeitumfang der **Abschlussprüfung** sowie die **Bestehensregelung** wurden den allgemeinen Standards in der beruflichen Bildung angepasst. Das Prinzip der handlungsorientierten Ausbildung hat Konsequenzen insbesondere für den praktischen Prüfungsteil, der neu strukturiert und aufgewertet wurde.

Die neuen Inhalte und Strukturelemente der Ausbildung werden allen Beteiligten (ausbildenden Ärzten und Medizinischen Fachangestellten, Auszubildenden, Kammern und Berufsschulen) verstärkte Anstrengungen abverlangen. Die Gestaltung des Übergangs in den nächsten Jahren muss von allen Beteiligten intensiv und verantwortlich begleitet werden, damit die Neuordnung die Ergebnisse zeigt, die von allen gewünscht werden.

Arzthelferin	Medizinische Fachangestellte
1. Kenntnisse über das Gesundheitswesen und die ärztliche Praxis	1. Der Ausbildungsbetrieb
2. Arbeitsschutz, Arbeitshygiene, Umweltschutz und rationelle Energieverwaltung	2. Gesundheitsschutz und Hygiene
3. Maßnahmen der Paxishygiene	
5. Betreuung von Patienten in der ärztlichen Praxis	3. Kommunikation
	4. Patientenbetreuung und -beratung
6. Hilfeleistungen bei Notfällen	10. Handeln bei Not- und Zwischenfällen
4. Anwendung und Pflegen medizinischer Instrumente, Geräte und Apparate	8. Durchführen von Maßnahmen bei der Diagnostik und Therapie unter Anleitung und Aufsicht des Arztes oder der Ärztin
7. Mitwirken bei diagnostischen und therapeutischen Maßnahmen des Arztes	
8. Durchführen von Laborarbeiten einschl. der Qualitätssicherung	
9. Umgehen mit Arzneimitteln, Sera und Impfstoffen sowie mit Heil- und Hilfsmitteln	
10. Anwenden von medizinischen Fachausdrücken und Grundkenntnissen über Krankheiten	
11. Anatomie, Physiologie und Pathologie	
12. Prävention, Prophylaxe und Rehabilitation	9. Grundlagen der Prävention und Rehabilitation
13. Organisieren der Praxisabläufe einschl. Textverarbeitung	5. Betriebsorganisation und Qualitätsmanagement
14. Durchführen des Abrechnungswesens	6. Verwaltung und Abrechnung
15. Durchführen von Verwaltungsarbeiten	7. Information und Dokumentation
16. Umgehen mit Bestimmungen der Sozialgesetzgebung	

Abb. 2.1: Vergleich der Berufsbilder

3 Berufsprofil auf Deutsch, Englisch und Französisch

Deutsch

Berufsprofile sind komprimierte Überblicke über Arbeitsgebiete und berufliche Kernqualifikationen von Berufen in deutscher, englischer und französischer Sprache. Sie dienen der Transparenz beruflicher Qualifikationen gegenüber einem ausländischen Arbeitgeber und sollen z.B. Medizinische Fachangestellte bei der Bewerbung um einen Arbeitsplatz im Ausland unterstützen. Sie werden mit dem Abschlusszeugnis von der Ärztekammer ausgehändigt.

Berufsbezeichnung
Medizinischer Fachangestellter/Medizinische Fachangestellte
Anerkannt durch Verordnung vom 26. April 2006 (BGBl. I S. 1097)

Ausbildungsdauer
3 Jahre.
Die Ausbildung findet an den Lernorten Betrieb und Berufsschule statt.

Arbeitsgebiet
Medizinische Fachangestellte sind in Hausarzt- und Facharztpraxen, Krankenhäusern sowie anderen medizinischen Versorgungseinrichtungen tätig. Sie werden auch in medizinischen Laboratorien, in betriebsärztlichen Abteilungen von Unternehmen und im öffentlichen Gesundheitsdienst eingesetzt. Darüber hinaus sind sie in Institutionen und Organisationen des Gesundheitswesens beschäftigt.

Berufliche Qualifikation
Medizinische Fachangestellte
- assistieren bei Untersuchung, Behandlung und chirurgischen Eingriffen und helfen bei Notfällen,
- betreuen und beraten Patienten vor, während und nach der Behandlung,
- informieren Patienten über die Ziele und Möglichkeiten der Vor- und Nachsorge,
- führen Hygienemaßnahmen durch,
- führen Laborarbeiten durch,

- wenden Vorschriften und Richtlinien des Umweltschutzes an,
- organisieren Betriebsabläufe und überwachen Terminplanungen,
- wirken beim Qualitätsmanagement mit,
- führen Verwaltungsarbeiten durch,
- dokumentieren Behandlungsabläufe und erfassen erbrachte Leistungen für die Abrechnung,
- ermitteln Bedarf an Material, beschaffen und verwalten es,
- wenden Informations- und Kommunikationssysteme an,
- beachten die Regeln des Datenschutzes und der Datensicherheit,
- arbeiten team- und prozessorientiert.

Englisch

Designation of occupation
Medical assistant
Recognised by ordinance of 26 April 2006 (BGBl. I p. 1097)

Duration of traineeship
3 years
The venues for training are the company and part-time vocational school (Berufsschule).

Field of activity
Medical assistants work in GP and specialist practices, hospitals and other institutions providing medical care. They are also employed in medical laboratories, in company medical departments and in the public health service. In addition, they work in healthcare institutions and organisations.

Occupational skills
Medical assistants
- assist in examinations, treatment and surgical operations, and help in emergency cases
- support and advise patients before, during and after treatment
- inform patients regarding the aims and possibilities of preventive care and aftercare
- conduct measures to ensure hygiene
- conduct laboratory work
- apply regulations and guidelines relating to environmental protection
- organise workflows and monitor time schedules
- are involved in quality management
- perform administrative tasks
- document treatment procedures and record the services provided for accounting purposes
- determine the materials needed and procure and manage these
- make use of information and communications systems
- observe the regulations regarding data protection and data security
- work in a team and process oriented manner.

Französisch

Désignation du métier
Assistant(e) médical(e)
Métier reconnu par l'ordonnance du 26 avril 2006 (BGBl. I p. 1097)

Durée de la formation
3 ans.
La formation s'effectue en entreprise et à l'école professionnelle (Berufsschule).

Domaine d'activités
Les assistants médicaux travaillent dans les cabinets des médecins généralistes et spécialistes, les hôpitaux ainsi que les établissements de soins. Ils sont également employés dans les laboratoires d'analyses médicales, les services de santé des entreprises et des administrations, ainsi que dans les institutions et organismes d'hygiène et de santé publiques.

Capacités professionnelles
Les assistants médicaux
- apportent leur aide pour les examens et les traitements médicaux, pour les interventions chirurgicales et donnent les premiers secours en cas d'urgence,
- suivent et conseillent les patients avant, pendant et après le traitement,
- informent les patients sur les objectifs et les moyens de prévention et de post-traitement,
- appliquent des mesures d'hygiène,
- exécutent des travaux de laboratoire,
- appliquent les normes et directives relatives à la protection de l'environnement,
- organisent les processus de travail et contrôlent le calendrier,
- contribuent à l'assurance de la qualité,
- effectuent des tâches administratives,
- documentent les mesures de traitement appliquées et font le relevé des prestations pour leur imputation/facturation,
- déterminent les besoins en matériel, achètent et gèrent celui-ci,
- utilisent des systèmes informatiques et de communication,
- appliquent les normes de protection et de sécurisation des données,
- travaillent en équipe avec des objectifs de résultats.

4 Ausbildungsverordnung (im Wortlaut) mit Erläuterungen

Aufgrund des § 4 Abs. 1 in Verbindung mit § 5 des Berufsbildungsgesetzes vom 23. März 2005 (BGBl. I S. 931) und in Verbindung mit § 1 des Zuständigkeitsanpassungsgesetzes vom 16. August 2002 (BGBl. I S. 3165) und dem Organisationserlass vom 22. November 2005 (BGBl. I S. 3197) verordnet das Bundesministerium für Gesundheit im Einvernehmen mit dem Bundesministerium für Bildung und Forschung:

Das Berufsbildungsgesetz (BBiG) ist Grundlage der beruflichen Bildung in Deutschland. Es regelt die Ausbildungen in allen Ausbildungsberufen im sog. dualen System (Ausbildung in Betrieb und Berufsschule) – dies sind derzeit rund 350 –, aber auch die Berufsvorbereitung, die Fortbildung und die Umschulung.

Nach den §§ 4 Abs. 1 sowie 5 BBiG kann das jeweils zuständige Fachministerium auf Bundesebene Rechtsverordnungen erlassen, wodurch Ausbildungen staatlich anerkannt und die Inhalte in einer geordneten und in ganz Deutschland einheitlichen Berufsausbildung festgelegt werden. § 5 BBiG legt genau fest, was in dieser Verordnung geregelt werden muss. Im Falle der Medizinischen Fachangestellten, einem Gesundheitsfachberuf, ist das Bundesministerium für Gesundheit zuständiges Fachministerium. Das Bundesministerium für Bildung und Forschung ist bei allen Ausbildungsverordnungen sog. Einvernehmensministerium.

Die inhaltliche Erarbeitung dieser Ausbildungsverordnung erfolgte beim Bundesinstitut für Berufsbildung zusammen mit Sachverständigen der Bundesärztekammer, dem Verband Medizinischer Fachberufe (vormals Berufsverband der Arzt-, Zahnarzt- und Tierarzthelferinnen) und der Vereinten Dienstleistungsgewerkschaft.

Ausbildungsverordnungen regeln den Teil der Ausbildung, der sich in Betrieben abspielt. Im Falle der Medizinischen Fachangestellten sind dies im Wesentlichen Arztpraxen in der haus- und fachärztlichen Versorgung, aber auch zunehmend Krankenhäuser sowie weitere Einrichtungen z.B. Medizinische Versorgungseinrichtungen (MVZs).[1] Sie beinhalten verbindliche Vorschriften über Ziele, Inhalte und Durchführung der Ausbildung sowie über die Zwischen- und Abschlussprüfung.

---

1 Ist im Folgendem von Betrieb, Einrichtung oder Arztpraxis die Rede, sind immer alle Möglichkeiten eingeschlossen.

Parallel zur Ausbildungsverordnung für den betrieblichen Teil der Ausbildung wurde für den schulischen Teil bzw. den Berufsschulunterricht, der in der Zuständigkeit der Bundesländer liegt, von der Ständigen Konferenz der Kultusminister der Länder (KMK) ein Rahmenlehrplan erlassen. Dieser wird von den Bundesländern in landesspezifische Lehrpläne umgesetzt, die dem Rahmenlehrplan auf Bundesebene mehr oder weniger entsprechen. Wie bei allen Neuordnungsverfahren seit 1974 wurde auch diese Ausbildungsverordnung mit dem Rahmenlehrplan der KMK hinsichtlich der Lerninhalte und dem Zeitpunkt ihrer Vermittlung aufeinander abgestimmt, sodass eine sinnvolle Verzahnung von Ausbildung in Arztpraxis und Berufsschule gegeben ist (s. Kap. 7.2).

Dass die Ausbildungsverordnung Medizinische Fachangestellte eine Rechtsverordnung ist, bedeutet, dass sie rechtsverbindlich für alle am Ausbildungsprozess Beteiligten ist: den ausbildenden Arzt, das gegebenenfalls weitere ausbildende oder mit der Ausbildung beauftragte Personal, den Auszubildenden selbst sowie die zuständige Stelle (Ärztekammer) und deren Prüfungsausschüsse.

§ 1 Staatliche Anerkennung des Ausbildungsberufes
Der Ausbildungsberuf Medizinischer Fachangestellter/Medizinische Fachangestellte wird staatlich anerkannt.

Gemäß § 4 Berufsbildungsgesetz wird der Medizinischen Fachangestellten durch diese Bestimmung die staatliche Anerkennung eines Ausbildungsberufes zugesprochen. Diese staatliche Anerkennung bedeutet einen besonderen Rechtsstatus, da für einen anerkannten Ausbildungsberuf nur nach den Vorschriften der Ausbildungsordnung ausgebildet werden darf.

Mit der staatlichen Anerkennung ist gleichzeitig die Festlegung der Berufsbezeichnung sowie die Bundeseinheitlichkeit der Berufsausbildung verbunden. Sie bedeutet allerdings keinen strafbewehrten Schutz der Berufsbezeichnung im Sinne einer ausdrücklichen Erlaubnis zum Führen der Berufsbezeichnung, wie dies bei Fachberufen im Gesundheitswesen der Fall ist, die gemäß Art. 74 Abs. 1 Nr. 19 Grundgesetz als „sonstiger" Heilberuf gesetzlich geregelt sind.

Das Berufsbildungsgesetz verwendet seit dem 01.04.2005 für solche Gesundheitsfachberufe, die durch Ausbildungsverordnungen im dualen System geregelt sind, den Begriff „Gesundheitsdienstberufe" (§ 105 BBiG).

Für die Medizinische Fachangestellte sind als „zuständige Stellen" die Ärztekammern gesetzlich festgelegt (§ 71 Abs. 6 BBiG). Sie haben die Durchführung der Berufsausbildung zu überwachen und sie durch Beratung der Auszubildenden und der ausbildenden Ärzte zu fördern, z.B. durch Bestellung von Ausbildungsberatern.

Die frühere Berufsbezeichnung Arzthelfer/Arzthelferin wird mit Inkrafttreten dieser Verordnung zum 01.08.2006 durch die neue Bezeichnung Medizinische Fachangestellte abgelöst. In der neuen Bezeichnung kommt die Modernisierung des Berufsbildes gemäß § 4 zum Ausdruck. Eine nachträgliche „Umschreibung" von Prüfungszeugnissen oder sog. Arzthelferinnen-Briefen durch die Ärztekammern ist nicht möglich. Beide Berufsbezeichnungen bzw. Abschlüsse sind gleichwertig, denn es wird kein neuer Beruf geschaffen, sondern eine im Gesundheitswesen stattfindende Umgestaltung durch die Ausbildungsverordnung lediglich nachvollzogen. Es ist somit von fließenden Übergängen auszugehen. Die Qualifikation wird gegenüber dem Arbeitgeber u.a. durch das Prüfungszeugnis nachgewiesen.

§ 2 Ausbildungsdauer
Die Ausbildung dauert drei Jahre.

Die Berufsausbildung hat gemäß Berufsbildungsgesetz die für die Ausübung einer qualifizierten beruflichen Tätigkeit als Medizinische Fachangestellte notwendigen beruflichen Fertigkeiten, Kenntnisse und Fähigkeiten in einem geordneten Ausbildungsgang zu vermitteln. Ziel ist der Erwerb der beruflichen Handlungsfähigkeit in einer sich wandelnden Arbeitswelt. Ferner soll in diesen drei Jahren der Erwerb der erforderlichen Berufserfahrungen ermöglicht werden. Der Begriff „geordneter Ausbildungsgang" wird in den Anleitungen zur sachlichen und zeitlichen Gliederung der Verordnung näher präzisiert (s. Anlagen 1 und 2 zu § 5 Ausbildungsrahmenplan in Kap. 5).

Beginn und Ende der Berufsausbildung sind im Ausbildungsvertrag anzugeben (§ 11 Abs. 1 Nr. 2 BBiG). Das Ausbildungsverhältnis endet mit dem Ablauf der Ausbildungszeit bzw. mit dem Bestehen der Abschlussprüfung (§ 21 Abs. 1 und 2 BBiG). (Für die meisten Ausbildungsverhältnisse beginnt die Ausbildung parallel zum Berufsschuljahr am 1. August eines Jahres. Abschlussprüfungen der Ärztekammern sind häufig in den Monaten Juni und Juli.)

Im Einzelfall sind Verkürzung oder Verlängerung der Ausbildungsdauer aus folgenden Gründen möglich:

◢ Eine Verkürzung ist möglich, wenn auf der Basis einer Rechtsverordnung der Bildungsgang einer berufsbildenden Schule oder die Berufsausbildung in einer sonstigen Einrichtung ganz oder teilweise auf die Ausbildungszeit angerechnet wird (§ 7 Abs. 1 BBiG). Die Anrechnung bedarf des gemeinsamen Antrags der Auszubildenden und des Ausbildenden (§ 8 Abs. 2 BBiG).

◢ Auf gemeinsamen Antrag der Auszubildenden und des Ausbildenden hat die Ärztekammer die Ausbildungszeit zu kürzen, wenn zu erwarten ist, dass das Ausbildungsziel in der gekürzten Zeit erreicht wird. Bei berechtigtem Interesse kann sich der Antrag auch auf die Verkürzung der täglichen oder wöchentlichen Ausbildungszeit richten. Bei Abkürzung der Ausbildungszeit sind die Ausbildungsinhalte bzw. Fertigkeiten, Kenntnisse und Fähigkeiten gemäß des Ausbildungsrahmenplanes trotzdem zu vermitteln bzw. zu erlernen (§ 8 Abs. 1 BBiG).

◢ Eine Verkürzung ist auch aufgrund vorzeitiger Zulassung zur Prüfung möglich, wenn die Auszubildende aufgrund besonderer Leistungen in Arztpraxis und Berufsschule vor Ablauf ihrer Ausbildungszeit zur Abschlussprüfung zugelassen wird. Mit Bestehen der Prüfung endet das Ausbildungsverhältnis.

◢ Auf Antrag der Auszubildenden muss die Ausbildung verlängert werden, wenn sie die Abschlussprüfung nicht bestanden hat (§ 21 Abs. 3 BBiG), allerdings nur bis zur 2. Wiederholungsprüfung bzw. insgesamt um ein Jahr.

◢ In Ausnahmefällen kann die Ausbildungszeit verlängert werden, wenn erkennbar wird, dass das Ausbildungsziel in der vorgegebenen Zeit nicht erreicht werden kann. In diesem Falle trifft die zuständige Stelle die Entscheidung nach pflichtgemäßem Ermessen (Kannbestimmung) (§ 8 Abs. 2 BBiG).

> **§ 3 Zielsetzung der Berufsausbildung**
> Die in dieser Verordnung genannten Fertigkeiten, Kenntnisse und Fähigkeiten sollen bezogen auf Arbeits- und Geschäftsprozesse so vermittelt werden, dass die Auszubildenden zur Ausübung einer qualifizierten beruflichen Tätigkeit im Sinne des § 1 Abs. 3 des Berufsbildungsgesetzes befähigt werden, die insbesondere selbstständiges Planen, Durchführen und Kontrollieren sowie das Handeln im betrieblichen Gesamtzusammenhang einschließt. Diese Befähigung ist auch in den Prüfungen nach den §§ 8 und 9 nachzuweisen.

Ziel der Berufsausbildung ist die qualifizierte berufliche Handlungsfähigkeit als Medizinische Fachangestellte in der medizinischen Versorgung. Das Prinzip der Handlungsorientierung stellt eine Ausrichtung an praxisgerechten und realitätsnahen Aufgabenstellungen und berufstypischen Prozessen dar. Dieses sehr komplexe Endziel zeichnet sich durch ein Bündel an Qualifikationen und Kompetenzen (Fertigkeiten, Kenntnisse und Fähigkeiten) aus, die durch die Selbstständigkeit im beruflichen Handeln und durch eine im Rahmen der Zuständigkeit erforderlichen Eigenverantwortung gekennzeichnet sind. Damit wird die Auszubildende stärker als bisher auch für ihr eigenes aktives und reflektiertes Mitwirken in der Ausbildung verantwortlich. Selbstständigkeit im beruflichen Handeln umfasst:

Selbstständiges Planen
◢ Arbeitsschritte festlegen
◢ Geräte und Hilfsmittel festlegen
◢ Materialbedarf ermitteln
◢ Ausführungszeit einschätzen

Selbstständiges Durchführen
◢ Die Arbeit ohne Anleitung durchführen

Selbstständiges Kontrollieren

◢ Das Arbeitsergebnis mit den Vorgaben vergleichen
◢ Feststellen, ob die Vorgaben erreicht wurden oder welche Nacharbeiten gegebenenfalls notwendig sind

Wie die Vermittlung erfolgen soll, legt die Verordnung nicht fest; die geeigneten Methoden sind dem Ausbildenden überlassen. Sowohl in der Zwischen- als auch in der Abschlussprüfung ist diese anspruchsvolle (End-)Qualifikation nachzuweisen (s. Kap. 10.4).

§ 4 Ausbildungsberufsbild
Gegenstand der Berufsausbildung sind mindestens die folgenden Fertigkeiten, Kenntnisse und Fähigkeiten:

1. Ausbildungsbetrieb
1.1 Berufsbildung, Arbeits- und Tarifrecht
1.2 Stellung des Ausbildungsbetriebes im Gesundheitswesen; Anforderungen an den Beruf
1.3 Organisation und Rechtsform des Ausbildungsbetriebes
1.4 Gesetzliche und vertragliche Bestimmungen der medizinischen Versorgung
1.5 Umweltschutz

2. Gesundheitsschutz und Hygiene
2. Sicherheit und Gesundheitsschutz bei der Arbeit
2.2 Maßnahmen der Arbeits- und Praxishygiene
2.3 Schutz vor Infektionskrankheiten

3. Kommunikation
3.1 Kommunikationsformen und -methoden
3.2 Verhalten in Konfliktsituationen

4. Patientenbetreuung und -beratung
4.1 Betreuen von Patienten und Patientinnen
4.2 Beraten von Patienten und Patientinnen

5. Betriebsorganisation und Qualitätsmanagement
5.1 Betriebs- und Arbeitsabläufe
5.2 Qualitätsmanagement
5.3 Zeitmanagement
5.4 Arbeiten im Team
5.5 Marketing

6. Verwaltung und Abrechnung
6.1 Verwaltungsarbeiten
6.2 Materialbeschaffung und -verwaltung
6.3 Abrechnungswesen

7. Information und Dokumentation
7.1 Informations- und Kommunikationssysteme
7.2 Dokumentation
7.3 Datenschutz und Datensicherheit

8. Durchführen von Maßnahmen bei Diagnostik und Therapie unter Anleitung und Aufsicht des Arztes oder der Ärztin
8.1 Assistenz bei ärztlicher Diagnostik
8.2 Assistenz bei ärztlicher Therapie
8.3 Umgang mit Arzneimitteln, Sera und Impfstoffen sowie Heil- und Hilfsmitteln

9. Grundlagen der Prävention und Rehabilitation

10. Handeln bei Not- und Zwischenfällen

Das Ausbildungsberufsbild ist der wesentliche Kern der Ausbildungsverordnung; es bestimmt die Inhalte bzw. Gegenstände der Ausbildung, die vermittelt und erlernt werden müssen und beschreibt sie in übersichtlicher Form. Insoweit ist das Ausbildungsberufsbild nicht nur eine Beschreibung des Zieles der Ausbildung, sondern auch der Aufgabenbereiche in der späteren Berufstätigkeit. Die zehn Berufsbildpositionen sind in diesem Sinne verpflichtende Mindestinhalte, deren Umfang in der Ausbildung nicht unterschritten, wohl aber durchaus überschritten werden darf. Ihre Präzisierung erfolgt im Ausbildungsrahmenplan mit seiner sachlichen und zeitlichen Gliederung.

Das Ausbildungsberufsbild der Medizinischen Fachangestellten ist gegenüber der Arzthelferin inhaltlich deutlich neu akzentuiert worden, ohne dabei jedoch den bewährten Zuschnitt des Berufes zu verändern: Die beiden „Standbeine" des Berufes bleiben weiterhin mit etwa je gleicher Gewichtung die Bereiche Behandlungsassistenz und Betriebsorganisation und -verwaltung (vormals Medizin und Verwaltung). Dabei wurden die früheren 16 Berufsbildpositionen einerseits zu zehn Oberbegriffen zusammengefasst, andererseits aber unterhalb dieser Ebene in sich stärker differenziert. Es wird deutlich, dass der Bereich der medizinischen Assistenz, der früher in mehreren Berufsbildpositionen aufgefächert war, jetzt stärker im Sinne einer integrierenden Beschreibung in einer Berufsbildposition zusammen geführt wurde, ohne allerdings vom Umfang her an Bedeutung zu verlieren. Der Bereich der Kommunikation und der

Patientenbetreuung erhält gemäß den modernen Erfordernissen an eine patientenorientierte Versorgung einen deutlich stärkeren Stellenwert. Die Bereiche Hygiene, Handeln bei Notfällen sowie Prävention und Rehabilitation wurden entsprechend ihrer (gewachsenen) Bedeutung als eigenständige Berufsbildpositionen belassen bzw. weiter ausgebaut. Im Bereich der Praxisverwaltung bzw. Betriebsorganisation erhalten Lerninhalte wie Qualitätsmanagement, Zeitmanagement, Informations- und Kommunikationssysteme, Dokumentation und Datenschutz die ihnen heutzutage in einem modernen Gesundheitswesen zukommende Bedeutung.

In Kapitel 2 sind die beiden Berufsbilder der Verordnungen von 1985 und 2006 in einer tabellarischen Übersicht (s. Abb. 2.1) einander gegenübergestellt, sodass die neuen Akzente deutlich zum Ausdruck kommen.

> § 5 Ausbildungsrahmenplan
> Die in § 4 genannten Fertigkeiten, Kenntnisse und Fähigkeiten (Ausbildungsberufsbild) sollen nach den in den Anlagen 1 und 2 enthaltenen Anleitungen zur sachlichen und zeitlichen Gliederung der Berufsausbildung vermittelt werden. Eine von dem Ausbildungsrahmenplan abweichende sachliche und zeitliche Gliederung des Ausbildungsinhaltes ist insbesondere zulässig, soweit betriebspraktische Besonderheiten die Abweichung erfordern.

Der Ausbildungsrahmenplan ist die Grundlage der betrieblichen Ausbildung.

Die im Ausbildungsberufsbild vorgeschriebenen Ausbildungsinhalte werden durch die Anlagen 1 und 2 zu § 5 der Ausbildungsverordnung (s. Kap. 5) noch sehr viel differenzierter und umfassender beschrieben sowie zeitlich den beiden Hauptphasen der Ausbildung – vor bzw. nach der Zwischenprüfung – zugeordnet. Der Ausbildungsrahmenplan ist die sachliche und zeitliche Konkretisierung des Ausbildungsberufsbildes, mit dem für alle an der Berufsausbildung Beteiligten verbindlich vorgeschrieben wird, was wann in der Ausbildung vermittelt werden muss. Er stellt insoweit eine Anleitung zur sachlichen und zeitlichen Gliederung der Ausbildung in Arztpraxen und anderen Einrichtungen dar, die bei der Erstellung des Ausbildungsplanes für die jeweilige Auszubildende zugrunde zu legen ist.

Die Verwendung des Begriffes „sollen" im ersten Satz deutet allerdings daraufhin, dass die Anleitung keine starre Vorschrift ist: Der 2. Satz der Vorschrift beinhaltet die sog. Flexibilitätsklausel, mit der die Berücksichtigung betriebsbedingter Besonderheiten ermöglicht wird. Zwar sind die zu vermittelnden Fertigkeiten, Kenntnisse und Fähigkeiten obligatorisch, aber von der vorgegebenen Reihenfolge bzw. der sachlichen und zeitlichen Zusammensetzung kann abgewichen werden. Daneben können auch Abweichungen ausbildungsorganisatorischer Art Berücksichtigung finden, z.B. bei Ausbildungsverbünden, über- oder außerbetrieblichen Ausbildungsphasen oder bei verkürzter Ausbildung (s. Kap. 10.5 sowie Ausführungen zu § 2, S. 13f.). Wichtig ist, dass die Ausbildung zielgerichtet und systematisch in sachlicher und zeitlicher Hinsicht („geordnet") gemäß § 1 Abs. 3 BBiG verläuft.

Die in der **sachlichen Gliederung** konkretisierten Ausbildungsinhalte stellen Mindestanforderungen dar, die in der Ausbildung vermittelt und erlernt werden müssen. Das neue Berufsbildungsgesetz vom 23.02.2005 schreibt ausdrücklich die Vermittlung von Fähigkeiten vor, um die berufliche Handlungsfähigkeit als Ziel der Ausbildung hervorzuheben. Dementsprechend sind die Lernzielbeschreibungen im Ausbildungsrahmenplan als zu vermittelnde Fertigkeiten, Kenntnisse und Fähigkeiten auch als komplexe Beschreibungen des zu erreichenden Endverhaltens formuliert: Sie umfassen Wissens-, Verhaltens- und Einstellungskomponenten sowie fachliche und „überfachliche" Qualifikationen. Kognitive Wissenselemente sind dabei mit eingeschlossen und nicht ausdrücklich aufgeführt. Beispielsweise setzen die Endqualifikationen im Bereich der Assistenz bei Diagnostik und Therapie den erforderlichen medizinischen Wissenstand in Terminologie, Anatomie, Pathologie „automatisch" voraus. Von früheren eher „kleinteiligen" Beschreibungen von Lernzielen oder der Anwendung von sog. Taxonomien weicht man in der heutigen Berufsbildung und auch in den Verordnungstexten bewusst ab. Mit Formulierungen, die verschiedene Ebenen beruflichen Könnens „integrativ" beschreiben, und dem Ziel der beruflichen Handlungsfähigkeit will man den tatsächlichen Gegebenheiten und Arbeitsabläufen in den Ausbildungsbetrieben bzw. Arztpraxen und sonstigen medizinischen Versorgungseinrichtungen nahe kommen. Gleichzeitig orientiert man sich mit diesen Definitionen auch an den Konzepten in der Berufsschulpädagogik, wo man verstärkt situations- und handlungsorientierte Vermittlungsmethoden einsetzt.

Die **zeitliche Gliederung** des Ausbildungsrahmenplanes erfolgt in Form der **Zeitrahmenmethode**. Hierin weicht die neue Ausbildungsverordnung von der alten Vorschrift ab, die eine Ausbildung nach Wochenrichtwerten vorsah. Bei der Zeitrahmenmethode wird die Ausbildung nach großen zeitlichen Abschnitten gegliedert. Diese stellen Vermittlungszeiträume in Monaten für bestimmte Ausbildungskomplexe dar, die es ermöglichen, miteinander zusammenhängende Lernziele auch integriert zu vermitteln, so wie sie in tatsächlichen Berufssituationen auftreten.

Die Ausbildung zur Medizinischen Fachangestellten vollzieht sich in zwei großen zeitlichen Hauptblöcken, nämlich in der Zeit bis zur Zwischenprüfung (1.–18. Ausbildungsmonat = B) und in der Zeit nach der Zwischenprüfung (19.–36. Ausbildungsmonat = C).

Jeder Block ist in vier Ausbildungsabschnitte von mehrmonatiger Dauer, und zwar zwischen 2–4 Monaten und 5–6 Monaten, unterteilt. Durch diese Bandbreite eröffnet sich die Möglichkeit, den zeitlichen Umfang der Vermittlung auf die spezifischen Belange des Betriebes zuzuschneiden. Die Dauer ist im Ausbildungsplan vom ausbildenden Arzt konkret festzulegen.

Einige Lerninhalte bzw. Lernziele sind sinnvollerweise während der gesamten Ausbildungszeit zu vermitteln: die Einhaltung berufsbezogener Rechtsvorschriften, die Vermeidung berufsbedingter Umweltbelastungen sowie die Anwendung und Erläuterung berufsbezogener Fachbezeichnungen und Abkürzungen (1.–36. Ausbildungsmonat = A).

Die Ausbildungsabschnitte stellen Schwerpunkte der Vermittlung dar. Die Berufsbildpositionen sind übergreifend und bilden somit eine didaktische Orientierungshilfe. Sie sollen durch geeignete Vermittlungsmethoden, die nicht Gegenstand der Verordnung sind, möglichst nahe an der alltäglichen Berufspraxis realisiert werden.

§ 6 Ausbildungsplan
Die Ausbildenden haben unter Zugrundelegung des Ausbildungsrahmenplans für die Auszubildenden einen Ausbildungsplan zu erstellen.

Der ausbildende Arzt hat für jede Auszubildende einen auf das konkrete Ausbildungsverhältnis und die praxisspezifischen Besonderheiten abgestimmten Ausbildungsplan zu erstellen, wobei der Ausbildungsrahmenplan die Mindestvoraussetzungen hierfür enthält. Da die Reihenfolge der Vermittlung der Inhalte im Ausbildungsrahmenplan nicht festgelegt ist – es ist lediglich bestimmt, welche Inhalte bis zur Zwischenprüfung vermittelt sein müssen –, hat der Ausbildungsplan die zeitliche Abfolge der Ausbildungsabschnitte innerhalb der beiden Hauptblöcke der Ausbildung festzulegen. Darüber hinaus hat der Plan die konkrete Zeitdauer innerhalb der für die Ausbildungsabschnitte vorgesehenen minimalen bzw. maximalen Vermittlungsdauer zu bestimmen. Die Summe in den beiden Blöcken vor und nach der Zwischenprüfung muss dabei jeweils 18 Monate betragen.

Die Zeitrahmenmethode ermöglicht somit eine flexible Ausrichtung der Ausbildung auf die Praxis bzw. spezifischen Besonderheiten in der medizinischen Versorgung. Ggf. kann aber auch der Ausbildungsrahmenplan unmittelbar in einen betrieblichen Ausbildungsplan überführt werden, wenn die dort vorgesehene „Ideal"-Struktur in der medizinischen Versorgungseinrichtung so umgesetzt werden kann. Bei der Erstellung des Planes sind vorhersehbare Ausfallzeiten sowie Phasen über- bzw. außerbetrieblicher Ausbildung zu berücksichtigen. Er ist Bestandteil des Ausbildungsvertrages und ermöglicht somit allen Beteiligten von Anfang an eine Orientierung über den konkreten inhaltlichen und zeitlichen Ablauf. (Weitere Einzelheiten sowie ein Muster für einen betrieblichen Ausbildungsplan s. Kap. 8 sowie CD-ROM.)

§ 7 Schriftlicher Ausbildungsnachweis
Die Auszubildenden haben einen schriftlichen Ausbildungsnachweis zu führen. Ihnen ist Gelegenheit zu geben, den schriftlichen Ausbildungsnachweis während der Ausbildungszeit zu führen. Die Ausbildenden haben den schriftlichen Ausbildungsnachweis regelmäßig durchzusehen.

Die Verordnung verpflichtet auszubildende Medizinische Fachangestellte sowie den ausbildenden Arzt dazu, den Verlauf und den Stand der Ausbildung schriftlich zu dokumentieren bzw. zu kontrollieren.

Die Bestimmung korrespondiert mit der gleichlautenden Vorschrift des Berufsbildungsgesetzes in § 14 Abs. 1 Satz 4. Der Begriff des schriftlichen Ausbildungsnachweises löst den bisher gebräuchlichen Begriff des Berichtsheftes ab. Die neue Bezeichnung unterstreicht die Verpflichtung der an der Berufsbildung Beteiligten (Auszubildende, ausbildender Arzt, Erziehungsberechtigte, Berufsschule, zuständige Stelle), die Übereinstimmung des Ausbildungsrahmenplanes und des Ausbildungsplanes mit dem tatsächlichen Ausbildungsverlauf anzustreben, zu überwachen und Abweichungen ggf. zu korrigieren. Durch den Dokumentationscharakter wird zugleich der Nachweispflicht Genüge getan.

Der schriftliche Ausbildungsnachweis ist Zulassungsbedingung für die Abschlussprüfung (§ 43 Abs. 2 BBiG). Eine Bewertung nach Form und Inhalt wird von den Ärztekammern nicht vorgenommen; die Ärztekammern geben allerdings Regelungen zum Führen des Nachweises und Muster vor.

Neben der Dokumentations- und Kontrollfunktion des Ausbildungsnachweises gibt es auch noch eine pädagogische Funktion: Die Auszubildende kann das Führen des Nachweisheftes für der Überprüfung und Reflektion der eigenen Lernfortschritte nutzen, der ausbildende Arzt kann die Durchsicht gezielt zur Begleitung der Ausbildung und zur Lernerfolgskontrolle einsetzen.

---

§ 8 Zwischenprüfung

(1) Zur Ermittlung des Ausbildungsstandes ist eine Zwischenprüfung durchzuführen. Sie soll vor dem Ende des zweiten Ausbildungsjahres stattfinden.

(2) Die Zwischenprüfung erstreckt sich auf die in den Anlagen 1 und 2 für die ersten 18 Monate aufgeführten Fertigkeiten, Kenntnisse und Fähigkeiten sowie auf den im Berufsschulunterricht entsprechend dem Rahmenlehrplan zu vermittelnden Lehrstoff, soweit er für die Berufsausbildung wesentlich ist.

(3) Die Zwischenprüfung ist schriftlich anhand praxisbezogener Aufgaben in höchstens 120 Minuten in folgenden Prüfungsbereichen durchzuführen:

1. Arbeits- und Praxishygiene,
2. Schutz vor Infektionskrankheiten,
3. Verwaltungsarbeiten,
4. Datenschutz und Datensicherheit,
5. Untersuchungen und Behandlungen vorbereiten.

Diese Bestimmung basiert auf der Vorschrift des § 48 BBiG, wonach zur Ermittlung des Ausbildungsstandes eine Zwischenprüfung entsprechend der Ausbildungsordnung durchzuführen ist. Die Teilnahme an der Zwischenprüfung ist nach § 43 BBiG Zulassungsvoraussetzung zur Abschlussprüfung. Die Ärztekammer legt den Termin der Zwischenprüfung fest. Der ausbildende Arzt bzw. die medizinische Einrichtung ist verpflichtet, Auszubildende fristgerecht zur Prüfung anzumelden und für die Teilnahme freizustellen. Für die Durchführung der Zwischenprüfung gelten die Bestimmungen des Berufsbildungsgesetzes sowie die Durchführungsrichtlinien der Ärztekammern hinsichtlich der Abschlussprüfung entsprechend (§ 37 BBiG).

In der sachlichen und zeitlichen Gliederung des Ausbildungsrahmenplanes Anlage 1 und 2 sind die Fähigkeiten, Fertigkeiten und Kenntnisse aufgeführt, die in den ersten 18 Monaten der Ausbildung zu vermitteln und zu lernen sind. Sie sind Gegenstand der Zwischenprüfung: Es wird festgestellt, inwieweit die Ziele erreicht wurden. Darüber hinaus ist auch der Lehrstoff abzuprüfen, der in den Rahmenlehrplänen für die Berufsschulen zur Vermittlung in den ersten 18 Monaten vorgesehen ist, soweit er für die Berufsausbildung wesentlich ist. Das Wesentliche bestimmt sich aus der Ausbildungsordnung. Der schulische Rahmenlehrplan ist auch in zeitlicher Hinsicht eng auf die Ausbildungsordnung abgestimmt. Über das Ergebnis der Prüfung erteilt die Ärztekammer einen Nachweis.

Die Zwischenprüfung ist schriftlich durchzuführen. Die Aufgaben sollen praxisbezogen sein. Die Höchstdauer der Prüfung beträgt 120 Minuten. In zahlreichen Ärztekammern werden die Zwischenprüfungen in programmierter Form durchgeführt, um den organisatorischen, finanziellen und zeitlichen Aufwand in Grenzen zu halten. Auch die Grundsätze der Bundesärztekammer sehen ausdrücklich vor, dass die Zwischenprüfung in programmierter Form durchgeführt werden kann (s. Grundsätze für die Durchführung von Zwischenprüfungen Nr. 2 Abs. 3, Anhang S. 180).

Das Ergebnis der Zwischenprüfung hat keine rechtlichen Auswirkungen auf das Ausbildungsverhältnis oder auf die Abschlussprüfung. Der Zweck der Prüfung besteht in einer Information und Rückmeldung über den Leistungsstand der Auszubildenden für diese selbst, aber auch für den ausbildenden Arzt und die Berufsschule. Insbesondere erkennbare Schwächen und Mängel können dann im weiteren Verlauf noch korrigiert bzw. ausgeglichen werden. Insoweit hat die Zwischenprüfung eine wichtige Funktion im Verlauf der Ausbildung.

§ 9 Abschlussprüfung

Gemäß § 37 BBiG ist die Durchführung von Abschlussprüfungen in anerkannten Ausbildungsberufen zwingend vorgeschrieben. Durch die Abschlussprüfung ist festzustellen, ob der Prüfling das Ziel der Ausbildung, nämlich die berufliche Handlungsfähigkeit erreicht hat. Er muss nachweisen, dass er die erforderlichen beruflichen Fertigkeiten beherrscht, die notwendigen beruflichen Fähigkeiten und Kenntnisse besitzt und mit dem im Berufsschulunterricht zu vermittelnden, für die Berufsausbildung wesentlichen Lehrstoff vertraut ist (§ 38 BBiG). Der Ausbildungsrahmenplan ist zugrunde zu legen. Die §§ 37–47 BBiG regeln alles Nähere zur Abschlussprüfung über alle Ausbildungsberufe hinweg.

Die Prüfungstermine werden rechtzeitig von der zuständigen Stelle bekannt gegeben. Der ausbildende Betrieb ist verpflichtet, Auszubildende fristgerecht zur Prüfung anzumelden und für die Teilnahme freizustellen. Voraussetzungen zur Zulassung zur Abschlussprüfung sind u.a.:

◢ Ausbildungszeit oder Ende der Ausbildungszeit dürfen nicht länger als zwei Monate nach dem Prüfungstermin zurückliegen,

◢ Teilnahme an der Zwischenprüfung,

◢ schriftlich geführter Ausbildungsnachweis.

§ 9 enthält die Inhalte, Strukturen, Anforderungen und Prüfungszeiten für den Ausbildungsberuf Medizinische Fachangestellte, die den konkreten Erfordernissen des Berufes gerecht zu werden haben. Es ist wiederum Aufgabe der zuständigen Stellen, also den Ärztekammern, die Prüfungsvorschriften des § 9 in ein formelles Verfahren zur Abschlussprüfung zu „übersetzen" und gemäß § 47 BBiG eine Prüfungsordnung zu erlassen, die die Zulassung, die Gliederung, die Bewertungsmaßstäbe, die Erteilung der Prüfungszeugnisse, die Folgen von Verstößen und die Wiederholungsprüfung regelt.

Für die Abnahme der Abschlussprüfung errichtet die zuständige Stelle Prüfungsausschüsse, deren Zusammensetzung und Berufung ebenfalls im Berufsbildungsgesetz § 40 geregelt ist. Jeder Prüfungsausschuss besteht aus mindestens einem Arbeitgebervertreter (in der Regel einem niedergelassenen Arzt), einem Arbeitnehmervertreter (Medizinische Fachangestellte) und einer Lehrkraft einer berufsbildenden Schule. Der Vorstand der Bundesärztekammer hat am 28.04.2006 eine Musterprüfungsordnung für die Druchführung von Abschlussprüfungen beschlossen und den Landesärztekammern zur Anwendung empfohlen (s. Anhang S. 165; weitere Erläuterungen zur Durchführung s. Kap. 9).

> Abs. (1) Die Abschlussprüfung erstreckt sich auf die in der Anlage 1 aufgeführten Fertigkeiten, Kenntnisse und Fähigkeiten sowie auf den im Berufsschulunterricht zu vermittelnden Lehrstoff, soweit er für die Berufsausbildung wesentlich ist.

Die Abschlussprüfung soll die Berufsfähigkeit (= berufliche Handlungsfähigkeit) des Prüflings zu einem bestimmten Zeitpunkt feststellen; sie ist eine sog. punktuelle Prüfung. Andere Leistungsnachweise, z.B. der Berufsschule, des ausbildenden Betriebes oder das Zwischenzeugnis werden nicht berücksichtigt. Gegenstand können alle, also auch die vor der Zwischenprüfung zu vermittelnden Ausbildungsinhalte sein. Auch für die Abschlussprüfung gilt, dass der Stoff des Berufsschulunterrichts nur in den für die Berufsausbildung relevanten Teilen Prüfungsgegenstand ist.

Die Verordnung sieht als Gliederung zwei obligatorische Teile vor, nämlich den praktischen und den schriftlichen Teil, sowie einen fakultativen Teil, die mündliche Ergänzungsprüfung (s. § 9 Abs. 2, 3 und 6).

Abs. (2) Im praktischen Teil der Prüfung soll der Prüfling in höchstens 75 Minuten eine komplexe Prüfungsaufgabe bearbeiten sowie während dieser Zeit in höchstens 15 Minuten hierüber ein Fachgespräch führen. Dem Prüfling ist eine angemessene Vorbereitungszeit einzuräumen. Bei der Prüfungsaufgabe soll er praxisbezogene Arbeitsabläufe entsprechend der Nummern 1 oder 2 simulieren, demonstrieren, dokumentieren und präsentieren:

1. Assistieren bei Diagnose- und Therapiemaßnahmen einschließlich Betreuen des Patienten oder der Patientin vor, während und nach der Behandlung, Pflegen, Warten und Handhaben von Geräten und Instrumenten, Durchführen von Hygienemaßnahmen, Abrechnen und Dokumentieren von Leistungen sowie Aufklären über Möglichkeiten und Ziele der Prävention

2. Assistieren bei Diagnose- und Therapiemaßnahmen einschließlich Betreuen des Patienten oder der Patientin vor, während und nach der Behandlung, Pflegen, Warten und Handhaben von Geräten und Instrumenten, Durchführen von Hygienemaßnahmen, Abrechnen und Dokumentieren von Leistungen sowie Durchführen von Laborarbeiten.

Durch die Durchführung der Prüfungsaufgabe und das Fachgespräch soll der Prüfling zeigen, dass er mit den Patienten situationsgerecht und personenorientiert kommunizieren, sie sachgerecht informieren und zur Kooperation motivieren kann. Er soll nachweisen, dass er Arbeitsabläufe planen, Betriebsabläufe organisieren, Verwaltungsarbeiten durchführen, Mittel der technischen Kommunikation nutzen, Sicherheit und Gesundheitsschutz bei der Arbeit und Belange des Umweltschutzes berücksichtigen sowie die für die Prüfungsaufgabe relevanten fachlichen Hintergründe aufzeigen und die Vorgehensweise bei Durchführung der Prüfungsaufgabe begründen kann. Darüber hinaus soll er nachweisen, dass er Erste-Hilfe-Maßnahmen am Patienten oder an der Patientin durchführen kann.

Der praktische Prüfungsteil erhält gegenüber der Verordnung von 1985 eine neue Struktur, eine verlängerte Dauer und eine neue Gewichtung bei der Gesamtbewertung der Leistungen (§ 9 Abs. 7). Die bisherigen „Praktischen Übungen" werden durch eine durchgängige, komplexe Prüfungsaufgabe und ein Fachgespräch hierüber ersetzt. Im praktischen Teil geht es nicht mehr um die Bearbeitung einzelner, in sich zwar geschlossener, aber unverbundener Teilaspekte beruflichen Handelns, sondern um einen Handlungsstrang, der betrieblichen Handlungsketten, sog. Geschäftsprozessen, nachgebildet ist und verschiedene Handlungssituationen miteinander verbindet.

    Die Verordnung schreibt zwei alternative Aufgabentypen mit obligatorischen Einzelelementen vor, die lediglich in einem Element, nämlich dem Bereich Prävention einerseits und dem Bereich Labor andererseits, voneinander abweichen. Die Auswahl erfolgt in der Regel vor der Prüfung per Zufallsverfahren.

In beiden Fällen/Aufgabentypen geht es um die Nachbildung bzw. Simulation praxisbezogener realistischer Abläufe, so wie sie im betrieblichen Alltag vorkommen können. Der Prüfling soll die erforderlichen Prozesse und Handlungen am Patienten zeigen (simulieren bzw. demonstrieren), diese nachvollziehbar dokumentieren und gegenüber dem Prüfungsausschuss präsentieren.

Die Verordnung legt die obligatorischen Elemente der Prüfungsaufgabe bzw. ihren Umfang eindeutig fest: Die Aufgabe muss die Betreuung eines Patienten während seines Aufenthaltes in der Praxis, die dabei erforderliche medizinische Assistenz, den sachgerechten Umgang mit den dabei eingesetzten Geräten, die begleitenden hygienischen Maßnahmen, die Dokumentation und Abrechnung der in diesem Kontext erbrachten ärztlichen Leistungen sowie dazu gehörende Laborleistungen oder – alternativ – ein Patientengespräch zur Prävention umfassen. Ergänzendes obligatorisches Element im medizinischen Bereich ist die Durchführung Erster-Hilfe-Maßnahmen. Die Beherrschung der EDV und die Beachtung der mit der Aufgabe zusammenhängenden Aspekte des Arbeits- und Umweltschutzes sind darzulegen. Im Vollzug der Prüfungsaufgabe sind fachübergreifende Qualifikationen in der Kommunikation, Information und Motivation des Patienten sowie in der Planung, Organisation und Verwaltung nachzuweisen.

Zusätzlich zur Bearbeitung der Aufgabe ist als neues Element innerhalb des praktischen Teils ein sog. Fachgespräch mit dem Prüfungsausschuss zu führen, in dem der Prüfling die fachliche Begründung seines Handelns darlegen bzw. seine Vorgehensweise reflektieren soll. Die Entscheidung über die Art der Durchführung hat der Prüfungsausschuss nach eigenem Ermessen. Einen Bewertungsmaßstab für das Fachgespräch gibt die Verordnung nicht vor.

Die Verordnung schreibt als zeitliche Obergrenze eine 75-minütige Dauer vor. Dies bedeutet gegenüber der bisherigen Verordnung eine Verlängerung um 30 Minuten. Dadurch erfährt dieses Prüfungsfach eine deutliche Aufwertung, womit der Bedeutung der praktischen Kompetenz im beruflichen Handeln der zukünftigen Medizinischen Fachangestellten, die sich ja bereits in einer neuen Struktur des praktischen Teils niederschlägt, Rechnung getragen wird. Die Verlängerung ist zugleich Ausdruck eines qualitativ gestiegenen Anspruchs an die Gestaltung der praktischen Prüfung, so wie sie oben beschrieben wurde.

Die Prüfungszeit darf keinesfalls überschritten werden. Eine Unterschreitung im Einzelfall bleibt hiervon unberührt. Die Rechtsprechung hat eine Unterschreitung von höchstens 10–15% für zulässig erklärt. Auch wird der jeweilige Prüfungsausschuss festzulegen haben, welche Teile der Aufgabe in Form von Gruppenprüfungen erfolgen können. Er wird auch von den neuen Möglichkeiten des Berufbildungsgesetzes hinsichtlich einer organisatorischen Verschlankung durch Delegation an einzelne Mitglieder (§ 42 Abs. 2 BBiG) oder einzelner nicht mündlich zu erbringender Prüfungsleistungen (§ 39 Abs. 2 BBiG) Gebrauch machen können, falls die Prüfungsordnung der Ärztekammer dies vorsieht.

Die Organisation der Prüfung unter Beachtung eines effizienten Mitteleinsatzes ist ausschließlich Aufgabe der Ärztekammern.

Abs. (3) Der schriftliche Teil der Prüfung besteht aus den Prüfungsbereichen Behandlungsassistenz, Betriebsorganisation und -verwaltung sowie Wirtschafts- und Sozialkunde. Die Anforderungen in den Prüfungsbereichen sind:

1. Prüfungsbereich Behandlungsassistenz

Der Prüfling soll praxisbezogene Aufgaben bearbeiten. Er soll in der Prüfung zeigen, dass er im Bereich der Diagnostik und Therapie Arbeitsabläufe planen und die Durchführung der Behandlungsassistenz beschreiben kann. Dabei soll er gesetzliche und vertragliche Bestimmungen der medizinischen Versorgung, Sicherheit und Gesundheitsschutz bei der Arbeit, Umweltschutz sowie Maßnahmen der Arbeits- und Praxishygiene berücksichtigen. Der Prüfling soll nachweisen, dass er fachliche Zusammenhänge versteht, Sachverhalte analysieren sowie Lösungsmöglichkeiten entwickeln und darstellen kann.

Dem Prüfungsbereich sind folgende Gebiete zugrunde zu legen:

a) Qualitätssicherung,
b) Zeitmanagement,
c) Schutz vor Infektionskrankheiten,
d) Arzneimittel, Sera, Impfstoffe, Heil- und Hilfsmittel,
e) Patientenbetreuung und -beratung,
f) Grundlagen der Prävention und Rehabilitation,
g) Laborarbeiten,
h) Datenschutz und Datensicherheit,
i) Dokumentation,
j) Handeln bei Notfällen,
k) Abrechnung erbrachter Leistungen.

2. Prüfungsbereich Betriebsorganisation und -verwaltung

Der Prüfling soll praxisbezogene Aufgaben bearbeiten. Er soll in der Prüfung zeigen, dass er Betriebsabläufe beschreiben, Arbeitsabläufe systematisch planen sowie interne und externe Koordinierungsaufgaben darstellen kann. Dabei soll er Sicherheit und Gesundheitsschutz bei der Arbeit, Umweltschutz, Maßnahmen der Qualitätssicherung sowie informations- und Kommunikationsmöglichkeiten berücksichtigen.

Dem Prüfungsbereich sind folgende Gebiete zugrunde zu legen:

a) Gesetzliche und vertragliche Bestimmungen der medizinischen Versorgung,
b) Arbeiten im Team,
c) Verwaltungsarbeiten,
d) Dokumentation,
e) Marketing,
f) Zeitmanagement,

g) Datenschutz und Datensicherheit,
h) Organisation der Leistungsabrechnung,
i) Materialbeschaffung und -verwaltung.

3. Prüfungsbereich Wirtschafts- und Sozialkunde
Der Prüfling soll praxisbezogene Aufgaben aus der Berufs- und Arbeitswelt bearbeiten und dabei zeigen, dass er allgemeine wirtschaftliche und gesellschaftliche Zusammenhänge darstellen kann.

Der zweite obligatorische Prüfungsteil, die schriftliche Prüfung, besteht in sich wiederum aus drei Prüfungsbereichen. Sie entsprechen grundsätzlich denjenigen aus der alten Prüfungsordnung, sind aber der im Ausbildungsrahmenplan verwendeten Begrifflichkeit angelehnt. In den neuen Bezeichnungen kommt der tatsächliche Einsatzbereich von Medizinischen Fachangestellten besser als bisher zum Ausdruck. Der bisherige Terminus des „Faches" wird entsprechend durch „Bereich" ersetzt. Die Erfüllung der jeweiligen Anforderungen soll bei der Bearbeitung von Aufgaben mit praktischer Relevanz unter Beweis gestellt werden. Dass diese Ausrichtung nunmehr an erster Stelle der Anforderungen genannt wird, zeigt, dass das Konzept der Handlungsorientierung auch auf den schriftlichen Prüfungsteil übertragen wird und der Anwendungsbezug als Maßstab gilt. Schriftliche Prüfungen sollen somit keine rein theoretischen Prüfungen sein. Dies ist von den Prüfungserstellungsausschüssen bei den Ärztekammern bei der Entwicklung der Aufgaben zu berücksichtigen.

Die Musterprüfungsordnung der Bundesärztekammer sieht darüber hinaus ausdrücklich vor, dass der schriftliche Teil in programmierter Form durchgeführt werden kann (§ 14 Abs. 2, s. Anhang S. 171).

Die Aufgaben im Prüfungsbereich Behandlungsassistenz müssen praxisbezogen sein. Der Prüfling soll fachliche Fähigkeiten im Bereich der Medizin, darüber hinaus aber auch überfachliche Kompetenzen wie die Fähigkeit zur Planung, Beschreibung, zum Verständnis, zur Analyse sowie zur Problemlösung zeigen. Außerdem umfassen die praktischen Aufgaben auch die Komponenten gesetzliche und vertragliche Bestimmungen, Sicherheit, Gesundheitsschutz, Umweltschutz und Hygiene. Die Verordnung konkretisiert diesen Prüfungsbereich durch die Nennung von elf Gebieten, die obligatorisch in den Aufgaben bearbeitet werden müssen. Sie stecken den inhaltlichen Rahmen ab, in dem der Prüfling das gewünschte Ziel der Ausbildung, nämlich das berufliche Endverhalten („er soll zeigen, dass …"; „er soll nachweisen, dass …") unter Beweis stellen muss.

Das integrative Konzept der Handlungsorientierung lässt sich im Bereich Behandlungsassistenz hierbei durch den Vergleich zwischen den Prüfungsgebieten der neuen und der vorherigen Verordnung feststellen: Nunmehr sind neben den medizinischen Inhalten auch Zeitmanagement, Patientenbetreuung und -beratung, Datenschutz sowie Abrechnung und Qualitätssicherung als neues Prüfungsgebiet aufgeführt.

Auch im Bereich der Betriebsorganisation und -verwaltung müssen die Aufgaben praxisbezogen sein. Als Anforderungen an die berufliche Kompetenz zukünftiger Medizinischer Fachangestellter werden die Fähigkeit zur Beschreibung betrieblicher Abläufe, zur systematischen Planung von Arbeitsabläufen und zur Darstellung von Koordinierungsfunktionen genannt. Wie auch im Bereich Behandlungsassistenz sind Sicherheit und Gesundheitsschutz sowie Umweltschutz zu berücksichtigen. Die geforderte Berücksichtigung von Qualitätssicherung und die DV-gestützten Technologien als integrative Aspekte des Prüfungsbereiches spiegeln die zeitgemäßen Gegebenheiten in modernen Einrichtungen der Gesundheitsversorgung wider.

Die Verordnung konkretisiert den Prüfungsbereich durch die Nennung von neun Gebieten, die obligatorisch in den Aufgaben enthalten sein müssen. Im Vergleich von alten und neuen Bestimmungen zu diesem Bereich (früher: Fach) wird die Neuausrichtung durch zusätzliche bzw. nun explizit genannte Elemente wie Teamarbeit, Marketing, Zeitmanagement, Datenschutz und Dokumentation deutlich.

Auch im Prüfungsbereich Wirtschafts- und Sozialkunde sind praxisbezogene Aufgaben zu bearbeiten. Das Prüfungsziel ist gegenüber der Arzthelferinnen-Ausbildungsverordnung unverändert geblieben.

> **Abs. (4) Für den schriftlichen Teil der Prüfung ist von folgenden zeitlichen Höchstwerten auszugehen:**
> 1. im Prüfungsbereich Behandlungsassistenz   120 Minuten
> 2. im Prüfungsbereich Betriebsorganisation und -verwaltung   120 Minuten
> 3. im Prüfungsbereich Wirtschafts- und Sozialkunde   60 Minuten

Die schriftlichen Prüfungszeiten haben sich lediglich in Wirtschafts- und Sozialkunde um 15 Minuten verlängert, was einer bundesweit geltenden Vorgabe für alle Ausbildungsberufe entspricht. Die Gesamtdauer der schriftlichen Prüfung beträgt damit 300 Minuten maximal, d.h. die Dauer darf nicht überschritten werden. Der in der früheren Verordnung enthaltene Verweis auf die Durchführungsmöglichkeit in programmierter Form und dabei mögliche Prüfungszeitunterschreitungen ist entfallen. Dies ist darin begründet, dass programmierte Prüfungen anders als noch vor 20 Jahren zum Standardrepertoire der Prüfungsgestaltung bei den zuständigen Stellen gehören. Auch bei vielen Ärztekammern wird die schriftliche Abschlussprüfung zumindest teilweise programmiert durchgeführt.

> **Abs. (5) Innerhalb des schriftlichen Teils der Prüfung sind die Prüfungsbereiche wie folgt zu gewichten:**
> 1. Prüfungsbereich Behandlungsassistenz   40 Prozent
> 2. Prüfungsbereich Betriebsorganisation und -verwaltung   40 Prozent
> 3. Prüfungsbereich Wirtschafts- und Sozialkunde   20 Prozent

Die Gewichtungsvorschrift für die Bereiche innerhalb der schriftlichen Prüfung ist neu. Vom Prinzip her folgt sie der Bedeutung der Bereiche, wie sie auch schon in den Prüfungshöchstzeiten zum Ausdruck kommt, nämlich einer Doppelgewichtung der beiden Kernbereiche Behandlungsassistenz und Betriebsorganisation und -verwaltung gegenüber Wirtschafts- und Sozialkunde.

> Abs. (6) Sind im schriftlichen Teil der Prüfung die Prüfungsleistungen in bis zu zwei Prüfungsbereichen mit mangelhaft und im weiteren Prüfungsbereich mit mindestens ausreichend bewertet worden, so ist auf Antrag des Prüflings oder nach Ermessen des Prüfungsausschusses in einem der mit mangelhaft bewerteten Prüfungsbereiche die schriftliche Prüfung durch eine mündliche Prüfung von höchstens 15 Minuten zu ergänzen, wenn diese für das Bestehen der Prüfung den Ausschlag geben kann. Der Prüfungsbereich ist vom Prüfling zu bestimmen. Bei der Ermittlung des Ergebnisses für diesen Prüfungsbereich sind das bisherige Ergebnis und das Ergebnis der mündlichen Ergänzungsprüfung im Verhältnis 2:1 zu gewichten.

Die Vorschrift regelt die mündliche Ergänzungsprüfung, die bei problematischer Bestehenssituation durchzuführen ist. Das Ergebnis der schriftlichen Prüfung muss in bis zu zwei der drei Bereiche mit mangelhaft und im dritten Bereich mit ausreichend bewertet worden sein. Da zum Bestehen der Gesamtprüfung nur ein Mangelhaft in einem schriftlichen Prüfungsbereich zulässig ist, muss das zweite Mangelhaft durch die Ergänzungsprüfung mindestens in ein Ausreichend verwandelt werden. Die Prüfungshöchstdauer beträgt 15 Minuten. Prüfling oder Prüfungsausschuss haben das Antragsrecht; über den Bereich bestimmt der Prüfling. Das Ergebnis der schriftlichen Prüfung in diesem Bereich ist von doppeltem Gewicht gegenüber der Ergänzungsprüfung. Dies stellt eine Veränderung der bisherigen Gewichtungsregelung in der alten Verordnung dar, die von einer Gleichgewichtigkeit ausging. Die neue Vorschrift wird der Korrekturfunktion der Ergänzungsprüfung besser als früher gerecht. Die Ergänzungsprüfung wird daher in der Regel mindestens ein Befriedigend erbringen müssen, um die Note entsprechend zu verbessern.

> Abs. (7) Die Prüfung ist bestanden, wenn jeweils im praktischen und im schriftlichen Teil der Prüfung sowie innerhalb des schriftlichen Teils der Prüfung in mindestens zwei Prüfungsbereichen mindestens ausreichende Prüfungsleistungen erbracht sind. Werden die Prüfungsleistungen in einem Prüfungsbereich mit ungenügend bewertet, ist die Prüfung nicht bestanden.

Die Bestehensregelung macht Aussagen zu den Bewertungen des praktischen und des schriftlichen Teils und zum Gesamtergebnis.

Das Gesamtergebnis ermittelt sich aus den Teilergebnissen der beiden Hauptteile praktische und schriftliche Prüfung, die damit gleichgewichtig zu je 50% das Ergebnis bestimmen. In der alten Verordnung ging das Ergebnis des praktischen Teils („Praktische Übungen") lediglich zu einem Sechstel in das Gesamtergebnis ein. Diese schwache Gewichtung war von den Ärztekammern schon lange als Nachteil gesehen und nicht sachgerecht in der Bestehensregelung bei der Arzthelferin moniert worden.

Der Prüfling muss im praktischen Teil mindestens ausreichende Leistungen erbracht haben. Mangelhafte Leistungen können nicht ausgeglichen werden und führen automatisch zum Nichtbestehen der Gesamtprüfung. Der praktische Teil erhält somit einen sog. Sperrfachcharakter innerhalb des gesamten Prüfungsgeschehens, was seiner Bedeutung bei der Feststellung der Berufsfähigkeit des Prüflings besser als in der alten Verordnung gerecht wird. In dieser Aufwertung kommt auch die systematische Verankerung des Gedankens der Handlungsorientierung bis in die Bestehensregelung hinein zum Ausdruck.

Auch der schriftliche Teil ist nur bestanden, wenn der Prüfling insgesamt mindestens ausreichende Leistungen vorweisen kann. Dies wiederum ist nur dann der Fall, wenn mindestens zwei Prüfungsbereiche mit ausreichend benotet wurden, ggf. nach Absolvieren der mündlichen Ergänzungsprüfung. Mit nur einem Mangelhaft in einem der drei Bereiche – egal welchem – ist der schriftliche Teil daher bestanden. Die Bestehenshürde wird insgesamt deutlich angehoben. Ein Ungenügend in einem der drei Bereiche führt ohne Ausgleichsmöglichkeit automatisch zum Nichtbestehen der Gesamtprüfung.

Die Prüfungsordnung der Ärztekammer muss Festlegungen zu den Bewertungen nach Noten oder Punkten und zu den Rundungsregelungen enthalten.

Unabhängig von diesen Bestimmungen legt das Berufsbildungsgesetz weitere formale Bedingungen für Abschlussprüfungen fest. Nach § 37 Abs.1 kann diese zweimal wiederholt werden. Die Ärztekammer stellt dem Prüfling ein Zeugnis aus und hat auf seinen Antrag eine englisch- und eine französischsprachige Übersetzung beizufügen; sie kann ebenfalls auf seinen Antrag das Ergebnis berufsschulischer Leistungsfeststellung ausweisen.

Darüber hinaus hat der Ausbildende der Auszubildenden gemäß § 16 BBiG bei Beendigung des Berufsausbildungsverhältnisses ein Zeugnis auszustellen. Es muss Angaben über Art, Dauer und Ziel der Ausbildung sowie über die erworbenen Fertigkeiten und Kenntnisse enthalten. Auf ihr Verlangen sind auch Angaben über Führung, Leistung und besondere fachliche Fähigkeiten aufzunehmen.

Darüber hinaus stellt die Berufsschule ebenfalls ein Zeugnis über die schulischen Leistungen aus.

---

§ 10 Fortsetzung der Berufsausbildung
Berufsausbildungsverhältnisse, die bei Inkrafttreten dieser Verordnung bestehen, können unter Anrechnung der bisher zurückgelegten Ausbildungszeit nach den Vorschriften dieser Verordnung fortgesetzt werden, wenn die Vertragsparteien dies vereinbaren.

Ausbildungen werden grundsätzlich nach den Verordnungen beendet, nach denen sie begonnen wurden: § 4 Abs. 4 BBiG bestimmt, dass bei Aufhebung der Anerkennung eines Ausbildungsberufes und Fortsetzung des Ausbildungsverhältnisses für die weitere Berufsausbildung die bisherigen Vorschriften gelten. Unabhängig davon eröffnet die Bestimmung den Ausbildungsvertragsparteien die Möglichkeit, das Ausbildungsverhältnis zu den neuen Bedingungen fortzusetzen. Ob dies angezeigt ist, kann nur im Einzelfall entschieden werden. Insbesondere ist von beiden Vertragsparteien gemeinsam und in Abstimmung mit der Ärztekammer zu prüfen, ob die Abschlussprüfung mit den neuen Inhalten und Bedingungen, die ja auch Ausdruck anderer Ausbildungsstrukturen sind, überhaupt erfolgreich abgelegt werden könnte.

§ 11 Inkrafttreten, Außerkrafttreten
Diese Verordnung tritt am 1. August 2006 in Kraft. Gleichzeitig tritt die Arzthelfer-Ausbildungsverordnung vom 10. Dezember 1985 (BGBl. I S. 2200) außer Kraft.

Nach 20-jähriger Geltung der Arzthelferinnen-Ausbildungsverordnung tritt diese nun zum August 2006 außer Kraft und wird von der vorliegenden Verordnung abgelöst. Die bis zu diesem Datum erworbene Berufsbezeichnung „Arzthelferin" ist mit der Bezeichnung „Medizinische Fachangestellte" gleichwertig.

5 Ausbildungsrahmenplan (im Wortlaut) mit Erläuterungen

5.1 Sachliche Gliederung der Ausbildung

In der nachfolgenden Tabelle sind die Ausbildungsziele, die
◢ vor der Zwischenprüfung zu vermitteln sind ohne Schattierung
◢ nach der Zwischenprüfung zu vermitteln sind, mit dunkler
Grauschattierung und
◢ während der gesamten Ausbildung zu vermitteln sind, mit heller
Grauschattierung
unterlegt.

Lfd. Nr./Teil des Ausbildungsberufsbildes und zu vermittelnde Fertigkeiten, Kenntnisse und Fähigkeiten gemäß Anlage 1 zu § 5	Erläuterungen
Berufsbildposition 1: Der Ausbildungsbetrieb (§ 4 Nr. 1)	In dieser Berufsbildposition geht es um die grundlegende Orientierung der Auszubildenden über die eigene Position und Funktion und die des Ausbildungsbetriebes im Gesamtzusammenhang der gesundheitlichen Versorgung. In den Ausbildungszielbereichen 1.1 bis 1.5 werden jeweils die verschiedenen Dimensionen dieses komplexen Zusammenhanges abgebildet: die berufliche, rechtliche, wirtschaftliche, strukturelle, ethische und ökologische Dimension. Wegen ihrer Orientierungsfunktion für das berufliche Handeln sind die meisten Ziele dieser Position sinnvoller Weise zu Beginn des Ausbildungsverhältnisses zu vermitteln und auch Gegenstand der Zwischenprüfung. Für die beruflichen Handlungssituationen der Medizinischen Fachangestellten stellt das hier zu vermittelnde Wissen den notwendigen Hintergrund für ihre eigene Einordnung und Orientierung dar. Die meist situativ gestaltete Vermittlung im Ausbildungsbetrieb wird immer unterschiedliche Aspekte gleichzeitig zu berücksichtigen haben und meist im Kontext mit anderen Inhalten erfolgen; es empfiehlt sich jedoch, im Rahmen der Einarbeitung explizite Unterweisungen vorzusehen.

Bei 1.1 handelt es sich um einen Standardberufsbildbereich, der in ähnlicher Form in allen Ausbildungsverordnungen enthalten ist. Bei den Inhalten des Ausbildungsvertrages lässt sich zu Beginn am persönlichen Erfahrungshintergrund der Auszubildenden ansetzen. Die Bedeutung permanenten Lernens für die persönliche Entwicklung und die Qualität des beruflichen Handelns soll zu einer zentralen positiven Einstellung werden.

Bei 1.2 geht es um die Einordnung der Arztpraxis und anderer Betriebsformen (z.B. Medizinisches Versorgungszentrum, Krankenhaus) sowie des Gesundheitsberufs Medizinische Fachangestellte in die Versorgungslandschaft und den sozialrechtlichen Hintergrund des deutschen Gesundheitswesens. Die Verflechtungen der Ebenen und Versorgungsformen sowie der Netzwerkcharakter regionaler Einrichtungen sollen bewusst gemacht werden. Es soll eine bewusste Auseinandersetzung mit der beruflichen Rolle der MFA als einem medizinischen, ethisch ausgerichteten Dienstleistungsberuf sowie typischen Belastungssituationen stattfinden.

In 1.3 stehen strukturelle, funktionelle und rechtliche Aspekte des Ausbildungsbetriebes innerhalb des Gesundheitswesens und das Zusammenwirken aller Teilprozesse innerhalb des Betriebes zu einem geordneten Ganzen im Vordergrund.

In den Ausbildungszielen zu 1.4 sollen allgemeine und spezifische rechtliche Rahmenbedingungen in allen Bereichen des beruflichen Handelns vermittelt werden. Bei der Auszubildenden muss ein differenziertes Bewusstsein der rechtlichen Dimension im Gesundheitswesen und ihres persönlich verantworteten Handelns geweckt werden, sei es in Bezug auf Schweigepflicht und Datenschutz, Dokumentation oder Delegationsbedingungen im Rahmen der Assistenz bei ärztlichen Maßnahmen.

Um die Vermeidung betriebsbedingter Umweltbelastungen im beruflichen Einwirkungsbereich und um die Sensibilisierung für den Umweltschutz in persönlicher und professioneller Verantwortung geht es in 1.5. Diese Ausbildungsziele sind Gegenstand der gesamten Ausbildungszeit.

1.1 Berufsbildung, Arbeits- und Tarifrecht (§ 4 Nr. 1.1)	

a) Bedeutung des Ausbildungsvertrages, insbesondere Abschluss, gegenseitige Rechte und Pflichten, Dauer und Beendigung erklären	• Schriftformerfordernis
	  – bei Abschluss des Vertrages
	  – bei Änderungen des Vertrages
	• Eintragung des Ausbildungsvertrages in das von der zuständigen Ärztekammer geführte Verzeichnis der Berufsausbildungsverhältnisse
	• Mindestregelungsinhalte in der Vertragsniederschrift (§ 11 Abs.1 BBiG):
	  – Art, sachliche und zeitliche Gliederung sowie Ziel der Ausbildung
	  – Beginn und Dauer
	  – Dauer der täglichen Ausbildungszeit
	  – Dauer der Probezeit
	  – Dauer des Urlaubs
	  – Zahlung und Höhe der Ausbildungsvergütung
	  – Kündigungsvoraussetzungen
	  – Ausbildungsmaßnahmen außerhalb des Ausbildungsbetriebes
	  – Hinweis in allgemeiner Form auf Tarifverträge sowie Betriebs- oder Dienstvereinbarungen, die auf das Ausbildungsverhältnis anzuwenden sind
	• Rechte und Pflichten nach §§ 13–16 BBiG
	• Abkürzung bzw. Verlängerung der Ausbildungszeit (§ 8 BBiG)

b) Inhalte der Ausbildungsordnung und den betrieblichen Ausbildungsplan erläutern	• Ausbildungsdauer, Berufsbild, Ausbildungsinhalte, Zeitrahmen, Prüfungen und Einordnung in die betriebliche Ausbildung • Führen des schriftlichen Ausbildungsnachweises • Ausbildungsrahmenplan und seine Umsetzung in den betrieblichen Ausbildungsplan

c) die im Ausbildungsbetrieb geltenden Regelungen über Arbeitszeit, Vollmachten und Weisungsbefugnisse beachten	• Arbeitszeit, z.B.
	  – gesetzliche Regelungen, z.B. Arbeitszeitgesetz, Jugendarbeitsschutzgesetz
	  – betriebliche Regelungen, z.B. Dienstpläne
	  – tägliche/wöchentliche Arbeitszeiten
	  – Schichtzeiten
	  – Berufsschulpflicht und -zeiten
	  – Urlaub
	  – Notdienste

	• Vollmachten, z.B. 　– Postvollmacht 　– Vollmacht zum Einkauf von Waren für den Betrieb • Weisungsbefugnisse des ausbildenden Arztes, des Ausbilders bzw. mit der Ausbildung beauftragter Personen
d) wesentliche Bestimmungen der für den Ausbildungsbetrieb geltenden Tarifverträge und arbeitsrechtlichen Vorschriften beschreiben	• Tarifverhandlungen/Tarifvertragsparteien • Geltungs- und Anwendungsbereich von Tarifverträgen • Allgemeinverbindlichkeit, Tarifbindung • Inhalte des Manteltarifvertrags, z.B. Arbeitszeit, Mehrarbeit, Sachbezüge, Zusatzleistungen, Probezeit, Kündigung • Inhalte des Gehaltstarifvertrags, z.B. Vergütung, Zuschläge, Eingruppierung • Inhalte des Tarifvertrages zur betrieblichen Altersversorgung durch Entgeltumwandlung, 　z.B. Anspruch, Verfahren, Pensionskasse • gesetzliche Regelungen, z.B. 　– zum Jugendarbeitsschutz 　– zur Arbeitszeit 　– zum Mutterschutz und zur Elternzeit 　– zum Urlaub
e) wesentliche Inhalte des Arbeitsvertrages erläutern	• wesentliche Inhalte, z.B. 　– Beginn und Dauer des Vertrages 　– Benennung der Tätigkeiten 　– Arbeitszeiten 　– Probezeit 　– Kündigung 　– Vergütung 　– Urlaub 　– Geheimhaltung der Praxisvorgänge 　– Arbeitsunfähigkeit 　– Arbeitsschutz, Arbeitssicherheit • Schriftform, Nachweisgesetz • Musterverträge der Kammern und Berufsverbände
f) Lebensbegleitendes Lernen als Voraussetzung für berufliche und persönliche Entwicklungen nutzen und berufsbezogene Fortbildungsmöglichkeiten ermitteln	• Bedeutung des lebensbegleitenden Lernens • Notwendigkeit der ständigen Weiterbildung • berufliche Fortbildungsmöglichkeiten 　– Anpassungsfortbildung 　– Aufstiegsfortbildung • persönliche Entwicklungsmöglichkeiten • lernförderliche Bedingungen am Arbeitsplatz

	• Angebote von z.B. Kammern, Berufsverbänden, Gewerkschaften und freien Bildungsträgern • Bildungsurlaub • Förderungsmöglichkeiten • siehe auch Kapitel 10.3)

1.2 Stellung des Ausbildungsbetriebes im Gesundheitswesen; Anforderungen an den Beruf *(§ 4 Nr. 1.2)*

a) Aufgaben, Struktur und rechtliche Grundlagen des Gesundheitswesens und seiner Einrichtungen sowie dessen Einordnung in das System sozialer Sicherung in Grundzügen erläutern	• Aufgaben
	  – Prävention
	  – Diagnostik
	  – Therapie
	  – Rehabilitation
	  – Pflege
	• Gliederung
	  – Bundesebene
	  – Landesebene
	  – Kommunalebene
	• Versorgungsformen und Einrichtungen:
	  – ambulante Versorgung, z.B. Praxen von Ärzten, Zahnärzten, Psychotherapeuten, Heilmittelbringern und sonstigen Leistungserbringern; medizinische Versorgungszentren, Apotheken, Sozialstationen, Pflegedienste, Rehabilitationszentren
	  – Stationäre Versorgung, z.B. Krankenhäuser der Grund-, Regel- und Maximalversorgung oder der Spezialversorgung, Rehabilitationskliniken, Pflegeeinrichtungen
	  – Teilstationäre Versorgung, z.B. Tageskliniken
	  – Angebote der Integrierten Versorgung
	• Selbstverwaltungseinrichtungen
	• öffentliche, private und gemeinnützige Träger
	• Aufsichtsbehörden
	• Sozialversicherung
	  – Versicherungsrisiken
	  – Zweige und Träger
	  – Leistungen
	  – Finanzierung
	• Sozialgesetzbücher
	• private Absicherung
	• Solidargemeinschaft/freier Markt

b) Formen der Zusammenarbeit im Gesundheitswesen an Beispielen aus dem Ausbildungsbetrieb erklären	z.B. • Gemeinschaftspraxis • Praxisgemeinschaft • kooperierende Einzelpraxen • Disease-Management-Programme der Krankenkassen • Zusammenarbeit mit anderen Leistungserbringern • Zusammenarbeit mit Patientenselbsthilfegruppen und Beratungsstellen • Integrierte Versorgung • Medizinische Versorgungszentren • Zusammenarbeit mit Krankenhäusern/Belegarztsystem
c) soziale Aufgaben eines medizinischen Dienstleistungsberufes und ethische Anforderungen darstellen	• Kennzeichen des Gesundheitswesens, z.B. – Daseinsfürsorge für die Bürger im Krankheitsfall – Zugänglichkeit der Versorgungsangebote – Orientierung an der Gesundheit des Einzelnen und der Bevölkerung – Gebot des Ausreichenden, Zweckmäßigen und Wirtschaftlichen in der gesetzlichen Krankenversicherung – Schweigepflicht/Patientenschutz – Anzeigen von Misshandlungen und Straftaten • ethische Anforderungen, z.B. – Patientenorientierung und Patientenwohl – Humanität – Diskretion – Sorgfalt, Schadensabwendung – Vertrauen • Verhältnis zwischen professionellem Helfer und Patient • Berufspflichten/Berufsrolle von Arzt und Medizinischer Fachangestellter
d) Belastungssituationen im Beruf erkennen und bewältigen	• Ursachen – qualitative und quantitative Überforderung oder Unterforderung – unzureichende Arbeitsorganisation – Zeitdruck – Mobbing – Kommunikationsstörungen im Team – Helfersyndrom • Folgen – körperliche und seelische Überlastung – Stress-Symptome

	– Frustration
	– Burn-Out-Syndrom
	• Maßnahmen zur Bewältigung, z.B.
	  – Ausgleich schaffen
	  – Vertrauensgespräch suchen
	  – Fortbildungen
	  – Supervision
	  – ggf. Ansprüche zurückweisen können
	• persönliche Grenzen erkennen
	• Umgang mit Leid und Tod

1.3 Organisation und Rechtsform des Ausbildungsbetriebes *(§ 4 Nr. 1.3)*	
a) Struktur, Aufgaben und Funktionsbereiche des Ausbildungsbetriebes erläutern	• Funktionen des ausbildenden Betriebes bei der Sicherstellung der gesundheitlichen Versorgung in der Region • medizinisches Aufgabenspektrum • Leistungsangebote • Funktionsbereiche, z.B. Behandlungszimmer, Laborraum, Warteräume, Anmeldung, OP-Bereich, Röntgenraum, Archiv, Personalräume

b) Organisation, Abläufe des Ausbildungsbetriebes mit seinen Aufgaben und Zuständigkeiten darstellen; Zusammenwirken der Funktionsbereiche erklären	• Abläufe im Ausbildungsbetrieb, z.B.
	• Anmeldung, Untersuchung, Behandlung, OP und Nachbetreuung, Beratung, Dokumentation, Abrechnung
	• arbeitsplatz- und personenbezogene Zuständigkeiten
	• regelmäßige tägliche und/oder periodische Arbeitsabläufe
	• Zusammenwirken der Funktionsbereiche und Abläufe, z.B.
	  – Art der Behandlung → Terminvergabe
	  – Erbringen von Leistungen → Dokumentation
	  – Dokumentation → Abrechnung
	  – Befundeingang → Wiedervorstellung

c) Rechtsform des Ausbildungsbetriebes beschreiben	• Mögliche Rechtsformen, z.B.
	  – Gesellschaft bürgerlichen Rechts (GbR)
	  – Gesellschaft mit beschränkter Haftung (GmbH)
	  – Partnerschaftsgesellschaft
	• Bedeutung für den Ausbildungsbetrieb

| d) Beziehungen des Ausbildungsbetriebes und seiner Beschäftigten zu Selbstverwaltungseinrichtungen, Wirtschaftsorganisationen, Berufsvertretungen, Gewerkschaften | • Selbstverwaltungseinrichtungen, z.B.
  – Bundesärztekammer, Landesärztekammer, Bezirksärztekammer
  – Kassenärztliche Bundesvereinigung, Kassenärztliche Vereinigung
  – Krankenkassen
  – Deutsche Krankenhausgesellschaft, Landeskrankenhausgesellschaften
  – Berufsgenossenschaft
  – Rentenversicherung
• Wirtschaftsorganisationen, z.B. Landesverband der Freien Berufe
• Berufsvertretungen, z.B.
  – Berufsverbände der Ärzte
  – Verband Medizinischer Fachberufe
• Gewerkschaften, z.B. Vereinte Dienstleistungsgewerkschaft (ver.di)
• Verwaltungen, z.B. Gewerbeaufsichtsamt, Berufsgenossenschaft, Sozialverwaltungen |

1.4 Gesetzliche und vertragliche Bestimmungen der medizinischen Versorgung
(§ 4 Nr. 1.4)

| a) berufsbezogene Rechtsvorschriften einhalten | z.B.
• Bürgerliches Gesetzbuch (BGB)
• Strafgesetzbuch (StGB)
• Sozialgesetzbuch V (SGB V)
• Medizinproduktegesetz (MPG)
• Medizingerätebetreiberverodnung (MGBetreibV)
• Heilberufegesetz
• Berufsordnung der Ärzte
• Arzneimittelgesetz (AMG)
• Betäubungsmittelgesetz (BtMG)
• Röntgenverordnung (RöV), Strahlenschutzverordnung (StrlSchV)
• Infektionsschutzgesetz (IfSG)
• Heilmittelwerbegesetz (HeilMWerbG)
• Berufsgenossenschaftliche Vorschriften (BGV)
• Arbeitsstättenverordnung (ArbStättV)
• Ausbildungsordnung
• Aufklärungs- und Dokumentationspflichten
• Datenschutzgesetze |

b) Schweigepflicht als Basis einer vertrauensvollen Arzt-Patienten-Beziehung einhalten	• Rechtsgrundlage § 823 BGB
	• Patientenschutz
	• Schweigepflicht, insbesondere
	  – innerhalb/außerhalb des Ausbildungsbetriebs
	  – am Telefon
	  – gegenüber Dritten

c) Bedingungen, Möglichkeiten und Grenzen der Delegation ärztlicher Leistungen darlegen sowie straf- und haftungsrechtliche Folgen beachten	• dokumentierte (An-)Weisungen • delegierbare Leistungen • haftungsrechtliche Bestimmungen • strafrechtliche Bestimmungen • Anordnungs- und Durchführungsverantwortung • „Anforderungen an die persönliche Leistungserbringung" von Bundesärztekammer und Kassenärztlicher Bundesvereinigung (s. Anhang, S. 191ff.)
d) rechtliche und vertragliche Grundlagen von Behandlungsvereinbarungen bei gesetzlich Versicherten und Privatpatienten beachten und erläutern	• Behandlungsvertrag • Behandlungspflicht • Behandlungsgrundsätze des SGB V – „ausreichende, zweckmäßige, wirtschaftliche Leistungen" • Leistungsspektrum in der GKV • versicherter Personenkreis • Individuelle Gesundheitsleistungen (IGeL)
1.5 Umweltschutz *(§ 4 Nr. 1.5)*	

a) mögliche Umweltbelastungen durch den Ausbildungsbetrieb und seinen Beitrag zum Umweltschutz an Beispielen erklären	• Umweltbelastungen und Folgen, z.B. durch
	  – Reinigungs- und Desinfektionsmittel
	  – Chemikalien
	  – Arzneimittel
	  – Verbandsstoffe
	  – kontaminiertes Material, Abfälle
	  – Einwegmaterialien
	  – Röntgenmaterialien
	  – Büromaterialien
	• Beitrag zum Umweltschutz durch z.B.
	  – sparsame Verwendung von Rohstoffen
	  – Mülltrennung
	  – Materialauswahl bei Bestellungen, Bestellmengen

b) für den Ausbildungsbetrieb geltende Regelungen des Umweltschutzes anwenden	z.B. • kommunale Abfallsatzungen/LAGA-Richtlinie (Bund/Länder-Arbeitsgemeinschaft Abfall) • Kreislaufwirtschaftsgesetz/Abfallwirtschaftsgesetz • Medizinproduktegesetz (MPG) • betriebsinterne Entsorgungsregelungen • betriebsinterne Vorgaben, z.B. für Bestellungen von Verbrauchsmaterial

c) Möglichkeiten der wirtschaftlichen und umweltschonenden Energie- und Materialverwendung nutzen	• ökonomischer Umgang mit Ressourcen, Einsparmöglichkeiten, z.B.
	  – Gerätenutzung
	  – Raumklima, Lüften der Räume
	  – Materialverbrauch
	  – Energieverbrauch

d) Abfälle vermeiden; Stoffe und Materialien einer umweltschonenden Entsorgung zuführen	• siehe a) bis c)

Berufsbildposition 2: Gesundheitsschutz und Hygiene (§ 4 Nr. 2)	Gesundheitsschutz, Sicherheit und Hygiene sind zentrale Prinzipien der medizinischen Versorgung mit stark gewachsener Bedeutung und müssen sich in grundlegenden professionellen Verhaltensweisen eines Berufs mit direktem Patientenkontakt widerspiegeln. Entsprechende Kompetenzen sind deshalb frühzeitig zu vermitteln und zu trainieren.
	Bei der Anwendung von Arbeitsschutz- und Unfallverhütungsvorschriften (2.1) geht es primär um die Sicherheit des Personals und dessen Schutz vor Gefährdungen am Arbeitsplatz, z.B. durch richtigen Umgang mit Geräten oder Instrumenten, bei Arbeitsunfällen und Brandgefahren.
	Kompetenzen im Hygienebereich gemäß 2.2 dienen dem Schutz des Mitarbeiters, des Teams und des Patienten vor Ansteckung. Die Einhaltung von Hygienestandards und der hygienische Umgang mit Medizinprodukten ist deshalb für die Medizinische Fachangestellte eine Basiskompetenz.
	Infektionskrankheiten (2.3) sind wesentliches Gefährdungspotenzial in Einrichtungen der medizinischen Versorgung; für die Medizinische Fachangestellte ist deshalb entsprechendes Wissen und Verhalten einschließlich der eigenen Immunisierung von großer Bedeutung. In 2.3 a) sind die zu vermittelnden Mindestinhalte im Bereich der Infektionskrankheiten durch einen verbindlichen Katalog festgelegt. Es handelt sich dabei um besonders im allgemein-/hausärztlichen Bereich häufig vorkommende Krankheitsbilder. Die Auflistung dient der Rechtssicherheit über den Umfang der zu vermittelnden Kompetenzen, die in der Abschlussprüfung verfügbar sein müssen. Die Vermittlung der Inhalte auf elementarem Niveau ist bereits zu Beginn der Ausbildung in Form einer Einführung in die grundlegenden Sicherheitsvorschriften erforderlich. Mit Ausnahme des Lernziels 2.1 e) (stressauslösende Situationen erkennen und bewältigen) ist die Vermittlung dieser Berufsbildposition in der ersten Ausbildungshälfte vorgesehen und zwischenprüfungsrelevant.

2.1 Sicherheit und Gesundheitsschutz bei der Arbeit	
(§ 4 Nr. 2.1)	

a) Gefahren für Sicherheit und Gesundheit am Arbeitsplatz feststellen sowie Maßnahmen zu deren Vermeidung ergreifen	• Ziel: Schutz von Personal und Patienten
	• Gefahren, z.B.
	  – Infektionen
	  – Verletzungen
	  – Strahlen
	  – Lasten
	  – Burn-Out
	• Maßnahmen, z.B.
	  – Hygiene
	  – Impfungen
	  – persönliche Schutzausrüstung
	  – Hebe- und Tragetechniken, Ergonomie
	  – Psychohygiene

b) berufsbezogene Arbeitsschutz- und Unfallverhütungsvorschriften (UVV) anwenden	• Arbeitsschutzgesetz und die dazu erlassenen Verordnungen, z.B.
	  – Biostoffverordnung und die TRBA 250
	  – Gefahrstoffverordnung und die TRGS 525, 401
	  – Bildschirmarbeitsplatzverordnung
	  – Lastenhandhabungsverordnung
	  – PSA-Benutzerverordnung
	• Berufsgenossenschaftliche Vorschriften und Berufsgenossenschafliche Regelwerke, z.B.
	  – BGV A1
	  – BGR A1
	  – BGV A2
	• Arbeitsschutzuntersuchungen und arbeitsmedizinische Vorsorgeuntersuchungen
	• Untersuchungen nach Jugendarbeitsschutzgesetz
	• Verordnungen und Richtlinien zum Röntgen- und Strahlenschutz
	• Medizinproduktegesetz und Medizinproduktebetreiberverordnung
	• Mutterschutzgesetz/-richtlinien

c) Verhaltensweisen bei Unfällen beschreiben sowie erste Maßnahmen einleiten	• Arbeitsunfälle, z.B. Stich- und Schnittverletzungen, Verletzungen durch ätzende Stoffe, Verbrennungen • Verhaltensweisen, z.B. Ruhe bewahren, Unfallstelle sichern • erste Maßnahmen zur Verhütung von Schäden und Komplikationen, z.B. Arzt verständigen, Sofortmaßnahmen vorbereiten; siehe auch Position 10 c) • Dokumentation, z.B. Verbandbuch

d) Vorschriften des vorbeugenden Brandschutzes anwenden; Verhaltensweisen bei Bränden beschreiben und Maßnahmen zur Brandbekämpfung ergreifen	• Gefahrenherde, z.B. Geräte mit Hitzeentwicklung, brennbare Stoffe • Fluchtwege, Notrufnummern, betrieblicher Notfallplan • Brandschutzmaßnahmen gemäß Brandschutzverordnung • Umgang mit Feuerlöschern • Verhalten im Brandfall, z.B. Ruhe bewahren, Personen in Sicherheit bringen, Brandstelle sichern, Feuerwehr rufen, Löschmaßnahmen durchführen
e) stressauslösende Situationen erkennen und bewältigen	• siehe auch Position 1.2 d) • innerbetriebliche Konflikte, z.B. im Team, mit Vorgesetzten • arbeitsorganisatorische Probleme • nicht planbare Ereignisse, z.B. Notfälle, technische Ausfälle • Bewältigungsstrategien, z.B. Reflexion, Konfliktgespräch, Supervision, körperlicher und seelischer Ausgleich, Psychohygiene, Veränderungen in der Praxisorganisation

2.2 Maßnahmen der Arbeits- und Praxishygiene
(§ 4 Nr. 2.2)

a) Hygienestandards einhalten	• Hygiene als primäre Prävention vor Infektionen
	• persönliche Hygiene, z.B. körperliche Sauberkeit, Sauberkeit der Berufskleidung
	• arbeitsplatzbezogene Hygiene, z.B. Reinigung und Desinfektion von Flächen, Instrumenten, Geräten, Toiletten, Arbeitsbereichen
	• Überwachung und Begehung, insbesondere durch Gesundheitsämter
	• hygienerechtliche Vorschriften, z.B.
	  – Infektionsschutzgesetz, Medizinproduktegesetz, Medizinproduktebetreiberverordnung, Arbeitsschutzgesetz, länderspezifische Gesetze über den öffentlichen Gesundheitsdienst, berufsgenossenschaftliche Vorschriften
	  – Richtlinien und Empfehlungen, z.B. des Robert-Koch-Instituts und der Kommission für Krankenhaushygiene und Infektionsprävention
	• technische Regeln, z.B. bei der Sterilisation

b) Arbeitsmittel für Hygienemaßnahmen auswählen und anwenden	• Reinigungs- und Desinfektionsmaterial • Geräte und Hilfsmittel • Schutzkleidung

c) Maßnahmen des betrieblichen Hygieneplans durchführen	• Definition und Bedeutung des Hygieneplans
d) Geräte, Instrumente und Apparate desinfizieren, reinigen und sterilisieren; Sterilgut handhaben	• Unterscheidung Desinfektion, Reinigung, Sterilisation • Hygienekette • materialgerechte Sterilisation, z.B. 　– thermostabil: Glas, Metall 　– thermolabil: Kunststoffe, Textilien, Gummi • sichere Sterilguthandhabung und -bevorratung • Sterilisationsverfahren, z.B. Autoklav, Heißluftsterilisation • Sterilisationskontrolle • validierte Verfahren • Dokumentation
e) hygienische und aseptische Bedingungen bei Eingriffen situationsgerecht sicherstellen	• Händereinigung, -desinfektion, -pflege 　– hygienische und chirurgische Händedesinfektion • Hautreinigung und -desinfektion beim Patienten • sterile Handschuhe, Wundabdeckungen, Instrumente • hygienische Anforderungen bei z.B. Blutentnahme, Injektion, Infusion, Katheterisierung, Sondenlegung, Endoskopie • Hygiene von Geräten • sichere Sterilgutversorgung
f) kontaminierte Materialien erfassen, situationsbezogen wieder aufbereiten und entsorgen	• Materialien, z.B. Verbandmaterial, Verpackungsmaterial, Abdeckungen, Schutzkleidung, körpereigenes Material, Instrumente, Geräte, Mobiliar, Flächen, Räume • Aufbereitung, z.B. Reinigung und Desinfektion, Pflege, Sterilisation • Entsorgung nach gesetzlichen und betrieblichen Vorgaben

2.3 Schutz vor Infektionskrankheiten *(§ 4 Nr. 2.3)*	
a) Hauptsymptome und Krankheitsbilder von bakteriellen Infektionskrankheiten, insbesondere Scharlach, Tetanus, Borreliose, Salmonellose, Pertussis, Diphtherie und Tuberkulose, von viralen Infektionskrankheiten, insbesondere Aids, Masern, Röteln, Windpocken, Gürtelrose, Mumps, Pfeifferschem Drüsenfieber, FSME, Influenza, grippalen Infekten, Hepatitis A, B und C sowie Infektionskrankheiten durch Hautpilze, insbesondere Soor und Fußpilz, beschreiben; Meldepflicht von Infektionskrankheiten beachten	• medizinische Grundbegriffe, z .B. Symptom, Infektion, Krankheit, Kontamination • Erreger, z.B. Bakterien, Viren, Pilze • äußere/innere Krankheitsursachen • Pathophysiologie der wesentlichen, d.h. häufig im Ausbildungsbetrieb vorkommenden Krankheitsbilder; der Begriff „insbesondere" bedeutet mindestens die hier genannten Krankheiten • Symptome der genannten Krankheiten, z.B. spezifische, unspezifische, subjektive, objektive • Infektionsformen, z.B. nosokomiale, iatrogene, endogene, exogene Infektion • Inkubationszeiten • Ausbruch und Verlauf und deren bestimmende Faktoren, z.B. Resistenz, Disposition, Immunität, Virulenz, Pathogenität • meldepflichtige Krankheiten gemäß Infektionsschutzgesetz
b) Infektionsquellen und Infektionswege darstellen, Maßnahmen zur Vermeidung von Infektionen einleiten und Schutzmaßnahmen durchführen	• Infektionsquellen, z.B. Menschen, Materialien, Tiere, Luft, Wasser, Nahrungsmittel • Infektionswege, z.B. Tröpfchen-, Kontakt-, Fäkal-, Oral-, Schmierinfektion • Maßnahmen zur Vermeidung: Schutzkleidung, Reinigung, Desinfektion, Sterilisation, Isolierung infektiöser Patienten oder kontaminierten Materials • Schutzmaßnahmen: Isolierung, Immunisierung • Berufsgenossenschaftliche Vorschriften (BGV)
c) Vorteile der aktiven Immunisierung begründen	• Unterschied und Anwendung aktive/passive Immunisierung • präventive Funktion

Berufsbildposition 3: **Kommunikation** *(§ 4 Nr. 3)*	Neuer Schwerpunkt im Berufsbild ist die kommunikative Kompetenz; sie ist wichtiger Bestandteil der Professionalität der Medizinischen Fachangestellten. Der Umgang mit Patienten, externen Partnern sowie das Verhalten in einem arbeitsteilig organisierten Team ist ohne Kommunikation nicht möglich. Patientenzufriedenheit und Praxiserfolg, Betriebsklima und berufliche Zufriedenheit hängen eng mit der Qualität der Kommunikation in einer Einrichtung zusammen. Grundlegendes Wissen über diese Zusammenhänge und kommunikative Fertigkeiten und Fähigkeiten zu ihrer Bewältigung und Gestaltung sollen in der Ausbildung vermittelt werden. Geht es in der Berufsschule eher um die „Theorie", liegt der Schwerpunkt im Ausbildungsbetrieb in der praktischen, reflektierten Erfahrung alltäglicher und typischer Gesprächs- und Handlungssituationen. Kommunikative Kompetenz gemäß 3.1 ist durch Personen- und Situationsbezug gekennzeichnet und berücksichtigt die Besonderheiten spezieller Personengruppen. Sie beinhaltet Grundlagenwissen über Formen, Arten und Störungen zwischenmenschlicher Verständigung und dessen praktische Anwendung im Ausbildungsbetrieb. Das Verständnis von Konflikten (3.2) als „normale", unvermeidliche Erscheinung zwischen Menschen, begründet durch oft unterschiedliche Ziele und Interessenlagen, lässt sich gerade in der medizinischen Versorgung gut verdeutlichen, z.B. bei Beschwerden über unvorhergesehene Wartezeiten. Zur beruflichen Kompetenz der Medizinischen Fachangestellten sollen deshalb künftig verstärkt Fähigkeiten im konstruktiven Umgang mit Konflikten und Störungen gehören. Kommunikative Kompetenz ist auch Voraussetzung für Patientenberatung und -schulung.

3.1 Kommunikationsformen und -methoden
(§ 4 Nr. 3.1)

a) Auswirkungen von Information und Kommunikation auf Betriebsklima, Arbeitsleistung, Betriebsablauf und -erfolg beachten	• Unterschied Information/Kommunikation
	• schriftliche und mündliche Information und Kommunikation
	• Auswirkungen auf z.B.
	  − Behandlungserfolg
	  − Patientenbindung
	  − Zusammenarbeit
	  − Motivation
	  − Organisation
	  − Betriebserfolg
	• Lob und konstruktive Kritik in der Zusammenarbeit
	• Teamarbeit

b) verbale und nonverbale Kommunikationsformen einsetzen	• Kommunikationsmodelle, z.B. Sender-Empfänger-Modell, Vier-Ohren-Modell
	• verbale Kommunikation, z.B. Wortwahl, Tonfall, Lautstärke, Artikulation, Verständlichkeit
	• nonverbale Kommunikation, z.B. durch
	  – Körpersprache: Mimik, Gestik, Blickkontakt
	  – äußeres Erscheinungsbild, z.B. Kleidung
	• Grundregeln der Gesprächsführung
	  – Beachtung von Sach- und Beziehungsebene
	  – Ich-Botschaften
	  – aktives Zuhören
	• Gesprächsarten, z.B. Informationsgespräch, Teambesprechung, Kritikgespräche, Diskussion, Verbalisierung von Gefühlen
	  – Berücksichtigung von z.B. Ziel, Umfeld, Zeit, Gegenstand
	• Gespräche am Telefon

c) Gespräche personenorientiert und situationsgerecht führen	• Gesprächspartner, z.B.
	  – Patienten, z.B. ältere Patienten, Kinder, Schwerstkranke, ängstliche Patienten, Schmerzpatienten
	  – Begleitpersonen
	  – Vorgesetzte
	  – Kollegen
	  – weitere Personen, z.B. von Krankenkassen, Verwaltungen, Firmen, Behörden
	• Gesprächssituationen, z.B.
	  – am Empfang
	  – während der Diagnostik und Therapie
	  – in der Beratung, Anleitung oder Schulung
	  – am Telefon
	  – in der Gruppe/im Team
	  – im Notfall
	  – bei Konflikten, in Krisen
	• Wertschätzung und Empathie
	• Patientenmotivierung
	• Berücksichtigung von Interessen, Informationsstand und Verständnis unterschiedlicher Gesprächspartner

d) zur Vermeidung von Kommunikationsstörungen beitragen	• siehe auch Positionen 3.1 a) und b) • Kommunikationsstörungen erkennen

e) fremdsprachige Fachbegriffe anwenden	• z.B. von häufigen Krankheiten, in der Technik • bei der Erstellung wichtiger Hinweise und medizinischer Informationen für ausländische Patienten
3.2 Verhalten in Konfliktsituationen *(§ 4 Nr. 3.2)*	
a) Konflikte erkennen und einschätzen	• Definition: Konflikt • Konfliktauslöser • Konfliktarten, Begleiterscheinungen und Phasen von Konflikten • Unterscheidung von offenen und verdeckten Konflikten • Konflikte mit Patienten, Begleitpersonen, Vorgesetzten, im Team

b) Möglichkeiten der Konfliktlösung nutzen	• aktives Zuhören
	• Verbalisieren von z.B.
	  – Interessen und Zielen
	  – Empfindungen
	• sachliche Aussprache
	• konstruktive Kritik
	• Kritikfähigkeit
	• Reflektion
	• Akzeptanz unterschiedlicher Bedürfnisse
	• geeignetes Umfeld schaffen
	• Vereinbaren von Regeln
	• Kompromiss
	• Schlichtung

c) Beschwerden entgegennehmen und Lösungsmöglichkeiten anbieten	• Beschwerden aufnehmen, ernst nehmen und auswerten
	• Einfühlungsvermögen und aktives Zuhören
	• sachbezogene und konstruktive Reaktion
	• Kompromisse suchen, z.B. Terminabsprache, Zeitvorgaben
	• Verbesserungsvorschläge, z.B.
	  – zum Betriebsklima
	  – zum Dienstleistungsangebot
	  – zur Praxisorganisation

| Berufsbildposition 4: Patientenbetreuung und -beratung (§ 4 Nr. 4) | Dieser Kompetenzbereich wurde deutlich ausgeweitet, weil er in einem Gesundheitswesen, das durch die Zunahme multimorbider, chronisch kranker, älterer und pflegebedürftiger Patienten, durch vernetzte Versorgungsstrukturen und durch wachsende Patientenorientierung gekennzeichnet ist, immer wichtiger geworden ist. Die qualifizierte Betreuung des Patienten innerhalb des Ausbildungsbetriebes, angefangen vom situationsgerechten Empfang, durch Erläuterungen ärztlicher Anordnungen, bis hin zur Patientenanleitung, z.B. bei Pflegemaßnahmen, ist zu ergänzen durch die Einbeziehung von Informationen über Behandlungen und Dienste außerhalb der eigenen Einrichtung, um dem kranken Menschen mit seinen spezifischen Bedürfnissen Orientierung zu bieten. Dies trägt zur Patientenzufriedenheit und zur Behandlungsqualität bei. Patientenbetreuung und -beratung haben eine psychologische, kommunikative und organisatorische Dimension; darin kommt der ausgesprochene Dienstleistungscharakter des Berufs und die koordinierende Funktion der Medizinischen Fachangestellten besonders deutlich zum Ausdruck. Patientenbetreuung und -beratung sind delegierte Aufgabenbereiche mit weitgehender Eigenständigkeit. Die Kompetenzen hierfür sind der Auszubildenden im Rahmen dieser Berufsbildposition umfassend zu vermitteln. In 4.1 steht die Begleitung des Patienten während seiner Aufenthalte innerhalb der Einrichtung im Mittelpunkt; sie umfasst aber auch die Zeit „dazwischen". Da dieses umsichtige Verhalten bereits Erfahrung erfordert, z.B. über die medizinischen, psychosozialen oder somatischen Bedingungen des Patientenverhaltens oder das „richtige" Verhalten am Telefon, ist 4.1 deshalb mit Ausnahme des Lernziels c) nach der Zwischenprüfung zu vermitteln. In 4.2 geht es darum, medizinische Leistungen durch gezielte Informationen patientengerecht zu begleiten und damit den Erfolg ärztlich angeordneter Maßnahmen zu fördern – stets in enger Abstimmung mit dem Arzt – bis hin zu ersten Erfahrungen bei Patientenschulungen. Wegen der erforderlichen Erfahrung ist 4.2 mit Ausnahme von 4.2 a) nach der Zwischenprüfung zu vermitteln. |

4.1 Betreuen von Patienten und Patientinnen
(§ 4 Nr. 4.1)

a) psychosoziale und somatische Bedingungen des Patienten-Verhaltens berücksichtigen	• psychosoziale Bedingungen, z.B. Unsicherheit, Angst, Informationsmangel, Desorientierung, Ungeduld, Aggressionen, Verstimmungen • somatische Bedingungen, z.B. akuter und chronischer Schmerz, akute und chronische Krankheiten, Verletzungen
b) Besonderheiten von speziellen Patientengruppen, von Risiko-Patienten sowie von Patienten und Patientinnen mit chronischen Krankheitsbildern beachten	• spezielle Patientengruppen, z.B. Kinder, alte Menschen, Behinderte, Pflegebedürftige, Suchtkranke, multimorbide Patienten • Risikopatienten, z.B. Patienten mit Herz-Kreislauf-Erkrankungen, hochinfektiöse Patienten, Risikoschwangere • Patienten und Patientinnen mit chronischen Krankheitsbildern, z.B. Allergiker, Asthmatiker, Diabetiker, Dialysepatienten – Chroniker als Experten ihrer Lebenssituation • Patienten mit Krebserkrankungen • Demenzpatienten • kulturelle und religiöse Besonderheiten
c) Patienten und Patientinnen situationsgerecht empfangen und unter Berücksichtigung ihrer Wünsche und Erwartungen vor, während und nach der Behandlung betreuen	• Patientenorientierung • Praxisatmosphäre • persönliche Ansprache • Berücksichtigung der individuellen Situation • Information über Funktionsbereiche • Begleitung durch Funktionsbereiche
d) Situation der anrufenden Patienten und Patientinnen einschätzen und Maßnahmen einleiten	• Grundregeln der Kommunikation am Telefon, siehe auch Position 3 • Erfragen der Beschwerden • Einschätzen der Dringlichkeit • Weitergabe von Informationen an den Arzt • Vergabe von Terminen • Frageschema, z.B. neuer/bekannter Patient, Notfall • Praxisregelungen

e) Patienten und Patientinnen sowie begleitende Personen über Praxisabläufe bezüglich Diagnostik, Behandlung, Wiederbestellung und Abrechnung informieren und zur Kooperation motivieren	• Informationen über z.B.
	  – Sprechzeiten, Hausbesuche, Laborzeiten, Schulungen
	  – diagnostische und therapeutische Maßnahmen
	  – Mitwirkung des Patienten und der Begleitperson
	  – weiterführende Behandlungsschritte
	• Motivation des Patienten

f) Patienten und Patientinnen über Weiter- und Mitbehandlung informieren	• Erläuterung von z.B.
	  – Überweisungen
	  – Heilmittelverordnungen
	  – Verordnung von häuslicher Krankenpflege
	• Informationen über stationäre und teilstationäre Einrichtungen

g) ergänzende Versorgungsangebote darstellen	• externe Versorgungsangebote, z.B. Pflegedienste, schulpsychologischer Dienst, Selbsthilfegruppen, Angebote der Krankenkassen

4.2 Beraten von Patienten und Patientinnen
(§ 4 Nr. 4.2)

a) ärztliche Beratungen und Anweisungen unterstützen	• Erläuterung diagnostischer und therapeutischer Maßnahmen • Erläuterung von Arzneimittelverordnungen einschließlich Medikamentenplan • patientenorientierte, verständliche Sprache und Begriffe • siehe auch Position 4.1
b) zur Anwendung häuslicher Maßnahmen anleiten	z.B. • Verbandwechsel • Wärme-Kälte-Anwendungen • Umgang mit Hilfsmitteln • Patientenlagerung • Inhalationen • Pflegemaßnahmen
c) medizinische Leistungsangebote des Betriebes erläutern	• besondere Angebote des Ausbildungsbetriebs
d) bei der Patientenschulung mitwirken	• Organisation und Mitwirkung bei der Patientenschulung • Informationen über Finanzierungsmöglichkeiten • Fortbildungsangebote zu Patientenschulungen

Berufsbildposition 5: **Betriebsorganisation und** **Qualitätsmanagement** *(§ 4 Nr. 5)*	Die Neuerungen des Berufsbildes werden in dieser Berufsbildposition besonders deutlich: Die Medizinische Fachangestellte soll den Arzt vor allem in den Bereichen Organisation und Koordination qualifiziert entlasten und zusätzliche Kompetenzen im Selbst-, Zeit- und Qualitätsmanagement (QM) erwerben, die zu einer effektiven, patienten- und mitarbeiterorientierten Gestaltung aller Prozesse und Abläufe beitragen. Der Bereich Betriebsorganisation (5.1) umfasst alle Arbeits- und Geschäftsprozesse auf arbeitsplatz-, funktionsbezogener und gesamtbetrieblicher Ebene. Schwerpunkte der Vermittlung liegen auf der Berücksichtigung von Schnittstellen innerhalb und außerhalb der Einrichtung, auf der Sicherstellung des Informationsflusses, der Vermeidung von Reibungsverlusten, auf Planung, Durchführung und Überprüfung der Prozesse mit dem Ziel permanenter Verbesserung. Im Ausbildungsbereich Qualitätsmanagement (5.2), dem neuen Ausbildungsinhalt, erhalten Auszubildende auf der Basis des im Betrieb eingeführten QM-Systems die Grundlagen von Theorie und Praxis des Qualitätsmanagements vermittelt, das für alle stationären und ambulanten Einrichtungen vorgeschrieben ist. Die Medizinische Fachangestellte soll bereits als Auszubildende eine verantwortungsbewusste, patientenorientierte Haltung bezüglich ihrer Mitwirkung bei der ständigen Verbesserung von Prozessen und Ergebnissen in Organisation und Behandlung entwickeln. Dazu gehört als wesentliches Element auch das Zeitmanagement, um Ressourcen des Betriebs durch effiziente Terminplanung und Koordinierung optimal zu nutzen (5.3). Das Arbeiten im Team (5.4) spielt bei der Leistungserbringung im Gesundheitswesen eine bedeutsame Rolle. Deshalb ist die Bereitschaft zur Mitwirkung bei Kooperation und Teamgestaltung ein wichtiges Ausbildungsziel. Die patienten- und qualitätsorientierte Entwicklung und Darstellung der Leistungen des Ausbildungsbetriebes trägt dem zunehmend wettbewerblichen Charakter des Gesundheitswesens Rechnung. Daran soll die MFA im Rahmen ihrer Möglichkeiten mitwirken (5.5).

5.1 Betriebs- und Arbeitsabläufe *(§ 4 Nr. 5.1)*	
a) bei Planung, Organisation und Gestaltung von Betriebsabläufen mitwirken und zur Optimierung beitragen	• siehe Positionen 1.3 b) und 5.2 • Abläufe vor, während und nach der Behandlung mitgestalten • Fehlerquellen und Störfaktoren erkennen • Optimierung von z.B. 　– Terminkoordination 　– Personalorganisation und Einsatzplanung 　– Vertretungsregelungen 　– Ablaufplanung 　– Materialverwaltung und Bestellungen
b) Kooperationsprozesse mit externen Partnern mitgestalten	• Vernetzung mit externen Partnern • Information über das jeweilige Leistungsspektrum externer Partner • Kooperationsprozesse z.B. 　– Terminkoordination 　– Übermittlung von Befunden und Arztbriefen 　– Schulungen 　– Vertretungsregelungen
c) Hausbesuche und Notdienste organisieren	• Terminplanung • Personaleinsatz • Hausbesuchskoffer • Formularbestand • Gerätecheck
d) Maßnahmen bei akuten Störungen und Zwischenfällen ergreifen	• z.B. Stromausfall, Ausfall der Datenverarbeitung, Personalausfall • Ansprechpartner, Zuständigkeiten, z.B. 　– IT-Hotline 　– Gebäudeverwaltung
e) Arbeitsschritte systematisch planen, zielgerecht organisieren, rationell gestalten, Ergebnisse kontrollieren	• Arbeitsabläufe in Arbeitsschritte gliedern • eigenverantwortliche Gestaltung von Arbeitsschritten
f) betriebliche Arbeits- und Organisationsmittel auswählen und einsetzen	z.B. • Checklisten • Formulare • Übergabebücher • Ablagesysteme • Personalkalender, Urlaubsplaner

5.2 Qualitätsmanagement
(§ 4 Nr.5.2)

a) Bedeutung des Qualitäts-managements für den Ausbildungsbetrieb an Beispielen erklären	• Definition Qualitätsmanagement 　– Qualitätsplanung, Qualitätslenkung, Qualitätssicherung, Qualitätsverbesserung 　– Struktur-, Prozess- und Ergebnisqualität 　– Leitbild 　– PDCA-Zyklus • Nutzen für Patienten, Betrieb und Mitarbeiter/innen • Erklärung von QM z.B. in den Bereichen Hygiene, Anwendung von Medizinprodukten, Datenschutz, Dokumentation • siehe Kapitel 10.2
b) Maßnahmen zur Qualitätssicherung im eigenen Verantwortungsbereich planen, durchführen, kontrollieren, dokumentieren und bewerten	• Verbesserung von Arbeitsabläufen z.B. im Laborbereich, bei der Wartung von Geräten, bei Terminvergabe und Wartezeit, bei Führung, Dokumentation und Archivierung von Patientendaten, beim Übergang des Patienten in andere Versorgungsbereiche oder zu anderen Leistungserbringern • Checklisten
c) Patientenzufriedenheit ermitteln und fördern	• Patientenbefragungen, z.B. durch 　– „Briefkasten" 　– Fragebögen • Umsetzung von geprüften Patientenvorschlägen
d) bei Umsetzung von Maßnahmen zur kontinuierlichen Verbesserung der Betriebs- und Behandlungsorganisation mitwirken und dabei eigene Vorschläge einbringen; Verhältnis von Kosten/Nutzen beachten	• Einbindung in das im Betrieb eingeführte QM-Modell • Festlegung von Zielen 　– Umsetzungsmaßnahmen 　– Überprüfung • Instrumente, z.B. 　– Teambesprechungen 　– Prozess- und Ablaufbeschreibungen, Durchführungsanforderungen 　– Organigramm, Checklisten 　– QM-Handbuch 　– Beschwerdemanagement 　– Patientenbefragungen 　– Mitarbeiterbefragungen • Verbesserungsvorschläge • Fehlermanagement
e) zur Sicherung des betriebsinternen Informationsflusses beitragen	• Schnittstellen der Arbeitsbereiche • Übergabe sichern • betriebsinterne Kommunikation, z.B. Teambesprechungen • systematische und strukturierte Ablage • Dokumentationen

5.3 Zeitmanagement *(§ 4 Nr. 5.3)*	
a) Bedeutung des Zeitmanagements für den Ausbildungsbetrieb an Beispielen erklären; eigene Vorschläge zur Verbesserung einbringen	• Zusammenhang von Terminvergabe, Wartezeiten und Behandlungsaufwand • Optimierung des Bestellsystems, z.B. Pufferzeiten • Berücksichtigung von z.B. Arbeitszeiten, Schichtzeiten, Öffnungszeiten
b) Patiententermine planen, koordinieren und überwachen	• betriebliche Bedingungen und Vorgaben • Zeitbedarf therapeutischer und diagnostischer Maßnahmen • Sprechstunden für spezielle Patientengruppen

c) Wiederbestellung und externe Behandlungstermine organisieren sowie koordinieren	• Recallsysteme *Bedarf der Einw. d. ?.*
	  – rechtliche Vorgaben beachten
	• Berücksichtigung von z.B.
	  – Dauer der Befundübermittlung
	  – Termine außerhalb des eigenen Betriebes

d) Termine mit Dritten unter Berücksichtigung vorgeschriebener Prüf- und Überwachungstermine sowie Informationstermine planen und koordinieren	• Wartungs- und Prüfintervalle • Unterweisungen, z.B. bei Geräten, Anwenderprogrammen • Besucher
e) Methoden des Selbst- und Zeitmanagements nutzen, insbesondere bei der zeitlichen Planung und Durchführung von Arbeitsabläufen Prioritäten beachten	• Ziele setzen und realisieren • Übersicht verschaffen • Hauptaufgaben erfassen • Tages- und Wochenplanung; realistische Zeitplanung • schriftlich planen • effizient und effektiv arbeiten

f) Zusammenhänge von Selbst- und Zeitmanagement, Leistungssteigerung und Stress beachten	• Strategien zur Reduzierung von Stress, z.B.
	  – Prioritäten setzen
	  – eigene Rolle und Funktion reflektieren
	  – eigenes Handeln kontrollieren
	  – Berechtigung und Dringlichkeit von Ansprüchen prüfen
	  – individuelle Verantwortung
	  – Stressquellen analysieren und reduzieren, z.B. „Zeitfresser"
	• „gesundes" Selbstbewusstsein
	• Arbeitszufriedenheit

5.4 Arbeiten im Team *(§ 4 Nr. 5.4)*	
a) im Team unter Beachtung von Zuständigkeiten, Entscheidungskompetenzen und eigener Prioritäten kooperieren	• Wechselwirkung von Arbeitsteilung und Kooperation • Reflektion der eigenen Rolle, Integration im Betrieb • Zuständigkeiten, Verantwortungsbereiche z.B. von Arzt, Medizinischer Fachangestellter, Auszubildenden
b) Aufgaben im Team planen und bearbeiten; bei der Tagesplanung mitwirken	• z.B. bei der Einführung neuer Arbeitsabläufe oder Aufgaben, in besonderen Behandlungsfällen, bei Personalengpässen, bei der Urlaubsplanung

c) Teamentwicklung gestalten	• Mitarbeit im Team
	• Förderung von z.B.
	  – Kooperationsfähigkeit
	  – Integrationsfähigkeit
	  – Einfühlungsvermögen

d) Teambesprechungen organisieren und mitgestalten	• Themenfindung, Themenvorschläge • Planung, Vorbereitung, Durchführung und Dokumentation der Teambesprechung
5.5 Marketing *(§ 4 Nr. 5.5)*	
a) bei der Entwicklung und Ausgestaltung von Leistungsangeboten des Betriebes mitwirken	• z.B. Serviceangebote im Wartebereich • Internetauftritt
b) bei der Entwicklung und Umsetzung betrieblicher Marketingmaßnahmen zur Förderung der Patientenzufriedenheit mitwirken	• Informationsmaterial über neue oder praxisspezifische Leistungsangebote, z.B. IGeL • Gestaltung des Wartebereiches
c) beim Aufbau einer Patientenbindung mitwirken	• siehe auch Positionen 3 und 4 • Zusammenhang von Patientenzufriedenheit und Patientenbindung • individuelle Patienteninformationen, z.B. zu speziellen Therapieformen • Patientenbefragungen

Berufsbildposition 6: Verwaltung und Abrechnung (§ 4 Nr. 6)	Mit einem hohen Maß an Eigenständigkeit ist die Medizinische Fachangestellte für das reibungslose Funktionieren der „Hintergrundprozesse" bei der medizinischen Behandlung zuständig: der Erfassung und Verwaltung der Patientendaten, der Postbearbeitung, dem Formularwesen und dem Schriftverkehr. Zur Entlastung des Arztes von (routinemäßigen) Aufgaben in Verwaltung und Abrechnung trägt die Medizinische Fachangestellte damit in hohem Maße bei. Die gesamte Materialverwaltung einschließlich der kaufmännischen Begleit- und Kontrollvorgänge sowie die Lagerung liegen – nach Absprache mit dem Arzt – in ihrer Hand. Ihr obliegen auch die Abrechnungen nach den verschiedenen Gebührenordnungen. Aufgrund der Einbettung in die Prozesse der Behandlungs- und Betriebsorganisation ist die Vermittlung aller hierfür notwendigen Fertigkeiten, Kenntnisse und Fähigkeiten in enger Verzahnung zu den Berufsbildpositionen 5 (Betriebsorganisation und Qualitätsmanagement) und 8 (Durchführen von Maßnahmen in Diagnostik und Therapie) sowie mit der Anwendung von Kommunikationstechnologien und der Dokumentation verknüpft. Kostenbewusstsein, der richtige Umgang mit externen Kunden und Patientenorientierung sind gleichermaßen zu berücksichtigen. Alle grundlegenden Ausbildungsziele im Verwaltungsbereich sind bis zur Zwischenprüfung zu vermitteln; der Abrechnungsbereich ist schwerpunktmäßig für die 2. Ausbildungshälfte vorgesehen.
6.1 Verwaltungsarbeiten (§ 4 Nr.6.1)	
a) Patientendaten erfassen und verarbeiten	• Versicherungsnachweis • elektronische Stammdatenerfassung • Vervollständigung von Daten • Anamneseerfassung

b) Posteingang und -ausgang bearbeiten	• Posteingang
	  – sortieren und öffnen
	  – Inhalt kontrollieren
	  – Posteingangsstempel
	  – Einschreiben
	• Postausgang
	  – sortieren und frankieren
	  – Verpackungsarten
	  – Versandformen
	  – Einschreiben
	• Anbieter von Dienstleistungen
	• elektronische Post

c) Schriftverkehr durch-führen	• Textverarbeitung • DIN-Normen, z.B. für Briefgestaltung, Papier • Textbausteine • Korrespondenz, Kurzmitteilungen, Serienbriefe

d) Vordrucke und Formulare bearbeiten	• Formulare, z.B.
	  – Rezepte für Arznei-, Heil- und Hilfsmittel
	  – Arbeitsunfähigkeitsbescheinigung
	  – Krankenhauseinweisung
	• Verordnung von Hauskrankenpflege
	• Überweisung
	• Vordrucke, z.B.
	  – für private Vereinbarungen
	  – unterschriftsreife Vorbereitung
	  – Zusammenhänge mit Arbeitsvorgängen

6.2 Materialbeschaffung und -verwaltung
(§ 4 Nr. 6.2)

a) Bedarf an Waren und Materialien ermitteln, Angebote vergleichen, Bestellungen aufgeben; bei Beschaffung mitwirken	• Meldebestand festlegen • Bestellmenge • Anfrage/Angebot • Angebotsvergleich • Kaufverträge vorbereiten • Lieferbedingungen
b) Wareneingang und -ausgang unter Berücksichtigung des Kaufvertragsrechts prüfen	• Warenkontrollbuch • Wareneingang kontrollieren • Checklisten • Störungen des Kaufvertrages
c) Abrechnungen organisieren, erstellen, prüfen und weiterleiten	• Abrechnung mit Lieferanten

d) Kostenerstattung für Verbrauchsmaterialien für die Patientenbehandlung organisieren	• Sprechstundenbedarf
	• Regelungen bei unterschiedlichen Kostenträgern, z.B.
	  – gesetzlich Versicherten
	  – Privatpatienten
	  – Arbeits- und Schulunfällen

e) Materialien und Desinfektionsmittel lagern und überwachen	• betriebliche und rechtliche Vorgaben • Bestandskontrolle • Verfallsdaten • Entsorgung

f) Arzneimittel, Sera, Impf-stoffe, Verband- und Hilfs-mittel lagern und unter Beachtung rechtlicher Vor-schriften überwachen	• Beachtung von z.B.
	  – Kühlkette
	  – Sicherheit
	  – Sortiersystemen

6.3 Abrechnungswesen *(§ 4 Nr. 6.3)*	

a) Zahlungsvorgänge abwi-ckeln, überwachen, kontrol-lieren und dokumentieren	• Zahlungsarten
	  – Barzahlung
	  – halbbare Zahlung
	  – bargeldlose Zahlung
	• Rechnungskontrollbuch
	• Zahlungseingänge buchen
	• Belege kontrollieren und ordnen
	• Zahlungsfristen
	• Barkasse

b) Leistungen nach Vergü-tungssystemen erfassen, den Kostenträgern zuordnen und kontrollieren	• Gebührenordnungen, z.B.
	  – Einheitlicher Bewertungsmaßstab (EBM)
	  – Gebührenordnung für Ärzte (GOÄ)
	  – Vertrag Ärzte – Unfallversicherungsträger (UV-GOÄ)
	  – Justizvergütungs- und Entschädigungsgesetz (JVEG)
	  – Individuelle Gesundheitsleistungen (IGeL)
	  – Abrechnungsbestimmungen der Kassenärztlichen Verei-nigungen
	  – Abrechnung ambulantes Operieren gemäß § 115 SGB V
	  – Fallpauschalen und Sonderentgelte, insbesondere DRGs (Diagnosis Related Groups)
	• Gebührenpositionen
	• zuständige Kostenträger, z.B. gesetzliche, private Kranken-kassen, Berufsgenossenschaft, Rentenversicherungsträger

c) Abrechnungen unter Be-rücksichtigung des Sachleis-tungs- und Kostenerstat-tungsprinzips organisieren, erstellen, prüfen und weiter-leiten	• Begriffsdefinition
	  – Sachleistungsprinzip
	  – Kostenerstattungsprinzip
	• Fristen, Termine

d) Vorschriften der Sozialge-setzgebung anwenden	• abrechnungsrelevante Bestimmungen des SGB V

e) Privatliquidation erstellen und dem Patienten erläutern	• Rechnung für Selbstzahler • Leistungsziffern • Steigerungsfaktoren; Sachkosten • privatärztliche Verrechnungsstellen

f) kaufmännische Mahnverfahren durchführen und gerichtliche Mahnverfahren einleiten	• Mahnwesen, z.B.:
	  – Fälligkeit
	  – Mahnstufen
	  – betriebliche Vorgaben
	  – Mahnbescheid beschaffen
	  – Fristen beachten
	• Unterscheidung: Mahn- und Klageverfahren

Berufsbildposition 7: Information und Dokumentation (§ 4 Nr. 7)	Betriebsorganisation und -verwaltung und Dokumentation sind ohne den Einsatz elektronischer Informations- und Kommunikationssysteme nicht mehr denkbar. Die Telematik hat das Gesundheitswesen in all seinen Bereichen durchdrungen, und zwar sowohl intern als auch bei der externen Kommunikation; sie wird zukünftig noch an Bedeutung gewinnen (elektronische Gesundheitskarte). Dies spiegelt sich auch in der qualitativen und quantitativen Aufwertung der entsprechenden Ausbildungsinhalte wider. Die Medizinische Fachangestellte erfasst und verwaltet Daten und Befunde, erstellt Abrechnungen und Statistiken, kommuniziert mit externen Partnern und beschafft und nutzt Informationen. Der hierfür notwendige Umgang mit der EDV gehört zu ihren Basiskompetenzen (7.1). Zunehmend wird auch die Dokumentation elektronisch durchgeführt. Die Anwendung der je nach Versorgungsbereich unterschiedlichen medizinischen Dokumentations- und Klassifikationssysteme muss vermittelt und erlernt werden einschließlich der dabei zu beachtenden rechtlichen und betrieblichen Vorgaben (7.2). Datenschutz und Datensicherheit einschließlich der Einhaltung der Schweigepflicht, z.B. durch die Schaffung von Diskretionsräumen im Betrieb, spielen eine zetrale Rolle (7.3). Die Ausbildungsziele sind bis auf wenige Ausnahmen bis zur Zwischenprüfung zu vermitteln.

7.1 Informations- und Kommunikationssysteme
(§ 4 Nr. 7.1)

a) Informations- und Kommunikationssysteme anwenden; Standard- und Branchensoftware einsetzen	• praxisinterne Systeme, z.B.
	   – Lesegeräte
	   – Telefonanlage
	   – Anrufbeantworter
	   – Multifunktionsgeräte
	   – Wechselsprechanlagen
	   – Computer (Internet/Intranet)
	 • Anwendungsbereiche, z.B
	   – Datenerfassung
	   – Dokumentation von Leistungen
	   – Abrechnungen
	   – Statistiken
	   – Befunde
	   – Formularwesen
	   – Materialbestellungen

	• praxisspezifische Software
	  – Branchensoftware
	  – Nachschlagewerke
	  – Schutzprogramme

b) Daten eingeben und pflegen	• Erfassen von z.B. Patientendaten, Befunden, Verordnungen, Abrechnungsdaten • Datensicherung • Updates

c) Möglichkeiten des internen und externen elektronischen Datenaustausches nutzen	• interner Datenaustausch
	  – Mehrplatzsysteme
	  – zentraler Druck von Formularen
	• externer Datenaustausch
	  – Befundübermittlung
	  – Arztbrief
	• elektronische Gesundheitskarte

d) Informationen beschaffen und nutzen	• Informationsquellen:
	  – Gesetze, Verordnungen, Richtlinien
	  – Ärztekammern, Kassenärztliche Vereinigungen
	  – Berufsverbände
	  – Fachliteratur
	  – Internet

7.2 Dokumentation
(§ 4 Nr. 7.2)

a) Informationen unter Berücksichtigung von Rechtsvorschriften und nach betrieblichen Vorgaben erfassen, auswerten, weiterleiten und archivieren	z.B. • Datenschutzgesetze • standardisierte Bezeichnungen • betriebliche Besonderheiten • Befundübermittlung an Dritte • Ablagesysteme, Dokumentationsarten • Aufbewahrungspflicht
b) medizinische Dokumentations- und Klassifizierungssysteme anwenden	z.B. • Internationale Klassifikation der Krankheiten (ICD-10) • Operationen- und Prozedurenschlüssel (OPS)

c) Patientendokumentation organisieren	• Sicherstellen der Dokumentation
	  – in Akten
	  – in Computerdateien
	• vollständiges Erfassen von erbrachten Leistungen

d) Behandlungsunterlagen zusammenstellen, weiterleiten und dokumentieren	• Befundzusammenstellung, z.B. Laborbefunde, Röntgenbefunde • Nachweis der Befundabgabe
7.3 Datenschutz und Datensicherheit *(§ 4 Nr. 7.3)*	
a) Vorschriften und Regelungen zum Datenschutz anwenden	• Bundesdatenschutzgesetz • Datenschutzverordnungen • Schweigepflicht • Diskretionsbereiche
b) Daten sichern	• Sicherungskopien • Sicherungssysteme
c) Datentransfer verschlüsselt durchführen	z.B. bei • Liquidationen • Abrechnungen • Kooperation • Telemedizin

d) Dokumente und Behandlungsunterlagen sicher verwahren und die Aufbewahrfristen beachten	• Aufbewahrungsmöglichkeiten z.B.
	  – Archivakten
	  – CD/CD-R
	• Aufbewahrungsfristen

| Berufsbildposition 8: Durchführen von Maßnahmen bei Diagnostik und Therapie unter Anleitung und Aufsicht des Arztes oder der Ärztin (§ 4 Nr. 8) | Diese sehr komplexe Berufsbildposition umfasst die Aufgaben der Medizinischen Fachangestellten bei der medizinischen Behandlung. Es wurden mehrere Positionen des früheren Berufsbildes zusammengefasst (s. Vergleich altes und neues Berufsbild, Kap. 2), um die Komplexität der beruflichen Qualifikation, so wie sie im beruflichen Alltag gefordert ist, zum Ausdruck zu bringen: die kompetente Mitwirkung der Medizinischen Fachangestellten als Assistentin des Arztes bei Diagnostik und Therapie mit eigenständig auszuführenden Teilschritten und ihre wichtige Unterstützungs- und Mittlerfunktion zwischen Arzt und Patient. Das Spektrum allgemeinärztlicher Krankheitsbilder steht dabei im Vordergrund. Zu verweisen ist hier hilfsweise auf die vom Zentralinstitut für die Kassenärztlicher Versorgung erstellte Liste der 50 häufigsten ICD-10-Schlüsselnummern bei Allgemeinärzten (s. www.zi-berlin.de). Durch die verwendeten Verben wird der jeweilige Grad an Eigenständigkeit zum Ausdruck gebracht. Dabei bewegt sich die Medizinische Fachangestellte – bei ausdrücklicher Einbindung in die Gesamtverantwortung des Arztes für Diagnostik und Therapie – weiterhin im Bereich der zulässigen Delegationsmöglichkeiten, auch bei Hausbesuchen (vgl. dazu die „Anforderungen an die persönliche Leistungserbringung", Anhang S. 191ff.). Der Handlungsspielraum wird allerdings klarer benannt. Die Ziele und Inhalte bilden nicht (mehr) die Logik einer Fachsystematik oder medizinischer Disziplinen ab, sondern fassen – handlungsorientiert – medizinische Behandlungs- und Arbeitsprozesse nach typischen Ablaufmustern und Handlungskomponenten zusammen. Dies erleichtert auch dem ausbildenden Arzt die Orientierung darüber, welche Kenntnisse, Fertigkeiten und Fähigkeiten zu vermitteln sind. Für das berufliche Handeln notwendigerweise vorauszusetzende Kenntnisse, z.B. der Anatomie, Physiologie und Pathologie oder der Gerätekunde, werden nicht mehr explizit aufgeführt, sind aber immanenter Teil der beruflichen Kompetenz und insoweit auch zu vermitteln bzw. zu erlernen. Dies kann naturgemäß nicht in der Systematik und Tiefe wie im begleitenden Berufsschulunterricht geschehen, sondern wird sich in Situationen beruflichen Handelns – diese exemplarisch oder fallbezogen aufgreifend und vertiefend – vollziehen. Medizinisches Wissen ist deshalb den jeweiligen Ausbildungszielen zugeordnet. Auch |

	im Rahmenlehrplan der Kultusministerkonferenz, der die Inhalte des Berufsschulunterrichts festlegt, sind im Übrigen herkömmliche medizinische Fächer zugunsten von lernbereichsbezogenen Zielformulierungen nicht mehr enthalten, wenngleich die wichtigsten medizinischen Inhalte der allgemeinärztlichen Fächer weiterhin zu vermitteln sind (vgl. hierzu S. 89 ff.). In der Arztpraxis bieten sich vielfältige situative Möglichkeiten, um am konkreten Beispiel von Patienten medizinische Terminologie, anatomische, physiologische und pathologische Grundlagen exemplarisch und/oder fallbezogen darzustellen. Realistischerweise wird aber bei der hohen Diversifizierung in ärztliche Fachgebiete nicht jede Arztpraxis in der Lage sein, das dem Berufsbild der Medizinischen Fachangestellten zugrunde liegende Konstrukt einer fiktiven Fachangestellten beim Allgemeinarzt bzw. die „Allround"-Fachkraft 1:1 umzusetzen und die notwendigen relevanten pathophysiologischen Kenntnisse, den Laborbereich oder den Umgang mit vorgeschriebenen Geräten zu vermitteln. Deshalb ist seitens des ausbildenden Arztes dafür Sorge zu tragen, dass mögliche Defizite durch geeignete Maßnahmen kompensiert werden. Dies könnte z.B. durch außer-/überbetriebliche Ausbildungsmaßnahmen, durch Rotation und Kooperation oder durch Ausbildungsverbünde geschehen (s. hierzu Kap. 10.5).

8.1 Assistenz bei ärztlicher Diagnostik
(§ 4 Nr. 8.1)

a) gebräuchliche medizinische Fachbezeichnungen und Abkürzungen anwenden und erläutern	• in den Berufsbildpositionen 1–10 zu vermitteln: mündlicher und schriftlicher Umgang mit Fachbegriffen und Fachtermini
	  – aus Anatomie, Physiologie, Pathologie, z.B. Lagebezeichnungen, Organe und Organsysteme, Krankheitsbezeichnungen, Symptome
	  – aus Diagnostik und Therapie
	  – von medizinischen Instrumenten und Geräten
	  – aus der Arzneimittelkunde
	  – Begriffe für Beschreibung und Durchführung ärztlicher Maßnahmen
	  – Abkürzungen
	• Umgang mit Wörterbüchern, auch elektronisch

b) Untersuchungen und Behandlungen vorbereiten, insbesondere Patientenbeobachtung durchführen, Vitalwerte bestimmen, Patienten messen und wiegen, Elektrokardiogramm schreiben, Lungenfunktion prüfen; Geräte und Instrumente handhaben, pflegen und warten	• Aufbau und Funktionen des Körpers im Überblick
	• Körperregionen
	• Richtungsbezeichnungen am Körper
	• Organe und Organsysteme, deren Lage und Funktionsweise, z.B. Kreislauf, Atmung und Sinnesorgane
	• Funktion und Erkrankungen von z.B.
	  – Zelle, Gewebe
	  – Stoffwechsel
	• Erkrankungen der Organe und Organsysteme
	• wichtige innere und äußere Krankheitsursachen
	• Vorbereitung von Räumen und Geräten
	• Vorbereitung und Information des Patienten
	• aufmerksame Verhaltensbeobachtung, ggf. unter Berücksichtigung der Vorgeschichte
	• Kontrolle von Atmung, Kreislauf (Puls- und Blutdruckmessung), Temperatur
	• Bestimmung von Größe und Gewicht
	• Dokumentation der Ergebnisse und Information des Arztes
	• sachgerechter Umgang mit allen Geräten, Apparaten und Instrumenten in der ausbildenden Praxis, mindestens jedoch mit EKG- und Blutdruckgerät, Spirometer, Stethoskop, Thermometer und Waage, und zwar hinsichtlich Zweck, Funktionsweise und Anwendung
	• Pflege, Wartung und ggf. Vorbereitung der Eichung der Geräte und Instrumente sowie Beseitigung einfacher Funktionsstörungen
	• Berücksichtigung von Hersteller- und Hygienevorschriften sowie des Medizinproduktegesetzes, Medizinproduktebetreiberverordnung, der Eichordnung
	• Bestandsverzeichnis, Gerätebuch, Firmenprospekte, Bedienungsanleitungen
	• Gefahrenquellen
	• Hygienestandards

c) bei der Befundaufnahme und diagnostischen Maßnahmen, insbesondere bei Ultraschalluntersuchungen, Punktionen und Katheterisierung, mitwirken und assistieren; Geräte und Instrumente handhaben, pflegen und warten	• Organe und Organsysteme, deren Lage und Funktionsweise, z.B. Geschlechtsorgane einschließlich Empfängnisverhütung, Schwangerschaft und Geburt
	• Krankheitsanzeichen: spezifische, unspezifische, objektive, subjektive Symptome
	• spezifische Krankheitsursachen und -formen, z.B. Entzündungen, Geschwulsterkrankungen, degenerative Erkrankungen, Kreislauf-, Stoffwechsel-, Zirkulationsstörungen, Gewebeveränderungen, Steinbildungen, Störungen der Körperabwehr, Fehl- und Missbildungen
	• Krankheitsverläufe, z.B.
	  – akuter, subakuter, chronischer Verlauf
	  – Heilung, Defektheilung, Rezidiv
	  – Leiden, Tod
	• Vorsorgemaßnahmen für Schwangere, Kinder und Jugendliche und zur Krebsfrüherkennung
	• Wirkung und Anwendung des Ultraschalls
	• Sachgerechter Umgang mit weiteren Diagnosegeräten und -instrumenten der Praxis, z.B. Katheter, Spritzen und Kanülen
	• Hygienestandards

d) Befunddokumentation durchführen	• Bedeutung der Dokumentation für den Behandlungsverlauf • Dokumentationspflicht • haftungs-, leistungsrechtliche sowie Abrechnungsfunktion
e) Proben für Untersuchungszwecke und Laborauswertungen, insbesondere durch venöse und kapillare Blutentnahmen sowie Abstriche, gewinnen	• Bedeutung von Laboruntersuchungen für die Diagnoseerstellung und die Verlaufskontrolle der Therapie • Delegationsbedingungen bei Blutentnahmen • Entnahmeinstrumente und -gefäße vorbereiten • Patienteninformation und -anleitung • Probengewinnung, mindestens auf die genannten Arten; Entnahmetechniken • Lagerung von Laborproben • Desinfektion • Hygienestandards • „Anforderungen an die persönliche Leistungserbringung" der Bundesärztekammer und der Kassenärztlichen Bundesvereinigung (s. Anhang, S. 191ff.)

f) Laborarbeiten und Tests, insbesondere Blutzuckerbestimmung, Blutsenkung, Urinstatus, Leukozytenzählung und Tests auf okkultes Blut, durchführen, dokumentieren und durch Qualitätskontrollen sichern; Geräte und Instrumente handhaben, pflegen und warten	• Organe und Organsysteme, deren Lage und Funktionsweise, z.B. Blut und Harnsystem • Laborgeräte, Instrumente und Tests und ihre Anwendung, z.B.: 　– Zentrifuge, Mikroskop, Kanülen, Adapter, Vacutainer 　– Testbriefe, visuelle Auswertung vorgefertigter Reagenzien, z.B. Urinstreifentest • Uringewinnung • Umgang mit Zählkammern zur Leukozytenzählung • interne Qualitätskontrolle (Präzisions- und Richtigkeitskontrolle) • Qualitätssicherungsrichtlinien der Bundesärztekammer • Laborbuch, Kodierung der Laborproben • Protokollierung, Erfassung und Dokumentation der Ergebnisse, auch elektronisch • Aufbewahrungsfristen der Daten • Hygienestandards
g) Untersuchungsmaterial aufbereiten und versenden	• fachgerechte und materialentsprechende Aufbereitung, z.B. 　– Blut zentrifugieren 　– Zugabe von Lösungsmitteln 　– Gefäße kennzeichnen • Kennzeichnung von Proben; Untersuchungsanforderungen • Hygienestandards • Versandbestimmungen; Probenverpackung • Leistungsverzeichnis der Laborgemeinschaft
h) Labordaten und Untersuchungsergebnisse auf ihre Bedeutung für Patienten einstufen und zeitgerecht weiterleiten	• Unterscheidung normaler und pathologischer Laborwerte • Zuordnung zu Krankheitsbildern • patientenbezogene Bewertung von Labordaten und ggf. sofortige Vorlage beim Arzt

8.2 Assistenz bei ärztlicher Therapie (§ 4 Nr. 8.2)	

a) bei der ärztlichen Therapie, insbesondere bei Infusionen und Injektionen, assistieren; Materialien, Instrumente, Geräte und Arzneimittel vorbereiten, instrumentieren; Geräte und Instrumente pflegen und warten	• Maßnahmearten zur Behandlung von Krankheiten, z.B.
	  – konservative Maßnahmen
	  – operative Maßnahmen
	  – Strahlentherapie
	  – Rehabilitation
	  – physikalische, apparative, medikamentöse Therapien
	• Injektionsrisiken
	• Injektionen vor- und nachbereiten, z.B. Vorbereitung und Kontrolle von Spritzen, Kanülen und Medikamenten
	• Infusionen vor- und nachbereiten, z.B. Vorbereitung und Kontrolle des Infusionsbestecks und der Infusionslösung
	• Hygienestandards

b) bei der medikamentösen Therapie mitwirken; Verlaufsprotokolle erstellen	• Hilfestellung bei der Medikamentengabe • Patientenbeobachtung und Verlaufsprotokolle, z.B. Blutdruck, Puls • schriftliche Dokumentation • Erläuterung des Medikamentenplans
c) subkutane und intramuskuläre Injektionen durchführen	• Patientenvorbereitung und -beobachtung • Lokalisationen, Besonderheiten und Risiken der subkutanen und intramuskuläreren Injektion • Injektionstechniken • Hygienestandards • „Anforderungen an die persönliche Leistungserbringung" der BÄK und KBV (s. Anhang, S. 191ff.)
d) Stütz- und Wundverbände anlegen	• Organe und Organsysteme, deren Lage und Funktionsweise, z.B. Stütz- und Bewegungsapparat • Wundversorgung: desinfizieren, säubern, spülen, lokale Therapie • Verbandmaterialien • Besonderheiten von Wundkompressen • Verbandarten und ihre Anwendung, z.B. Schutz-, Stütz-, Kompressions-, Druckverband, Gips, Schienen • Verbandtechniken, z.B. Schlauch-, Schienen-, Tapeverband • Hygienestandards

e) Wärme-, Kälte- und Reiz-stromanwendung durch-führen	• Organe und Organsysteme, deren Lage und Funktionsweise, z.B. Stütz- und Bewegungsapparat • Methoden, Indikationen, Kontraindikationen und Risiken der Wärme-, Kälte- und Reizstromtherapie • Wirkungen von lokalen Wärme- und Kälteanwendungen • therapeutischer Ultraschall • Umgang mit Geräten der physikalischen Therapie; Vorsichts-maßnahmen bei Hitze und Kälte • weitere in der Ausbildungspraxis gebräuchliche Formen der physikalischen Therapie, z.B. Kurzwelle • Hygienestandards • „Anforderungen an die persönliche Leistungserbringung" der BÄK und KBV (s. Anhang, S. 191ff.)
f) intrakutane Tests durch-führen	• Organe und Organsysteme, deren Lage und Funktionsweise, z.B. Haut • Ursachen und Formen allergischer Reaktionen • Arten der Allergietestung • Hygienestandards
g) Inhalationen durchführen	• Organe und Organsysteme, deren Lage und Funktionsweise, z.B. Hals, Nase, Ohren, Atmung • Indikationen • Wirkungen und Risiken der Inhalationstherapie • Anwendungsarten, z.B. Dampfbad, Vernebler, Spray • Dosierhilfen • Anleitung der Patienten, insbesondere Kinder • Gerätepflege und -wartung • Hygienestandards
h) bei chirurgischen Behand-lungsmaßnahmen Patien-ten vorbereiten, steril arbei-ten und assistieren; Instru-mente und Geräte handhaben, pflegen und warten, Nahtmaterial ent-fernen	• Organe und Organsysteme, deren Lage und Funktionsweise, z.B. Nervensystem, Haut, Blut • Anästhesie- und Narkoseverfahren • Assistenz bei der „kleinen" Chirurgie oder ambulanten Ope-rationen • Vorbereitung von z.B. Räumen, Instrumenten und Materialien • Instrumente, OP-Besteck, Materialien, z.B. 　– stechende, schneidende, schabende, fassende, haltende Instrumente 　– Nahtmaterial, Abdeckungsmaterial, Behälter • Medikamente • psychologische und logistische Vorbereitung und Betreuung des Patienten vor und nach der Operation

	• Patientenvorbereitung, z.B. Einwilligung, Nüchternheit, Lagerung, Hautdesinfektion, Rasur, Abdeckung des Operationsfeldes • Patientenbeobachtung, Patienteneinwirkung • Qualitätssicherungsregelungen zum Ambulanten Operieren • Hygienestandards

i) septische und aseptische Wunden versorgen	• Ursachen von Wunden, z.B.
	  – Unfälle, Verletzungen
	  – ärztliche Maßnahmen
	  – chronisch schädigende Faktoren
	• Arten von Wunden, z.B. Platz-, Schürf-, Schnittwunde; Stich-, Quetsch-, Risswunde, Biss-, Ätz-, Brandwunde
	• Unterscheidung von septischer und aseptischer Wundbehandlung
	• Wundheilung, Wundheilungsstörungen, Wundinfektion
	• Wundversorgung:
	  – Erstversorgung, z.B. Wundsäuberung, Wundexcision, Drainage, Wundverschluss
	  – chirurgische Wundversorgung
	  – offene Wundbehandlung
	• Wundauflagen und Verbände
	• Fäden und Klammern entfernen
	• Impfstatus
	• Patientenanleitung
	• Hygienestandards

j) Arbeitsvorgänge nachbereiten und dokumentieren	• Nachbereitung des Behandlungsplatzes, z.B.
	  – Säuberung und Desinfektion von Patientenliege, Arbeitsflächen
	  – Entsorgung von Körpergewebe
	• Wiederaufbereitung von Instrumenten
	• Säuberung, Desinfektion, Sterilisation
	• Bereitstellung von z.B.
	  – Material, z.B. Binden, Kompressen
	  – Instrumenten, z.B. chirurgische anatomische Pinzetten, Skalpell, Schere, Knopfkanüle
	• Dokumentation: haftungs-, leistungsrechtliche und Abrechnungsfunktion
	• Hygienestandards

8.3 Umgang mit Arzneimitteln, Sera und Impfstoffen sowie Heil- und Hilfsmitteln ($ 4 Nr. 8.3)	
a) über Darreichungsformen und Einnahmemodalitäten informieren; Anweisung des Arztes zur Einnahme unterstützen	• Arzneimittelkennzeichnung • galenische Formen, z.B. Tablettenarten, Kapseln, Dragees, Pulver, Säfte, Zäpfchen, Pflaster, Salben, Tinkturen, Lösungen • Arten der Verabreichung/Applikation, z.B. lokal, systemisch, oral, rektal, vaginal • allgemeine Arzneimittelinformationen gemäß Beipackzettel • Dosierung und Einnahmemodalitäten • individuelle Patienteninformation und -motivation/Patientenmitwirkung • Verabreichung von Augen-, Ohren- und Nasentropfen

b) erwünschte und unerwünschte Wirkungen von Arzneimittelgruppen, insbesondere von Antibiotika, Schmerzmitteln, Herz- und Kreislaufmedikamenten, Diabetesmedikamenten, Magen- und Darmtherapeutika sowie Arzneimitteln gegen Erkältungskrankheiten, unterscheiden	• Funktionen von Medikamenten, z.B.
	  – Heilen, Lindern, Verhüten
	  – zu Diagnosezwecken
	  – als Ersatz fehlender körpereigener Substanzen
	• Überblick über wichtige Arzneimittelgruppen und deren Indikationsbereiche
	• Hauptwirkung
	• Nebenwirkungen
	• erwünschte und unerwünschte Wirkungen der üblicherweise im Ausbildungsbetrieb verordneten Medikamente
	• Wirkungen und Wechselwirkungen von Antikonzeptiva
	• Unterscheidung Originalpräparat, Generikum und Placebo
	• Unterscheidung Indikation und Kontraindikation
	• Arzneimittelinteraktionen/Wechselwirkungen
	• Informationsmedien, z.B.
	  – „Rote Liste" des Bundesverbandes der pharmazeutischen Industrie
	  – Informationen der Arzneimittelkommission der deutschen Ärzteschaft
	  – Arzneimittelsoftware
	• Risiken von Überdosierungen

c) Voraussetzungen und Vorschriften zur Abgabe und Handhabung verschiedener Arzneimittel, Sera, Impfstoffe beachten; Verordnungen von Arzneimitteln vorbereiten und abgeben	• Unterscheidung von z.B.
	  – Arzneimittel
	  – Serum
	  – Impfstoff
	  – Betäubungsmittel
	  – Zytostatikum
	• Unterscheidung des Zugangs
	  – verschreibungspflichtig

	– apothekenpflichtig – frei verkäuflich • arzneimittelrechtliche Vorschriften, z.B. – SGB V – Arzneimittelgesetz, z.B. Rezeptpflicht – Betäubungsmittelgesetz einschließlich Betäubungsmittelverschreibungsverordnung • gesetzliche Zuzahlungen • Arzneimuster • Lagervorschriften, Aufbewahrung, Abgabe, Verfallsdaten • Vorratshaltung und Ordnungssysteme • Verordnungsvorschriften für und Bevorratung von Sprechstundenbedarf • Verordnungen für gesetzlich Versicherte und Rezepte für Privatpatienten • Erstellung und Abgabe der Rezepte nach Anweisung des Arztes • Wiederholungsrezepte, praxisinterne Vorgaben • Erläuterung für den Patienten
d) Verordnung für Heil- und Hilfsmittel nach ärztlicher Anweisung vorbereiten und unter Beachtung der Verordnungsvorschriften abgeben	• Definition und Indikationen • Heilmittel: Maßnahmen der physikalischen Therapie, podologischen Therapie, Stimm-, Sprech-, Sprachtherapie, Ergotherapie • Hilfsmittel, z.B. Gehhilfen, Rollstühle, Sehhilfen, Hörgeräte, Körperersatzstücke • Heil- und Hilfsmittelrichtlinien des Gemeinsamen Bundesausschusses (G-BA) • Information des Patienten über z.B. – Wiederholungs- und Folgeverordnung – Zuzahlungsregelungen – Heilmittelerbringer in der Region und ihr Leistungsspektrum – Hilfsmittelanbieter, z.B. Sanitätshäuser oder Augenoptiker der Region – Antragsverfahren bei Krankenkassen

Berufsbildposition 9: Grundlagen der Prävention und Rehabilitation (§ 4 Nr. 9)	Im zunehmend wichtiger werdenden Bereich der Prävention muss auch die Medizinische Fachangestellte bereits in der Grundausbildung breiter und tiefer als bisher Kenntnisse, Fertigkeiten und Fähigkeiten erwerben, damit ein entsprechendes Leistungsspektrum in den Einrichtungen verstärkt angeboten werden kann. Die Medizinische Fachangestellte soll die Patienten zum gesundheitsbewussten Verhalten und zur Durchführung bzw. Inanspruchnahme von Früherkennungs-, Vorsorge- und Präventionsmaßnahmen motivieren. Dies kann durchaus mit einem gewissen Maß an Eigenständigkeit geschehen, wenn die notwendigen Kompetenzen in der Kommunikation und Gesundheitsberatung vorliegen. Zu vermitteln bzw. zu erlernen ist medizinisches Basiswissen über die Entstehung und Vermeidung zivilisations- und/oder verhaltensbedingter Gesundheitsstörungen. Auszubildende sollen die Kompetenz erwerben, über Angebote, Leistungsanbieter, Kosten und Kostenträger informieren zu können. Ein Schwerpunkt der Vermittlung liegt in der Impfberatung und im Impfmanagement (bis zur Zwischenprüfung). Im Bereich der Rehabilitation stehen medizinische Kenntnisse und begleitende organisatorische Hilfen für den Patienten bei der Einleitung von Rehabilitationsmaßnahmen im Mittelpunkt. Auch in dieser Berufsbildposition sind die Ausbildungsziele in Form von Komplexen gegliedert, die beruflichen Handlungssituationen in medizinischen Einrichtungen entsprechen. Diese stellen somit auch den Rahmen für die Vermittlung dar, die schwerpunktmäßig in der zweiten Ausbildungshälfte stattfinden soll.
a) über Ziele von Gesundheitsvorsorge und Früherkennung von Krankheiten im Zusammenhang mit gesundheitlichen Versorgungsstrukturen informieren	• Unterscheidung: Gesundheitsvorsorge, Gesundheitserziehung, Früherkennung, Prophylaxe • primäre, sekundäre, tertiäre Prävention • Bedeutung von Volkskrankheiten, z.B. Diabetes • gesetzliche Regelungen, z.B. im SGB V und Richtlinien des Gemeinsamen Bundesausschusses • Finanzierung/Kostenträger • Anbieter von Präventionsmaßnahmen, z.B. Sportvereine, Physiotherapiepraxen, Krankenkassen • Kuren • aktive und zielgruppenorientierte Information der Patienten • siehe Kapitel 10.1

b) Patienten und Patientinnen zu einer gesunden Lebensweise motivieren	• Definitionen von Gesundheit • Salutogenese • Elemente einer gesunden Lebensführung/Primärprävention, z.B. Ernährung, Bewegung, Suchtvorbeugung, Stressvermeidung, soziale Lebensbedingungen • Vermeidung von Risikofaktoren • Eigeninitiative und Eigenverantwortung • individuelle Patientensituation • Mitwirkung bei der Gesundheitsberatung • Vorbildfunktion der Medizinischen Fachangestellten • Kosten und Kostenregelungen

c) Ursachen und Entstehung von Gesundheitsstörungen und die dazugehörigen Präventionsmaßnahmen erläutern	• Organe und Organsysteme, deren Lage und Funktionsweise, z.B. Verdauung, Herz-Kreislauf
	• Hormon- und Stoffwechselsystem
	• Zusammenhang von Ursachen → Störungen → Maßnahmen, z.B.
	  – Fehlernährung → Übergewicht, Adipositas → Fett- und Zuckerreduktion, ausgewogene Ernährung
	  – Bewegungsmangel → Übergewicht, Verlust von Knochenmasse → Sport
	  – Alkohol- bzw. Nikotinmissbrauch → Organschädigung, Abhängigkeit → Alkohol-/Raucherentwöhnung
	  – Lärmbelastungen → Hörschäden → Lärmschutz
	  – Übermaß an Stress → seelische und körperliche Erschöpfung, Burn-out → Ausgleich, Psychohygiene
	• Gesundheits- und Arbeitsschutzmaßnahmen
	• Information der Patienten über Angebote in der Region, von z.B. Krankenkassen, Betrieb, privaten Anbietern, Heilmittelerbringern, Sportvereinen
	• praxisspezifisches, patientengerechtes Informationsmaterial erstellen und einsetzen, z.B. Homepage, Flyer
	• Schulungen zu Diabetes mellitus Typ 2, Hypertonieschulungen
	• Beratungen im Rahmen der Chronikerprogramme der Krankenkassen (Disease-Management-Programme)
	• zielgruppenspezifische, individuelle Ansprache von Risikopatienten

d) Patienten und Patientinnen zur Inanspruchnahme von Früherkennungsmaßnahmen motivieren	• Organe und Organsysteme, deren Lage und Funktionsweise, z.B. Herz-Kreislauf, Urogenitaltrakt • Früherkennungsprogramme gegen z.B. Brustkrebs, Gebärmutterhalskrebs, Darmkrebs, Prostatakrebs, Mammografie-screening • U1–U9 und J1 bei Kindern und Jugendlichen; Führen der Untersuchungshefte • Jugendarbeitsschutzuntersuchungen • Mutterschaftsvorsorgeuntersuchungen • arbeitsmedizinische Untersuchungen • Gesundheitsvorsorgeuntersuchung („Check-up") • Rechtsgrundlagen: SGB V und Krebsfrüherkennungs-, Kinder-, Mutterschafts- und Gesundheitsuntersuchungsrichtlinien des Gemeinsamen Bundesausschusses (GB-A), Mutterschutzgesetz, Jugendarbeitsschutzgesetz, Unfallverhütungsvorschriften der Berufsgenossenschaften • individuelle Patientenansprache gemäß der jeweils berechtigten Personengruppen
e) über Möglichkeiten der aktiven und passiven Immunisierung informieren; Impfpass führen; beim Impfmanagement mitwirken	• Unterscheidung zwischen aktiver und passiver Immunisierung • Vorbeugung vor ansteckenden Krankheiten • persönliche Risikosituation des Patienten • zielgruppenspezifische schriftliche Information; Erstellung von Informationsmaterial • Impfberatung; Bedeutung der Eigenverantwortung • Dokumentation im Impfpass • Organisation von Folgeterminen, Recall • Impfkalender/Impfempfehlungen der Ständigen Impfkommission beim Robert-Koch-Institut • Kosten und Kostenregelungen • Reiseimpfungen
f) Patienten und Patientinnen zur Inanspruchnahme von Impfmaßnahmen motivieren	• Bedeutung von Schutzimpfungen für den Einzelnen und für die Volksgesundheit • allgemeine Beratung zum Verhältnis von Nutzen und Risiko • Immunisierung bei Auslandsreisen; reisemedizinische Beratung • Individuelle Gesundheitsleistungen (IGeL)

g) Ziele und Möglichkeiten der medizinischen Rehabilitation unter Berücksichtigung der gesetzlichen Vorgaben erläutern; bei Beantragung von Rehabilitationsmaßnahmen mitwirken	• Unterscheidung zwischen medizinischer, beruflicher, sozialer Rehabilitation
	• Leistungsträger der medizinischen Rehabilitation: Gesetzliche Kranken-/Unfallversicherung, Rentenversicherung, private Versicherungen
	• Antragstellung; Vorbereitung der nötigen Unterlagen und Befunde
	• Krankheitsbilder und Behinderungen im Bereich der Rehabilitation
	• ambulante oder stationäre Durchführung von Maßnahmen
	• Therapieformen, z.B. Physiotherapie, Ergotherapie, Sprachtherapie, Ernährungstherapie, Psychotherapie
	• gesetzliche Grundlagen
	   – Sozialgesetzbücher V, VI, IX und XI
	   – Schwerbehindertengesetz

h) über Selbsthilfegruppen und ihre Aufgaben informieren	• Definition und Bedeutung von Selbsthilfegruppen • aktuelle Informationen über Selbsthilfegruppen insbesondere in der Region

Berufsbildposition 10: **Handeln bei Not- und Zwischenfällen** *(§ 4 Nr. 10)*	Die berufliche Handlungsfähigkeit der Medizinischen Fachangestellten zeigt sich am Ende der Ausbildung in der umsichtigen und qualifizierten Mitwirkung und Assistenz bei Not- und Zwischenfällen und der sicheren Durchführung von Erste-Hilfe-Maßnahmen auf der Grundlage medizinischen Wissens. Bereits im Vorfeld muss die Medizinische Fachangestellte dafür Sorge tragen, dass durch die zuverlässige Einhaltung von Verhaltensregeln, durch organisatorische Maßnahmen und Patientenbeobachtung Zwischenfälle möglichst vermieden werden. Die Endqualifikation ist von einem hohen Grad an Eigenständigkeit geprägt. Die Durchführung von Erste-Hilfe-Maßnahmen ist auch obligatorischer Bestandteil im praktischen Teil der Abschlussprüfung. Die Vermittlung der organisatorischen Kompetenzen (Lernziele a), b) und f)) ist sinnvoller Weise bereits bis zur Zwischenprüfung vorgesehen. Das Erlernen der Erste-Hilfe-Maßnahmen kann in der zweiten Ausbildungshälfte auch durch einen ergänzenden Kurs bei einem externen Anbieter, z.B. dem Deutschen Roten Kreuz, unterstützt werden. Auch in diesem Fall bleibt allerdings die Verantwortung für die Vermittlung der vorgeschriebenen Inhalte beim ausbildenden Arzt.
a) Maßnahmen zur Vermeidung von Not- und Zwischenfällen ergreifen	• Unterscheidung: Notfall (bedrohte Vitalfunktion), Unfall, Zwischenfall • Unfallverhütungsvorschriften • kontinuierliche Patientenbeobachtung, insbesondere bei bekannter Anamnese/Diagnose • organisatorische Maßnahmen, z.B. Wartezeiten

b) Verhaltensregeln bei Notfällen im Ausbildungsbetrieb einhalten	• Straftatbestand der unterlassenen Hilfeleistung nach § 323 c StGB
	• Notfall als komplexes Geschehen
	• Verhaltensregeln:
	  − Ruhe und Besonnenheit bewahren
	  − Patienten beruhigen
	  − Patienten lagern
	  − Einhaltung von Zuständigkeiten und Kompetenzen
	  − Dringlichkeit beurteilen
	  − Benachrichtigung des Arztes
	  − Verhalten bei An- und Abwesenheit des Arztes
	  − ggf. Durchführung erster Maßnahmen

	• Vorbereitung der Weiterversorgung
	• Notfall-Checkliste des Betriebes, z.B.:
	  – Standort von Notfallmedikamenten, Infusionslösungen und Notfallhilfsmitteln, z.B. Sauerstoffgerät, Defibrillator, Inkubationsbesteck
	  – Gerätestandorte mit Gebrauchsanweisungen
	  – Telefonnummern, z.B. Notarzt, Krankenhaus, Rettungsleitstelle, Vergiftungszentrale, nächster erreichbarer Arzt
	• qualifizierter Notruf/5 W-Regel: wer, wo, wann, was, wie

c) bedrohliche Zustände, insbesondere Schock, Atem- und Herzstillstand, Bewusstlosigkeit, starke Blutungen und Allergien, erkennen und Sofortmaßnahmen veranlassen	• Organe und Organsysteme, deren Lage und Funktionsweise, z.B. Stoffwechsel • Symptome bedrohlicher Zustände, z.B. Schweißausbruch, starrer Blick • Stoffwechselentgleisungen, z.B. Hypo-, Hyperglämie • Herz-Kreislauf, z.B. Infarkt, Tachykardie, Apoplexie • akute äußere und innere Blutungen • allergische Reaktionen, z.B. anaphylaktischer Schock, Insektenstiche • Ziele der Sofortmaßnahmen, z.B. Verhütung von Schäden und weiteren Komplikationen • Verhalten bei An- und Abwesenheit des Arztes • Benachrichtigung des Arztes • diagnostische/therapeutische Maßnahmen des Arztes vorbereiten • Sofortmaßnahmen einleiten • Vorbereitung der Wundversorgung • Weiterbehandlung und Weiterversorgung sicherstellen • siehe auch Position 10 d)

d) Erste-Hilfe-Maßnahmen durchführen	• Sofortmaßnahmen zum Erhalt und zur Stabilisierung der Vitalfunktionen durchführen, z.B.
	  – Bewusstseinskontrolle, ggf. Prüfung der Pupillenreaktion
	  – Lagerung: stabile Seitenlage, Kollaps- und Schocklagerung
	  – Kleidung lockern
	  – Frischluft- bzw. Sauerstoffzufuhr
	  – Beobachtung und Sicherung der Atmung/Beatmung
	  – Puls- und Blutdruckmessung/Kreislaufkontrolle
	  – Blutstillung, z.B. Druck- und Kompressionsverband
	  – Herzdruckmassage
	  – Defibrillation
	• Erste-Hilfe-Kurs

e) bei Not- und Zwischenfällen assistieren	• Einsatz von Infusion, Injektion, Sauerstoffgabe, Absaugung, Intubation, Defibrillation, EKG • bei Behandlung durch den Arzt und bei weiterführenden Maßnahme assistieren, z.B. dem Einsatz von Notfallmedikamenten • Wundversorgung • chirurgische Maßnahmen

f) Notfallausstattung kontrollieren und auffüllen; Geräte handhaben, warten und pflegen	• Notfallkoffer/Reanimationswagen
	  – regelmäßige Wartung
	  – Prüfung auf Vollständigkeit und Funktionsfähigkeit
	  – Lagerung und Verfallsdaten der Medikamente
	  – Sterilität
	• Organisation und Dokumentation der Wartung

5.2 Zeitliche Gliederung der Ausbildung

Ausbildungsrahmenplan
für die Berufsausbildung
zum Medizinischen Fachangestellten/zur Medizinischen Fachangestellten

– Zeitliche Gliederung –
(gemäß Anlage 2 zu § 5)

A.
Während der gesamten Ausbildungszeit
– 1. bis 36. Ausbildungsmonat –

Die Fertigkeiten, Kenntnisse und Fähigkeiten gemäß Anlage 1 der Berufsbildpositionen

1.4 Gesetzliche und vertragliche Bestimmungen der medizinischen Versorgung, Lernziel a,

1.5 Umweltschutz,

8.1 Assistenz bei ärztlicher Diagnostik, Lernziel a,

sind während der gesamten Ausbildungszeit zu vermitteln.

B.
Vor der Zwischenprüfung
– 1. bis 18. Ausbildungsmonat –

(1) In einem Zeitraum von zwei bis vier Monaten sind schwerpunktmäßig die Fertigkeiten, Kenntnisse und Fähigkeiten gemäß Anlage 1 der Berufsbildpositionen

1.1 Berufsbildung, Arbeits- und Tarifrecht, Lernziele a bis d,

1.2 Stellung des Ausbildungsbetriebes im Gesundheitswesen; Anforderungen an den Beruf, Lernziele a und b,

1.3 Organisation und Rechtsform des Ausbildungsbetriebes, Lernziele a bis c,

1.4 Gesetzliche und vertragliche Bestimmungen der medizinischen Versorgung, Lernziel b,

2.1 Sicherheit und Gesundheitsschutz bei der Arbeit, Lernziele a, b und d,

5.1 Betriebs- und Arbeitsabläufe, Lernziel b, zu vermitteln.

(2) In einem Zeitraum von vier bis fünf Monaten sind schwerpunktmäßig die Fertigkeiten, Kenntnisse und Fähigkeiten gemäß Anlage 1 der Berufsbildpositionen

1.4 Gesetzliche und vertragliche Bestimmungen der medizinischen Versorgung, Lernziel c,

2.2 Maßnahmen der Arbeits- und Praxishygiene, Lernziele b bis d und f,

2.3   Schutz vor Infektionskrankheiten, Lernziel c,

5.1   Betriebs- und Arbeitsabläufe, Lernziele c und d,

5.2   Qualitätsmanagement, Lernziele a und e,

5.3   Zeitmanagement, Lernziele a, b und d,

6.3   Abrechnungswesen, Lernziel d,

7.1   Informations- und Kommunikationssysteme, Lernziel c,

7.2   Dokumentation, Lernziele c und d,

7.3   Datenschutz und Datensicherheit,

8.1   Assistenz bei ärztlicher Diagnostik, Lernziel g,

8.2   Assistenz bei ärztlicher Therapie, Lernziel b,

10.   Handeln bei Not- und Zwischenfällen, Lernziele a und b, zu vermitteln.

(3) In einem Zeitraum von vier bis sechs Monaten sind schwerpunktmäßig Fertigkeiten, Kenntnisse und Fähigkeiten gemäß Anlage 1 der Berufsbildpositionen

2.1   Sicherheit und Gesundheitsschutz bei der Arbeit, Lernziel c,

2.2   Maßnahmen der Arbeits- und Praxishygiene, Lernziel a,

2.3   Schutz vor Infektionskrankheiten, Lernziel b,

4.2   Beraten von Patienten und Patientinnen, Lernziel a,

5.1   Betriebs- und Arbeitsabläufe, Lernziel f,

5.4   Arbeiten im Team, Lernziele b und d,

5.5   Marketing, Lernziel c,

6.1   Verwaltungsarbeiten,

6.2   Materialbeschaffung und -Verwaltung, Lernziele a bis c und e,

6.3   Abrechnungswesen, Lernziel b,

7.1   Informations- und Kommunikationssysteme, Lernziel b,

8.1   Assistenz bei ärztlicher Diagnostik, Lernziel d,

8.2   Assistenz bei ärztlicher Therapie, Lernziele g und j,

8.3   Umgang mit Arzneimitteln, Sera und Impfstoffen sowie Heil- und Hilfsmitteln, Lernziel a,

9.   Grundlagen der Prävention und Rehabilitation, Lernziel f,

10.   Handeln bei Not- und Zwischenfällen, Lernziel f, zu vermitteln.

(4) In einem Zeitraum von fünf bis sechs Monaten sind schwerpunktmäßig die Fertigkeiten, Kenntnisse und Fähigkeiten gemäß Anlage 1 der Berufsbildpositionen

2.2   Maßnahmen der Arbeits- und Praxishygiene, Lernziel e,

2.3   Schutz vor Infektionskrankheiten, Lernziel a,

3.1   Kommunikationsformen und -methoden, Lernziele b und c,

4.1   Betreuen von Patienten und Patientinnen, Lernziel c,

7.1   Informations- und Kommunikationssysteme, Lernziel a,

8.1   Assistenz bei ärztlicher Diagnostik, Lernziel b,

8.2   Assistenz bei ärztlicher Therapie, Lernziele d und e,

9.   Grundlagen der Prävention und Rehabilitation, Lernziele a und e, zu vermitteln.

C.

Nach der Zwischenprüfung

– 19. bis 36. Ausbildungsmonat –

(1) In einem Zeitraum von fünf bis sechs Monaten sind schwerpunktmäßig die Fertigkeiten, Kenntnisse und Fähigkeiten gemäß Anlage 1 der Berufsbildpositionen

2.1   Sicherheit und Gesundheitsschutz bei der Arbeit, Lernziel e,

3.1   Kommunikationsformen und -methoden, Lernziel e,

4.1   Betreuen von Patienten und Patientinnen, Lernziele a, b, f und g,

5.1   Betriebs- und Arbeitsabläufe, Lernziele a und e,

5.2   Qualitätsmanagement, Lernziel b,

6.1   Abrechnungswesen, Lernziel c,

8.1   Assistenz bei ärztlicher Diagnostik, Lernziel f,

8.2   Assistenz bei ärztlicher Therapie, Lernziele a, h und i,

9.   Grundlagen der Prävention und Rehabilitation, Lernziel c,

10.   Handeln bei Not- und Zwischenfällen, Lernziele c und d, zu vermitteln.

(2) In einem Zeitraum von vier bis sechs Monaten sind schwerpunktmäßig die Fertigkeiten, Kenntnisse und Fähigkeiten gemäß Anlage 1 der Berufsbildpositionen

1.2   Stellung des Ausbildungsbetriebes im Gesundheitswesen; Anforderungen an den Beruf, Lernziele c und d,

1.4   Gesetzliche und vertragliche Bestimmungen der medizinischen Versorgung, d,

3.1   Kommunikationsformen und -methoden, Lernziele a und d,

3.2   Verhalten in Konfliktsituationen,

4.1   Betreuen von Patienten und Patientinnen, Lernziele d und e,

4.2   Beraten von Patienten und Patientinnen, Lernziele b bis d,

5.2   Qualitätsmanagement, Lernziele c und d,

6.2   Abrechnungswesen, Lernziele a und f,

7.2   Dokumentation, Lernziel a,

8.1   Assistenz bei ärztlicher Diagnostik, Lernziele c, e und h,

8.2   Assistenz bei ärztlicher Therapie, Lernziele c und f,

8.3   Umgang mit Arzneimitteln, Sera und Impfstoffen sowie Heil- und Hilfsmitteln, Lernziele b bis d,

9.   Grundlagen der Prävention und Rehabilitation, Lernziel d,

10.   Handeln bei Not- und Zwischenfällen, Lernziel e, zu vermitteln.

(3) In einem Zeitraum von vier bis fünf Monaten sind schwerpunktmäßig die Fertigkeiten, Kenntnisse und Fähigkeiten gemäß Anlage 1 der Berufsbildpositionen

1.1	Berufsbildung, Arbeits- und Tarifrecht, Lernziel f,
1.3	Organisation und Rechtsform des Ausbildungsbetriebes, Lernziel d,
5.3	Arbeiten im Team, Lernziele a und c,
5.4	Marketing, Lernziel b,
6.2	Materialbeschaffung und -verwaltung, Lernziele d und f,
6.3	Abrechnungswesen, Lernziel e,
7.2	Dokumentation, Lernziel b,
9.	Grundlagen der Prävention und Rehabilitation, Lernziele b, g und h, zu vermitteln.

(4) In einem Zeitraum von zwei bis vier Monaten sind schwerpunktmäßig die Fertigkeiten, Kenntnisse und Fähigkeiten gemäß Anlage 1 der Berufsbildpositionen

1.1	Berufsbildung, Arbeits- und Tarifrecht, Lernziel e,
5.3	Zeitmanagement, Lernziele c, e und f,
5.5	Marketing, Lernziel a,
7.1	Informations- und Kommunikationssysteme, Lernziel d, zu vermitteln.

6 Rahmenlehrplan für den Berufsschulunterricht (im Wortlaut)

6.1 Didaktische Grundsätze

Die Zielsetzung der Berufsausbildung erfordert es, den Unterricht an einer auf die Aufgaben der Berufsschule zugeschnittenen Pädagogik auszurichten, die Handlungsorientierung betont und junge Menschen zu selbstständigem Planen, Durchführen und Beurteilen von Arbeitsaufgaben im Rahmen ihrer Berufstätigkeit befähigt.

Lernen in der Berufsschule vollzieht sich grundsätzlich in Beziehung auf konkretes, berufliches Handeln sowie in vielfältigen gedanklichen Operationen, auch gedanklichem Nachvollziehen von Handlungen Anderer. Dieses Lernen ist vor allem an die Reflexion des Vollzugs von Handlungen (des Handlungsplans, des Ablaufs, der Ergebnisse) gebunden. Mit dieser gedanklichen Durchdringung beruflicher Arbeit werden die Voraussetzungen für das Lernen in und aus der Arbeit geschaffen. Dies bedeutet für den Rahmenlehrplan, dass das Ziel und die Auswahl der Inhalte berufsbezogen erfolgt.

Auf der Grundlage lerntheoretischer und didaktischer Erkenntnisse werden in einem pragmatischen Ansatz für die Gestaltung handlungsorientierten Unterrichts folgende Orientierungspunkte genannt:

- Didaktische Bezugspunkte sind Situationen, die für die Berufsausübung bedeutsam sind (Lernen für Handeln).
- Den Ausgangspunkt des Lernens bilden Handlungen, möglichst selbst ausgeführt oder aber gedanklich nachvollzogen (Lernen durch Handeln).
- Handlungen müssen von den Lernenden möglichst selbstständig geplant, durchgeführt, überprüft, gegebenenfalls korrigiert und schließlich bewertet werden.
- Handlungen sollten ein ganzheitliches Erfassen der beruflichen Wirklichkeit fördern, z.B. technische, sicherheitstechnische, ökonomische, rechtliche, ökologische, soziale Aspekte einbeziehen.
- Handlungen müssen in die Erfahrungen der Lernenden integriert und in Bezug auf ihre gesellschaftlichen Auswirkungen reflektiert werden.
- Handlungen sollen auch soziale Prozesse, z.B. der Interessenerklärung oder der Konfliktbewältigung, sowie unterschiedliche Perspektiven der Berufs- und Lebensplanung einbeziehen.

Handlungsorientierter Unterricht ist ein didaktisches Konzept, das fach- und handlungssystematische Strukturen miteinander verschränkt. Es lässt sich durch unterschiedliche Unterrichtsmethoden verwirklichen.

Das Unterrichtsangebot der Berufsschule richtet sich an Jugendliche und Erwachsene, die sich nach Vorbildung, kulturellem Hintergrund und Erfahrungen aus den Ausbildungsbetrieben unterscheiden. Die Berufsschule kann ihren Bildungsauftrag nur erfüllen, wenn sie diese Unterschiede beachtet und Schüler und Schülerinnen – auch benachteiligte oder besonders begabte – ihren individuellen Möglichkeiten entsprechend fördert.

6.2 Berufsbezogene Vorbemerkungen

Der vorliegende Rahmenlehrplan für die Berufsausbildung zum Medizinischen Fachangestellten/zur Medizinischen Fachangestellten ist mit der Verordnung über die Berufsausbildung zum Medizinischen Fachangestellten/zur Medizinischen Fachangestellten vom 26.04.2006 [BGBl. I Nr. 22 S. 1097] abgestimmt.

Der Rahmenlehrplan für den Ausbildungsberuf Arzthelfer/Arzthelferin (Beschluss der KMK vom 24.01.1986) wird durch den vorliegenden Rahmenlehrplan aufgehoben.

Aus Gründen der besseren Lesbarkeit wird bei der Verwendung der männlichen Form der Begriffe „Patient" und „Arzt" die weibliche Form mitgedacht. Der Begriff „Praxis" steht auch für andere Ausbildungsbetriebe dieses Ausbildungsberufes. Der Begriff „organisieren" kann auch die Durchführung beinhalten.

Der vorliegende Rahmenlehrplan (Beschluss vom 18. November 2005) geht von folgenden Annahmen aus: Medizinische Fachangestellte üben ihre Arbeit im Team aus und haben unmittelbaren Kontakt zum Patienten. Sie begreifen den Menschen als psychische und physische Einheit und stellen ihr eigenes Handeln darauf ab. Für ihre Tätigkeit in der Behandlungsassistenz sowie der Betriebsorganisation und -verwaltung benötigen sie daher neben medizinischen und ökonomischen Fachkenntnissen eine hohe Sozial-, Personal-, Team- und Kommunikationskompetenz.

Diese Kompetenzen sind die Basis, um einfühlsam mit den Patienten umzugehen. Sie ermöglichen den Aufbau eines dauerhaften Vertrauensverhältnisses zwischen Praxisteam und den Patienten und tragen daher wesentlich zur Patientenzufriedenheit und zur Bindung der Patienten an die Praxis bei. Mit Flexibilität und Kreativität stellen sie sich auf die in der Praxis auftretenden Situationen ein und begreifen ihre Tätigkeit als Dienstleistung für den Patienten. Der Entwicklung dieser sozial-kommunikativen Kompetenzen ist daher neben der Vermittlung fachlicher Inhalte in allen Lernfeldern genügend Raum zu geben.

Bei der Organisation und Durchführung ihrer Arbeit beachten die Medizinischen Fachangestellten ergonomische und ökologische Aspekte und handeln vor dem Hintergrund der gesellschaftlichen Entwicklung kostenbewusst. Sie sind in der Lage, betriebliche Arbeits- und Organisationsmittel wirtschaftlich und aufgabenorientiert einzusetzen.

Bei der beruflichen Tätigkeit der Medizinischen Fachangestellten nehmen die Prinzipien und Maßnahmen des Zeit- und Qualitätsmanagements, der Qualitätssicherung und des Praxismarketings einen hohen Stellenwert ein. Deswegen stellen sie eine durchgängige Handlungsmaxime bei der Erledigung ihrer Arbeiten dar. Durch die Beachtung dieser Prinzipien tragen die Medizinischen Fachangestellten zur kontinuierlichen Verbesserung der Betriebs- und Behandlungsorganisation bei.

Mit Blick auf den gesellschaftlichen Wandel sind die Ziele des Rahmenlehrplans offen formuliert. Sie werden durch die Inhalte spezifiziert oder ergänzt. Folgende Inhalte sind situationsadäquat in allen Lernfeldern zu behandeln:

- medizinische Terminologie
- Schweigepflicht
- Datenschutz
- Umweltschutz
- berufsrelevante rechtliche Vorschriften
- Arbeitsschutz

Lernen in Lernfeldern ist immer exemplarisch angelegt. Lernprozesse sollen initiiert, begleitet und abgeschlossen werden. Die dabei erworbenen Kompetenzen, auch Methoden- und Lernkompetenz, bilden die Basis für Transferleistungen.

In die Lernfelder sind 40 Stunden fremdsprachiger Unterricht integriert. Dabei sind regionale Anforderungen zu beachten.

Der Umgang mit aktuellen Medien zur Informationsbeschaffung und zur Informationsverarbeitung ist integrativ zu vermitteln. Dies gilt auch für die Bearbeitung und normgerechte Gestaltung von Texten sowie die Erstellung der Leistungsabrechnung.

Für den Prüfungsbereich Wirtschafts- und Sozialkunde wesentlicher Lehrstoff der Berufsschule wird auf der Grundlage der „Elemente für den Unterricht der Berufsschule im Bereich Wirtschafts- und Sozialkunde gewerblich-technischer Ausbildungsberufe" (Beschluss der KMK vom 18.05.1984) vermittelt.

6.3 Lernfelder

Übersicht über die Lernfelder für den Ausbildungsberuf Medizinischer Fachangestellter/ Medizinische Fachangestellte			
Lernfelder	**Zeitrichtwerte in Unterrichtsstunden**		
Nr.　Lernfelder	1. Jahr	2. Jahr	3. Jahr.
1　Im Beruf und Gesundheitswesen orientieren	60		
2　Patienten empfangen und begleiten	80		
3　Praxishygiene und Schutz vor Infektionskrankheiten organisieren	80		
4　Bei Diagnostik und Therapie von Erkrankungen des Bewegungsapparates assistieren	60		
5　Zwischenfällen vorbeugen und in Notfallsituationen Hilfe leisten		80	
6　Waren beschaffen und verwalten		80	
7　Praxisabläufe im Team organisieren		60	
8　Patienten bei diagnostischen und therapeutischen Maßnahmen der Erkrankungen des Urogenitalsystems begleiten		60	
9　Patienten bei diagnostischen und therapeutischen Maßnahmen der Erkrankungen des Verdauungssystems begleiten			80
10　Patienten bei kleinen chirurgischen Behandlungen begleiten und Wunden versorgen			40
11　Patienten bei der Prävention begleiten			80
12　Berufliche Perspektiven entwickeln			80
Summe: insgesamt 840 Stunden	**280**	**280**	**280**

Lernfeld 1: Im Beruf und Gesundheitswesen orientieren

1. Ausbildungsjahr
Zeitrichtwert: 60 Stunden

Ziel:
Die Schülerinnen und Schüler reflektieren ihre Situation in der Praxis mit dem Ziel, teamorientiert zu arbeiten. Sie kommunizieren im Praxisteam und mit Personen des beruflichen Umfeldes und entwickeln Lösungen für dabei auftretende Probleme. Sie handeln prozessorientiert im Rahmen der Tätigkeitsfelder, Funktionsbereiche und Arbeitsabläufe in der Praxis. Sie beachten dabei den für das eigene Handeln relevanten rechtlichen Rahmen sowie die sozialen und ethischen Anforderungen. Sie ordnen die Praxis als Dienstleistungsunternehmen des Gesundheitswesens in das volkswirtschaftliche Gesamtgefüge ein. Zur Vermeidung möglicher praxisrelevanter Risiken für Sicherheit und Gesundheit am Arbeitsplatz informieren sie sich über entsprechende Schutzmaßnahmen und beachten sie. Zur aktiven Mitgestaltung ihrer Berufsausbildung, späteren Tätigkeit und beruflichen Perspektiven werten sie entsprechende Vertrags- und Regelwerke sowie Bildungsangebote aus und entwickeln und artikulieren eigene Interessen und Vorstellungen. Für die Beschaffung der Informationen nutzen sie aktuelle Medien.

Inhalte:
Berufsorganisationen
Berufsbildungsgesetz
Berufsausbildungsvertrag
Haftung und strafrechtliche Verantwortung
Jugendarbeitsschutz
Mutterschutz
Arbeitsschutz

Lernfeld 2: Patienten empfangen und begleiten

1. Ausbildungsjahr
Zeitrichtwert: 80 Stunden

Ziel:

Die Schülerinnen und Schüler empfangen die Patienten situationsgerecht auch in einer fremden Sprache, organisieren deren Aufenthalt in der Praxis, begleiten und betreuen die Patienten. Sie erfassen die Patientendaten auf der Grundlage der rechtlichen Beziehung zwischen Arzt und Patient und beachten dabei den Datenschutz. Sie verwalten Patientendaten auf unterschiedlichen Datenträgern unter Berücksichtigung der Datensicherung und nutzen die eingegebenen Daten zur Bearbeitung von Formularen. Die Schülerinnen und Schüler informieren über medizinische Versorgungsangebote in der Region und pflegen Kontakte zu entsprechenden Einrichtungen. Sie beachten bei der Vergabe von Terminen die Grundsätze der Praxisorganisation sowie die Interessen und Bedürfnisse der unterschiedlichen Patientengruppen und verhalten sich konfliktlösend. Im telefonischen Kontakt entscheiden sie situationsgerecht. Die Schülerinnen und Schüler tragen durch ihr Auftreten und die Gestaltung des Empfangs- und Wartebereichs dazu bei, ein positives Erscheinungsbild der Praxis zu entwickeln, mit dem Ziel, ein langfristiges Vertrauensverhältnis zwischen Praxisteam und Patient aufzubauen. Sie beobachten ihr eigenes Verhalten, unterscheiden und bewerten verschiedene Umgangsformen und setzen diese bewusst zur Gestaltung der Beziehung zwischen Patienten und Praxisteam sowie der Atmosphäre in der Praxis ein.

Inhalte:
Gesprächsführung
Konfliktlösungsstrategien
Grundlagen des Vertragsrechts
Behandlungsvertrag
Versichertennachweis
Versichertengruppen, Kostenträger
Grundlagen der ärztlichen Abrechnung
Karteiführung
Einzel- und Mehrplatzsystem

Lernfeld 3: Praxishygiene und Schutz vor Infektionskrankheiten organisieren

1. Ausbildungsjahr
Zeitrichtwert: 80 Stunden

Ziel:
Die Schülerinnen und Schüler ergreifen Maßnahmen zum Schutz vor Infektionen. Die Schülerinnen und Schüler informieren sich über Infektionsgefahren und beschreiben Infektionswege und Behandlungsmöglichkeiten. Sie organisieren Desinfektions- und Sterilisationsmaßnahmen zur Minimierung des Infektionsrisikos. Zur Vermeidung der Weiterverbreitung von Krankheitserregern planen sie Schutzmaßnahmen und treffen fallbezogen eine begründete Auswahl und organisieren, dokumentieren und überprüfen Hygienemaßnahmen im Team unter Beachtung der gesetzlichen Vorschriften und der Richtlinien des Qualitätsmanagements. Vor ökonomischem und ökologischem Hintergrund vergleichen die Schülerinnen und Schüler verschiedene Materialien. Sie planen die Pflege und Wartung von Instrumenten und Geräten und dokumentieren sie. Sie zeigen Wege für die umweltgerechte Entsorgung von Praxismaterialien auf.

Inhalte:
persönliche Hygiene
Selbstschutz durch Immunisierungen
Postexpositionsprophylaxe
Hygienekette
Hygieneplan
Infektionskrankheiten
Meldepflicht

Lernfeld 4: Bei Diagnostik und Therapie von Erkrankungen des Bewegungsapparates assistieren

1. Ausbildungsjahr
Zeitrichtwert: 60 Stunden

Ziel:
Die Schülerinnen und Schüler wirken bei der Vorbeugung, Diagnostik und Therapie von Erkrankungen des Stütz- und Bewegungsapparates mit. Dazu informieren sie sich über dessen anatomische, physiologische und pathologische Zusammenhänge. Sie organisieren Maßnahmen der Diagnostik und der physikalischen Therapie, beachten dabei mögliche Gefahren und Komplikationen und betreuen die Patienten. Sie legen Verbände an, bereiten medikamentöse Therapien vor und unterstützen den Arzt bei der Information der Patienten über Anwendungen, Wirkungen, Neben- und Wechselwirkungen sowie Risiken. Die Schülerinnen und Schüler dokumentieren erbrachte Leistungen und rechnen sie unter Anwendung der Regelwerke und Nutzung aktueller Medien ab.

Inhalte:
physikalische Therapie: Kälte, Wärme, Reizstrom
Verordnung von Arznei-, Heil- und Hilfsmitteln
Frakturen
Gelenk- und Muskelverletzungen
Arthrose

Lernfeld 5: Zwischenfällen vorbeugen und in Notfallsituationen Hilfe leisten

2. Ausbildungsjahr
Zeitrichtwert: 80 Stunden

Ziel:
Die Schülerinnen und Schüler reagieren und kommunizieren situationsgerecht bei Zwischenfällen und in Notfallsituationen. Sie gehen verantwortungsvoll mit sich und anderen um. Sie informieren sich über anatomische, physiologische und pathologische Zusammenhänge und begreifen den Menschen als psychische und physische Einheit. Durch Beobachten der Patienten und unter Beachtung der Anamnese verringern sie die Gefahr von Zwischenfällen und Notfällen. In Notfallsituationen leiten sie entsprechende Maßnahmen ein und betreuen die Patienten. Sie unterstützen ärztliche Sofortmaßnahmen und organisieren die patientennahe Sofortdiagnostik. Die Schülerinnen und Schüler dokumentieren die erbrachten Leistungen und rechnen sie ab.

Inhalte:
Atemstillstand und Herz-Kreislauf-Stillstand, Ohnmacht, Schock, allergische Reaktionen,
Blutungen, Verbrennungen, Krampfanfälle
Herz-Kreislauf-System
Atmungssystem
Notfallkoffer
Erste-Hilfe-Maßnahmen

Lernfeld 6: Waren beschaffen und verwalten

2. Ausbildungsjahr
Zeitrichtwert: 80 Stunden

Ziel:
Die Schülerinnen und Schüler planen die bedarfs- und umweltgerechte Versorgung der Praxis mit Waren. Sie erkunden Beschaffungsmöglichkeiten, holen Informationen ein und bereiten die gewonnenen Daten auf. Sie analysieren und vergleichen Angebote unter qualitativen und quantitativen Aspekten und treffen eine ökonomisch und ökologisch begründete Auswahl zur Vorbereitung von Kaufentscheidungen. Sie überwachen und erfassen den Wareneingang. Sie identifizieren auftretende Erfüllungsstörungen und damit verbundene Konflikte. Sie verdeutlichen Praxisinteressen und vertreten diese unter Berücksichtigung rechtlicher und wirtschaftlicher Gesichtspunkte gegenüber dem Kaufvertragspartner. Unter Nutzung ihrer Kenntnisse über Zahlungsbedingungen und aktuelle Zahlungsformen bereiten sie Zahlungsvorgänge vor, erfassen und überwachen diese. Beim Umgang mit Belegen wenden sie relevante Rechtsvorschriften an. Die Schülerinnen und Schüler organisieren die Lagerung der Waren unter Beachtung der rechtlichen Vorschriften und berücksichtigen dabei die mit der Aufbewahrung verbundenen Besonderheiten. Hierzu informieren sie sich auch über die Grundsätze der Lagerung von Arzneimitteln. Sie nutzen Möglichkeiten der Energieeinsparung und planen die umweltgerechte Wiederverwertung und Entsorgung von Materialien und Geräten entsprechend den rechtlichen Vorschriften. Sie nutzen die Formen mündlicher und schriftlicher Kommunikation mit aktuellen Medien.

Inhalte:
Kaufvertrag
Schlechtleistung, Nicht-Rechtzeitig-Lieferung
Checklisten
Sprechstundenbedarf

Lernfeld 7: Praxisabläufe im Team organisieren

2. Ausbildungsjahr
Zeitrichtwert: 60 Stunden

Ziel:
Die Schülerinnen und Schüler wirken bei der Planung, Organisation, Gestaltung und Kontrolle der Praxisabläufe mit. Sie planen und organisieren Maßnahmen zum Qualitäts- und Zeitmanagement im eigenen Verantwortungsbereich und im Team. Sie präsentieren und begründen Verbesserungsvorschläge zur Optimierung von Arbeitsabläufen auch unter wirtschaftlichen Aspekten. Die Schülerinnen und Schüler erstellen Pläne für standardisierte Arbeitsabläufe unter Einbeziehung der Kooperationspartner. Sie organisieren den Posteingang und den Postausgang einschließlich der elektronischen Nachrichtenübermittlung. Sie führen die Ablage und Archivierung durch und beachten Aufbewahrungsfristen und Datenschutz. Sie nutzen aktuelle Medien der Informationserfassung, -bearbeitung und -übertragung. Sie setzen Maßnahmen des Praxismarketings zur Förderung der Patientenzufriedenheit ein.

Inhalte:
Qualitätssicherung
Dienst-, Urlaubs-, Terminplanung
Checklisten

Lernfeld 8: Patienten bei diagnostischen und therapeutischen Maßnahmen der Erkrankungen des Urogenitalsystems begleiten

2. Ausbildungsjahr
Zeitrichtwert: 60 Stunden

Ziel:

Die Schülerinnen und Schüler organisieren die Vorbereitung, Durchführung und Nachbereitung von diagnostischen und therapeutischen Maßnahmen bei Erkrankungen des Harn- und Geschlechtssystems und assistieren dem Arzt. Dazu informieren sie sich über anatomische, physiologische und pathologische Zusammenhänge. Die Schülerinnen und Schüler assistieren dem Arzt unter Beachtung der Hygienevorschriften, beobachten die Patienten und leisten situationsgerechte Hilfestellung. Sie informieren die Patienten über die Gewinnung von Probenmaterial und bereiten die Entnahme von Proben vor. Sie gehen verantwortungsvoll mit den Untersuchungsmaterialien der Patienten um. Die Schülerinnen und Schüler organisieren Laborarbeiten, sichern die vorschriftsmäßige Aufbewahrung und Versendung der Proben und füllen die entsprechenden Formulare aus. Sie dokumentieren die Ergebnisse und informieren umgehend den Arzt über Auffälligkeiten bei Untersuchungsergebnissen. Sie motivieren die Patienten zur exakten Anwendung der ärztlich verordneten Arzneimittel. Die Schülerinnen und Schüler rechnen die erbrachten Leistungen ab.

Inhalte:
Urinschnelltest
Harngewinnungsmethoden
Präanalytik
Harnwegsinfektionen
Schwangerschaft, Geburt
Antikonzeptiva
Brust-, Gebärmutterhals-, Prostatakrebs

Lernfeld 9: Patienten bei diagnostischen und therapeutischen Maßnahmen der Erkrankungen des Verdauungssystems begleiten

3. Ausbildungsjahr
Zeitrichtwert: 80 Stunden

Ziel:
Die Schülerinnen und Schüler organisieren die Vorbereitung, Durchführung und Nachbereitung von diagnostischen und therapeutischen Maßnahmen bei Erkrankungen des Verdauungssystems und assistieren dem Arzt. Dazu informieren sie sich über anatomische, physiologische und pathologische Zusammenhänge. Sie informieren die Patienten über Verhaltensweisen vor, während und nach den Untersuchungen. Sie leiten die Patienten zur Gewinnung von Proben und zur Ermittlung von Laborwerten an. Die Schülerinnen und Schüler erkennen auffällige Laborwerte und informieren darüber umgehend den Arzt. Sie motivieren die Patienten zur exakten Anwendung der ärztlich verordneten Arzneimittel. Sie berücksichtigen in der Patientenbetreuung die Besonderheiten des Diabetikers. Sie erarbeiten im Team Ernährungshinweise für die entsprechenden Patientengruppen. Sie dokumentieren Untersuchungsergebnisse und rechnen die erbrachten Leistungen ab. Die Schülerinnen und Schüler organisieren Pflege und Wartung medizinischer Geräte und Instrumente. Dabei beachten sie gesetzliche und hygienische Vorschriften sowie die Herstellervorgaben.

Inhalte:
Ultraschalluntersuchung
Endoskopie
Untersuchung auf okkultes Blut

Lernfeld 10: Patienten bei kleinen chirurgischen Behandlungen begleiten und Wunden versorgen

3. Ausbildungsjahr
Zeitrichtwert: 40 Stunden

Ziel:
Die Schülerinnen und Schüler organisieren kleine chirurgische Behandlungen, unterstützen den Arzt bei der Durchführung der Eingriffe und begleiten die Patienten. Sie informieren sich über Anatomie, Physiologie der Haut und über Verletzungen und Erkrankungen, die ambulant versorgt werden. Sie bereiten Räume für kleine chirurgische Eingriffe vor und wählen benötigte Materialien und Instrumente situationsgerecht aus. Sie bereiten Patienten für chirurgische Eingriffe vor und betreuen sie vor, während und nach der Behandlung. Die Schülerinnen und Schüler versorgen Wunden. Zur weiteren Befundung vorgesehenes Gewebeprobenmaterial bereiten sie auf und versenden es. Sie entsorgen Körpergewebe und gebrauchte Materialien und führen notwendige hygienische Maßnahmen durch. Die Schülerinnen und Schüler führen entsprechende Verwaltungsarbeiten durch und rechnen die Leistungen ab, auch mit den Unfallversicherungsträgern.

Inhalte:
Wundarten
Lokalanästhesie
Hauttumor

Lernfeld 11: Patienten bei der Prävention begleiten

3. Ausbildungsjahr
Zeitrichtwert: 80 Stunden

Ziel:
Die Schülerinnen und Schüler nutzen ihre Kenntnisse über Risikofaktoren, gesunde Lebensführung und Präventionsmaßnahmen zur Information verschiedener Patientengruppen. Sie unterstützen den Arzt bei der Motivation des Patienten zur Inanspruchnahme vorbeugender Maßnahmen. Sie erläutern Leistungsinhalte, Bedeutung und Kostenregelungen von Präventionsmaßnahmen. Sie wählen entsprechende Formulare aus und bereiten diese vor. Sie assistieren bei der Durchführung der Präventionsmaßnahmen und organisieren entsprechende Untersuchungen. Sie dokumentieren die Ergebnisse und leiten sie weiter. Sie rechnen entsprechende Leistungen vertragsärztlich und privatärztlich ab. Bei Privatliquidationen überwachen die Schülerinnen und Schüler den Zahlungseingang. Bei Bedarf leiten sie Mahnverfahren ein und berücksichtigen Verjährungsfristen. Sie erläutern Möglichkeiten und Ziele der medizinischen Rehabilitation und wirken bei der Beantragung von Rehabilitationsmaßnahmen mit. Dabei informieren sie sich mithilfe aktueller Medien und stellen praxisspezifisches und patientengerechtes Material zusammen.

Inhalte:
Früherkennungsuntersuchungen
Recall
Schutzimpfungen
Selbsthilfegruppen
Individuelle Gesundheitsleistungen

Lernfeld 12: Berufliche Perspektiven entwickeln

3. Ausbildungsjahr
Zeitrichtwert: 80 Stunden

Ziel:
Die Schülerinnen und Schüler erläutern anhand eines Arbeitsvertrages die grundlegenden arbeitsrechtlichen, tarifrechtlichen und gesetzlichen Regelungen für ihren Beruf. Sie entwickeln Strategien, die Kooperation im Praxisteam zu verbessern. Sie informieren sich über Möglichkeiten, um mit den aus dem Beruf resultierenden persönlichen Belastungen angemessen umzugehen. Sie informieren sich über Möglichkeiten der Fort- und Weiterbildung als eine Voraussetzung für berufliche und persönliche Entwicklung und erkennen dabei die Notwendigkeit lebensbegleitenden Lernens. Sie unterscheiden die Leistungen der Sozialversicherung von denen der privaten Zusatzversicherungen. Sie überprüfen Gehaltsabrechnungen mit aktuellen Medien. Sie vergleichen unterschiedliche Konditionen zur Kontoführung und Kreditaufnahme. Die Schülerinnen und Schüler stellen ihre Persönlichkeit in einer Bewerbung dar. Sie präsentieren aktuelle Regelungen und Gesetzesänderungen, die ihren Arbeitsplatz in der Praxis betreffen. Sie machen Vorschläge zur Verbesserung des Zeit- und Qualitätsmanagements sowie des Praxismarketings.

Inhalte:
Selbstmanagement
Arbeitszeugnis
Arbeitsgerichtsbarkeit
Vermögensbildung
Einkommensteuertarif
private Alterssicherung

7 Abstimmung von betrieblichen und schulischen Inhalten

7.1 Das Lernfeldkonzept

Das System der dualen Ausbildung bedingt eine eng aufeinander abgestimmte Festlegung der Ziele und Inhalte der beiden Lernorte Ausbildungsbetrieb und Schule. Deshalb wird bereits während des Verfahrens der Erarbeitung einer Ausbildungsverordnung parallel ein Rahmenlehrplan bei der Kultusministerkonferenz entwickelt, der inhaltlich und zeitlich mit dem Ausbildungsrahmenplan für die Betriebe abgestimmt ist. Dieser Rahmenlehrplan wird von den Bundesländern – ggf. landesspezifisch – umgesetzt.

Um bereits auf schulischer Ebene eine bessere Verzahnung von Theorie und Praxis zu ermöglichen, wurde von der Kultusministerkonferenz das sog. Lernfeldkonzept entwickelt und seit 1996 für alle Ausbildungsberufe verbindlich vorgegeben. Das Konzept stellt die Vermittlung einer umfassenden Handlungskompetenz im Rahmen betrieblicher Strukturen und Prozesse in den Mittelpunkt. Der Rahmenlehrplan wird deshalb in Lernfelder unterteilt, die große thematisch komplexe Handlungsfelder beinhalten. Diese sollen sich wiederum an konkreten beruflichen Aufgabenstellungen und Handlungs-

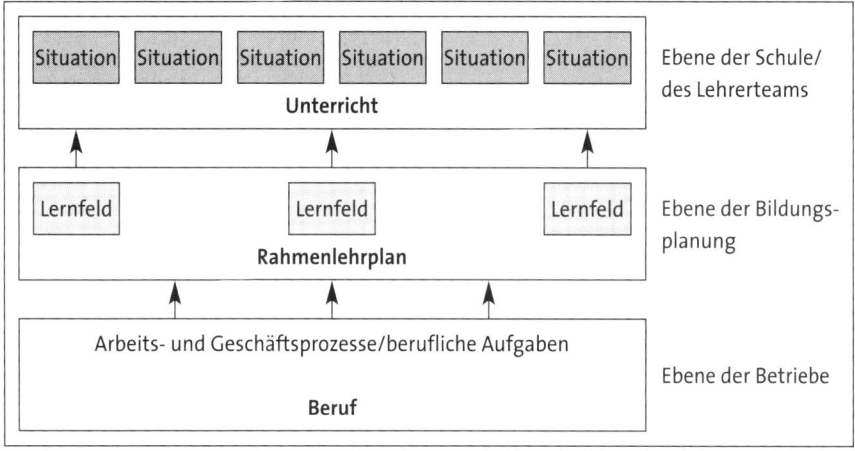

Abb. 7.1: Das Lernfeldkonzept der Kultusministerkonferenz (KMK)

abläufen orientieren. Herkömmliche Fächer wie z.B. Anatomie, Labortechnologie oder Fachrechnen gehen in den Lernfeldern auf.

Die Lernfelder sind durch Zielbeschreibungen, ggf. (ergänzende) Inhalte, Zeitrichtwerte und Zuordnungen zu Ausbildungsjahren charakterisiert. Die Zielbeschreibungen beziehen sich auf Handlungskompetenzen in berufsfachlicher, berufspraktischer und „überfachlichen" Kompetenzen wie Projekt-, Methoden-, Sozial- und Personalkompetenz (s. Kap. 10.4)

Das Konzept intendiert über die genannten Ziele hinaus eine größere Aktualität und Flexibilität der Fachinhalte und eine Stärkung der Berufsschulen vor Ort.

7.2 Liste der Entsprechungen von Ausbildungsrahmenplan und Rahmenlehrplan (im Wortlaut)

Durch diese Gegenüberstellung wird dokumentiert, wie die Ausbildungsziele der betrieblichen Ausbildung und die schulischen Lernfelder in sachlicher und zeitlicher Hinsicht aufeinander abgestimmt sind:

Alle Ziele des Ausbildungsrahmenplanes sollen in der Berufsschule aufgegriffen werden, überwiegend in mehreren Lernfeldern und in allen drei Berufsschuljahren, gemäß der didaktischen Ausrichtung des Lernfeldkonzeptes.

Ausbildungsrahmenplan Fertigkeiten und Kenntnisse			Rahmenlehrplan		
Berufsbildpositionen	Aus- bildungs- monate	Berufsbezo- gene Vorbe- merkungen	Lernfelder nach Ausbildungsjahren		
			1.	2.	3.
1. Der Ausbildungsbetrieb					
1.1 Berufsbildung, Arbeits- und Tarifrecht					
a) Bedeutung des Ausbildungsvertrages, insbesondere Abschluss, gegenseitige Rechte und Pflichten, Dauer und Beendigung erklären	1.–18.		1		
b) Inhalte der Ausbildungsordnung und den betrieblichen Ausbildungsplan erläutern	1.–18.		1		
c) Die im Ausbildungsbetrieb geltenden Regelungen über Arbeitszeit, Vollmachten und Weisungsbefugnisse beachten	1.–18		1	7	12

Ausbildungsrahmenplan Fertigkeiten und Kenntnisse			Rahmenlehrplan		
Berufsbildpositionen	**Ausbildungsmonate**	**Berufsbezogene Vorbemerkungen**	**Lernfelder nach Ausbildungsjahren**		
			1.	**2.**	**3.**
d) Wesentliche Bestimmungen der für den Ausbildungsbetrieb geltenden Tarifverträge und arbeitsrechtlichen Vorschriften beschreiben	1.–18		1	7	12
e) Wesentliche Inhalte des Arbeitsvertrages erläutern	19.–36.		1	7	12
f) Lebensbegleitendes Lernen als Voraussetzung für berufliche und persönliche Entwicklung nutzen und berufsbezogene Fortbildungsmöglichkeiten ermitteln	19.–36.				12
1.2 Stellung des Ausbildungsbetriebes im Gesundheitswesen; Anforderungen an den Beruf					
a) Aufgaben, Struktur und rechtliche Grundlagen des Gesundheitswesens und seiner Einrichtungen sowie dessen Einordnung in das System sozialer Sicherung in Grundzügen erläutern	1.–18.		1, 2		10
b) Formen der Zusammenarbeit im Gesundheitswesen an Beispielen aus dem Ausbildungsbetrieb erklären	1.–18.		1, 2	5, 8	9–11
c) Soziale Aufgaben eines medizinischen Dienstleistungsberufes und ethische Anforderungen darstellen	19.–36		1–4	5, 6, 8	9–11
d) Belastungssituationen im Beruf erkennen und bewältigen	19.–36		1, 2	5, 7	12
1.3 Organisation und Rechtsform des Ausbildungsbetriebes					
a) Struktur, Aufgaben und Funktionsbereiche des Ausbildungsbetriebes erläutern	1.–18.		1–3	6, 7	10, 11
b) Organisation, Abläufe des Ausbildungsbetriebes mit seinen Aufgaben und Zuständigkeiten darstellen; Zusammenwirken der Funktionsbereiche erklären	1.–18.		1–3	6, 7	10–12

Fortsetzung auf Seite 104

Ausbildungsrahmenplan Fertigkeiten und Kenntnisse			Rahmenlehrplan		
Berufsbildpositionen	Ausbildungsmonate	Berufsbezogene Vorbemerkungen	Lernfelder nach Ausbildungsjahren		
			1.	**2.**	**3.**
c) Rechtsform des Ausbildungsbetriebes beschreiben	1.–18.		1		
d) Beziehungen des Ausbildungsbetriebes und seiner Beschäftigten zu Selbst-verwaltungseinrichtungen, Wirtschaftsorganisationen, Berufsvertretungen, Gewerkschaften und Verwaltungen darstellen	19.–36.		1, 2	6	10–12
1.4 Gesetzliche und vertragliche Bestimmungen der medizinischen Versorgung					
a) Berufsbezogene Rechtsvorschriften einhalten	1.–36.	X	1–4	5–8	9–11
b) Schweigepflicht als Basis einer vertrauensvollen Arzt-Patienten-Beziehung einhalten	1.–18.	X	1, 2		
c) Bedingungen, Möglichkeiten und Grenzen der Delegation ärztlicher Leistungen darlegen sowie straf- und haftungsrechtliche Folgen beachten	1.–18.	X	1, 3		
d) Rechtliche und vertragliche Grundlagen von Behandlungsvereinbarungen bei gesetzlich Versicherten und Privatpatienten beachten und erläutern	19.–36.		2, 4	5, 8	10, 11
1.5 Umweltschutz Zur Vermeidung betriebsbedingter Umweltbelastungen im beruflichen Einwirkungsbereich beitragen, insbesondere:	1.–36.	X			
a) Mögliche Umweltbelastungen durch den Ausbildungsbetrieb und seinen Beitrag zum Umweltschutz an Beispielen erklären			3	6, 8	9, 10
b) Für den Ausbildungsbetrieb geltende Regelungen des Umweltschutzes anwenden			3	6, 8	9, 10
c) Möglichkeiten der wirtschaftlichen und umweltschonenden Energie- und Materialverwendung nutzen			3	6, 8	9, 10

Ausbildungsrahmenplan Fertigkeiten und Kenntnisse			Rahmenlehrplan		
Berufsbildpositionen	Aus-bildungs-monate	Berufsbezo-gene Vorbe-merkungen	Lernfelder nach Ausbildungsjahren		
			1.	2.	3.
d) Abfälle vermeiden; Stoffe und Materialien einer umweltschonenden Entsorgung zuführen			3	6, 8	9, 10
2. Gesundheitsschutz und Hygiene					
2.1 Sicherheit und Gesundheitsschutz bei der Arbeit					
a) Gefahren für Sicherheit und Gesundheit am Arbeitsplatz feststellen sowie Maßnahmen zu deren Vermeidung ergreifen	1.–18.	X	1, 3, 4		
b) Berufsbezogene Arbeitsschutz- und Unfall-verhütungsvorschriften anwenden	1.–18.	X	1, 3, 4		
c) Verhaltensweise bei Unfällen beschreiben sowie erste Maßnahmen einleiten	1.–18.			5	10
d) Vorschriften des vorbeugenden Brandschut-zes anwenden; Verhaltensweisen bei Brän-den beschreiben und Maßnahmen zur Brandbekämpfung ergreifen	1.–18.		1		
e) Stressauslösende Situationen erkennen und bewältigen	19.–36		1, 2	5, 7	12
2.2 Maßnahmen der Arbeits- und Praxishygiene	1.–18.				
a) Hygienestandards einhalten		X	1, 3, 4		
b) Arbeitsmittel für Hygienemaßnahmen aus-wählen und anwenden			3		10
c) Maßnahmen des betrieblichen Hygiene-plans durchführen			3		10
d) Geräte, Instrumente und Apparate desinfi-zieren, reinigen und sterilisieren; Sterilgut handhaben			3	8	9, 10
e) Hygienische und aseptische Bedingungen bei Eingriffen situationsgerecht sicher-stellen			3	5, 8	9, 10

Fortsetzung auf Seite 106

Ausbildungsrahmenplan Fertigkeiten und Kenntnisse			Rahmenlehrplan		
Berufsbildpositionen	Ausbildungsmonate	Berufsbezogene Vorbemerkungen	Lernfelder nach Ausbildungsjahren		
			1.	2.	3.
f) Kontaminierte Materialien erfassen, situationsbezogen wieder aufbereiten und entsorgen			3, 4	5, 8	9, 10
2.3 Schutz vor Infektionskrankheiten	1.–18.				
a) Hauptsymptome und Krankheitsbilder von bakteriellen Infektionskrankheiten, insbesondere Scharlach, Tetanus, Borreliose, Salmoneliose, Pertussis, Diphterie und Tuberkulose, von viralen Infektionskrankheiten, insbesondere Aids, Masern, Röteln, Windpocken, Gürtelrose, Mumps, Pfeifferschem Drüsenfieber, FSME, Influenza, grippalen Infekten, Hepatitis A, B und C sowie Infektionskrankheiten durch Hautpilze, insbesondere Soor und Fußpilz, beschreiben; Meldepflicht von Infektionskrankheiten beachten			3	8	10
b) Infektionsquellen und Infektionswege darstellen, Maßnahmen zur Vermeidung von Infektionen einleiten und Schutzmaßnahmen durchführen		X	3		11
c) Vorteile der aktiven Immunisierung begründen			3		11
3. Kommunikation					
3.1 Kommunikationsformen und -methoden					
a) Auswirkungen von Information und Kommunikation auf Betriebsklima, Arbeitsleistung, Betriebsablauf und -erfolg beachten	19.–36.	X	1	6, 7, 8	11, 12
b) Verbale und nonverbale Kommunikationsformen einsetzen	1.–18.	X	1, 2	6	
c) Gespräche personenorientiert und situationsgerecht führen	1.–18.	X	1, 2, 4	5, 8	9–11

Ausbildungsrahmenplan Fertigkeiten und Kenntnisse			Rahmenlehrplan		
Berufsbildpositionen	Aus- bildungs- monate	Berufsbezo- gene Vorbe- merkungen	Lernfelder nach Ausbildungsjahren		
			1.	2.	3.
d) Zur Vermeidung von Kommunikationsstö- rungen beitragen	19.–36.	X	1, 2		12
e) Fremdsprachige Fachbegriffe anwenden	19.–36.	X	2		11
3.2 Verhalten in Konfliktsituationen	19.–36.				
a) Konflikte erkennen und einschätzen		X	1, 2		
b) Möglichkeiten der Konfliktlösung nutzen		X	1, 2		
c) Beschwerden entgegennehmen und Lösungsmöglichkeiten anbieten		X	1, 2		
4. Patientenbetreuung und -beratung					
4.1 Betreuen von Patienten					
a) Psychosoziale und somatische Bedingungen des Patienten-Verhaltens berücksichtigen	19.–36.		2, 4	5, 8	9–11
b) Besonderheiten von speziellen Patienten- gruppen, von Risiko-Patienten sowie von Patienten mit chronischen Krankheitsbil- dern beachten	19.–36.		2–4	5, 8	9–11
c) Patienten situationsgerecht empfangen und unter Berücksichtigung ihrer Wünsche und Erwartungen vor, während und nach der Behandlung betreuen	1.–18.		2, 4	5, 8	9–11
d) Situation des anrufenden Patienten ein- schätzen und Maßnahmen einleiten	19.–36.		2	5	
e) Patienten und begleitende Personen über Praxisabläufe bezüglich Diagnostik, Behand- lung, Wiederbestellung und Abrechung informieren und zur Kooperation motivieren	19.–36.		2, 4	5, 8	9–11
f) Patienten über Weiter- und Mitbehandlung informieren	19.–36.		4	8	9, 11
g) Ergänzende Versorgungsangebote dar- stellen	19.–36.		2	7	9, 11

Fortsetzung auf Seite 108

Ausbildungsrahmenplan Fertigkeiten und Kenntnisse			Rahmenlehrplan		
Berufsbildpositionen	Aus- bildungs- monate	Berufsbezo- gene Vorbe- merkungen	Lernfelder nach Ausbildungsjahren		
			1.	2.	3.
4.2 Beraten von Patienten					
a) Ärztliche Beratungen und Anweisungen unterstützen	1.–18.		4	5, 8	9–11
b) Zur Anwendung häuslicher Maßnahmen anleiten	19.–36.		4	8	9
c) Medizinische Leistungsangebote des Betriebes erläutern	19.–36.		2	7	11
d) Bei der Patientenschulung mitwirken	19.–36.				9
5. Betriebsorganisation und Qualitätsmanagement					
5.1 Betriebs- und Arbeitsabläufe					
a) Bei Planung, Organisation und Gestaltung von Betriebsabläufen mitwirken und zur Optimierung beitragen	19.–36.			7	12
b) Kooperationsprozesse mit externen Partnern mitgestalten	1.–18.	X	2	7	
c) Hausbesuche und Notdienste organisieren	1.–18.		2	7	
d) Maßnahmen bei akuten Störungen und Zwischenfällen ergreifen	1.–18.		1, 2	5	
e) Arbeitsschritte systematisch planen, zielgerecht organisieren, rationell gestalten, Ergebnisse kontrollieren	19.–36.		1–3	6–8	9, 10
f) Betriebliche Arbeits- und Organisationsmittel auswählen und einsetzen	1.–18.	X	3	6	9, 10
5.2 Qualitätsmanagement					
a) Bedeutung des Qualitätsmanagements für den Ausbildungsbetrieb an Beispielen erklären	1.–18.		1–3	7	12

Ausbildungsrahmenplan Fertigkeiten und Kenntnisse			Rahmenlehrplan		
Berufsbildpositionen	Aus- bildungs- monate	Berufsbezo- gene Vorbe- merkungen	Lernfelder nach Ausbildungsjahren		
			1.	2.	3.
b) Maßnahmen zur Qualitätssicherung im eigenen Verantwortungsbereich planen, durchführen, kontrollieren, dokumentieren und bewerten	19.–36.		3	6, 8	12
c) Patientenzufriedenheit ermitteln und fördern	19.–36.	X	2, 4	7, 8	9, 11
d) Bei Umsetzung von Maßnahmen zur kontinuierlichen Verbesserung der Betriebs- und Behandlungsorganisation mitwirken und dabei eigene Vorschläge einbringen; Verhältnis von Kosten-Nutzen beachten	19.–36.		3	6, 7	12
e) Zur Sicherung des betriebsinternen Informationsflusses beitragen	1.–18.	X	1, 3	7	12
5.3 Zeitmanagement					
a) Bedeutung des Zeitmanagements für den Ausbildungsbetrieb an Beispielen erklären; eigene Vorschläge zur Verbesserung einbringen	1.–18.		2	7	
b) Patiententermine planen, koordinieren und überwachen	19.–36.		2, 3	8	9, 11
c) Wiederbestellung und externe Behandlungstermine organisieren sowie koordinieren	19.–36.		2, 3		11
d) Termine mit Dritten unter Berücksichtigung vorgeschriebener Prüf- und Überwachungstermine sowie Informationstermine planen und koordinieren	19.–36.		2, 3	6	9
e) Methoden des Selbst- und Zeitmanagements nutzen, insbesondere bei der zeitlichen Planung und Durchführung von Arbeitsabläufen Prioritäten beachten	19.–36.		2, 4	6–8	11

Fortsetzung auf Seite 110

Ausbildungsrahmenplan Fertigkeiten und Kenntnisse			Rahmenlehrplan		
Berufsbildpositionen	Ausbildungsmonate	Berufsbezogene Vorbemerkungen	Lernfelder nach Ausbildungsjahren		
			1.	2.	3.
f) Zusammenhänge von Selbst- und Zeitmanagement, Leistungssteigerung und Stress beachten	19.–36.			7	12
5.4 Arbeiten im Team					
a) Im Team unter Beachtung von Zuständigkeiten, Entscheidungskompetenzen und eigener Prioritäten kooperieren	19.–36.		1, 3	7	9
b) Aufgaben im Team planen und bearbeiten; bei der Tagesplanung mitwirken	1.–18.		1, 3	7	
c) Teamentwicklung gestalten	19.–36.			7	12
d) Teambesprechungen organisieren und mit gestalten	1.–18.		1	7	12
5.5 Marketing					
a) Bei der Entwicklung und Ausgestaltung des Leistungsangebotes des Betriebes mitwirken	19.–36.			7	11
b) Bei der Entwicklung und Umsetzung betrieblicher Marketingmaßnahmen zur Förderung der Patientenzufriedenheit mitwirken	19.–36.		2	7	11
c) Beim Aufbau einer Patientenbindung mitwirken	1.–18.		2	7	9, 11
6. Verwaltung und Abrechnung					
6.1 Verwaltungsarbeiten	1.–18.				
a) Patientendaten erfassen und verarbeiten			2		
b) Posteingang und -ausgang bearbeiten				7	
c) Schriftverkehr durchführen				6	11, 12
d) Vordrucke und Formulare bearbeiten			2, 4	6, 8	9–11
6.2 Materialbeschaffung und -verwaltung					
a) Bedarf an Waren und Materialien ermitteln, Angebote vergleichen, Bestellungen aufgeben; bei Beschaffung mitwirken	1.–18.			6	

Ausbildungsrahmenplan Fertigkeiten und Kenntnisse			Rahmenlehrplan		
Berufsbildpositionen	Aus-bildungs-monate	Berufsbezo-gene Vorbe-merkungen	Lernfelder nach Ausbildungsjahren		
			1.	2.	3.
b) Wareneingang und -ausgang unter Berücksichtigung des Kaufrechts prüfen	1.–18.			6	
c) Abrechungen organisieren, erstellen, prüfen und weiterleiten	1.–18.			6	
d) Für Verbrauchsmaterialien für die Patientenbehandlung Kostenerstattung organisieren	19.–36.			6	
e) Materialien und Desinfektionsmittel lagern und überwachen	1.–18.		3	6	
f) Arzneimittel, Sera, Impfstoffe, Verband- und Hilfsmittel lagern und unter Beachtung rechtlicher Vorschriften überwachen	19.–36.			6	
6.3 Abrechungswesen					
a) Zahlungsvorgänge abwickeln, überwachen, kontrollieren und dokumentieren	19.–36.			6	11
b) Leistungen nach Vergütungssystemen erfassen, den Kostenträgern zuordnen und kontrollieren	1.– 18.		2		10, 11
c) Abrechungen unter Berücksichtigung des Sachleistungs- und Kostenerstattungsprinzips organisieren, erstellen, prüfen und weiterleiten	19.–36.		2, 4	5, 8	9–11
d) Vorschriften der Sozialgesetzgebung anwenden	1.– 18.		1, 2		11, 12
e) Privatliquidation erstellen und dem Patienten erläutern	19.–36.		4	5, 8	9–11
f) Kaufmännisches Mahnverfahren durchführen und gerichtliche Mahnverfahren einleiten	19.–36.				11

Fortsetzung auf Seite 112

Ausbildungsrahmenplan Fertigkeiten und Kenntnisse			Rahmenlehrplan		
Berufsbildpositionen	**Aus- bildungs- monate**	**Berufsbezo- gene Vorbe- merkungen**	**Lernfelder nach Ausbildungsjahren**		
			1.	**2.**	**3.**
7. Information und Dokumentation					
7.1 Informations- und Kommunikationssysteme		X			
a) Informations- und Kommunikationssyste- me anwenden; Standard- und Branchen- software einsetzen	1.–18.		1, 2	6, 7	12
b) Daten eingeben und pflegen	1.–18.		2	6, 7	12
c) Möglichkeiten des internen und externen elektronischen Datenaustausches nutzen	1.–18.		2–4	5–8	9–12
d) Informationen beschaffen und nutzen	19.–36.		1–4	5–8	9–12
7.2 Dokumentation					
a) Informationen unter Berücksichtigung von Rechtsvorschriften und nach betrieblichen Vorgaben erfassen, auswerten, weiterleiten und archivieren	19.–36.		2–4	5–8	9–12
b) Medizinische Dokumentations- und Klassi- fizierungssysteme anwenden	19.–36.		3, 4	5, 8	9–11
c) Patientendokumentation organisieren	1.–18.		2–4	5, 8	9–11
d) Behandlungsunterlagen zusammenstellen, weiterleiten und dokumentieren	1.–18.		2–4	5, 8	9–11
7.3 Datenschutz und Datensicherheit	1.–18.	X			
a) Vorschriften und Regelungen zum Daten- schutz anwenden			1–4	5–8	9–11
b) Daten sichern			1–4	5–8	9–11
c) Datentransfer verschlüsselt durchführen			1–4	5–8	9–11
d) Dokumente und Behandlungsunterlagen sicher verwahren und die Aufbewahrfristen beachten			1–4	5–8	9–12

Ausbildungsrahmenplan Fertigkeiten und Kenntnisse			Rahmenlehrplan		
Berufsbildpositionen	Ausbildungsmonate	Berufsbezogene Vorbemerkungen	Lernfelder nach Ausbildungsjahren		
			1.	2.	3.
8. Durchführen von Maßnahmen bei Diagnostik und Therapie unter Anleitung und Aufsicht des Arztes/der Ärztin					
8.1 Assistenz bei ärztlicher Diagnostik					
a) Gebräuchliche medizinische Fachbezeichnungen und Abkürzungen anwenden und erläutern	1.–36.	X	3, 4	5, 8	9, 10
b) Untersuchungen und Behandlungen vorbereiten, insbesondere Patientenbeobachtung durchführen, Vitalwerte bestimmen, Patienten messen und wiegen, Elektrokardiogramm schreiben, Lungenfunktion prüfen; Geräte und Instrumente handhaben, pflegen und warten	1.–18.		5		
c) Bei der Befundaufnahme und diagnostischen Maßnahmen, insbesondere bei Ultraschalluntersuchungen, Punktionen und Katheterisierung, mitwirken und assistieren; Geräte und Instrumente handhaben, pflegen und warten	19.–36.		8		
d) Befunddokumentation durchführen	1.–18.		3, 4	5, 8	9, 10
e) Proben für Untersuchungszwecke und Laborauswertungen, insbesondere durch venöse und kapillare Blutentnahmen sowie Abstriche, gewinnen	19.–36.			5, 8	
f) Laborarbeiten und Tests, insbesondere Blutzuckerbestimmung, Blutsenkung, Urinstatus, Leukozytenzählung und Tests auf okkultes Blut, durchführen, dokumentieren und durch Qualitätskontrollen sichern; Geräte und Instrumente handhaben, pflegen und warten	19.–36.			5, 8	9

Fortsetzung auf Seite 114

Ausbildungsrahmenplan Fertigkeiten und Kenntnisse			Rahmenlehrplan		
Berufsbildpositionen	Aus-bildungs-monate	Berufsbezo-gene Vorbe-merkungen	Lernfelder nach Ausbildungsjahren		
			1.	2.	3.
g) Untersuchungsmaterial aufbereiten und versenden	1.–18.		4	5, 8	9, 10
h) Labordaten und Untersuchungsergebnisse auf ihre Bedeutung für Patienten einstufen und zeitgerecht weiterleiten	19.–36.			8	9
8.2 Assistenz bei ärztlicher Therapie					
a) Bei der ärztlichen Therapie, insbesondere bei Infusionen und Injektionen, assistieren; Materialien, Instrumente, Geräte und Arzneimittel vorbereiten, instrumentieren; Geräte und Instrumente pflegen und warten	19.–36.	X	3, 4	5, 8	9, 10
b) Bei der medikamentösen Therapie mitwirken; Verlaufsprotokolle erstellen	1.–18.	X	4	8	9
c) Subkutane und intramuskuläre Injektionen durchführen	19.–36.			5	9–11
d) Stütz- und Wundverbände anlegen	1.–18.		4		10
e) Wärme-, Kälte- und Reizstromanwendung durchführen	1.–18.		4		
f) Intrakutane Tests durchführen	19.–36.			5	9–11
g) Inhalationen durchführen	1.–18.			5	
h) Bei chirurgischen Behandlungsmaßnahmen Patienten vorbereiten, steril arbeiten und assistieren; Instrumente und Geräte handhaben, pflegen und warten	19.–36.	X			10
i) Septische und aseptische Wunden versorgen; Nahtmaterial entfernen	19.–36.				10
j) Arbeitsvorgänge nachbereiten und dokumentieren	1.–18.		3, 4	5, 8	9, 10

Ausbildungsrahmenplan Fertigkeiten und Kenntnisse			Rahmenlehrplan		
Berufsbildpositionen	Aus- bildungs- monate	Berufsbezo- gene Vorbe- merkungen	Lernfelder nach Ausbildungsjahren		
			1.	2.	3.
8.3 Umgang mit Arzneimitteln, Sera und Impfstoffen sowie Heil- und Hilfsmittel					
a) Über Darreichungsformen und Einnahmemodalitäten informieren; Anweisung des Arztes zur Einnahme unterstützen	1.–18.		4	8	9
b) Erwünschte und unerwünschte Wirkungen von Arzneimittelgruppen, insbesondere von Antibiotika, Schmerzmitteln, Herz- und Kreislaufmedikamenten, Diabetesmedikamenten, Magen- und Darmtherapeutika sowie Arzneimitteln gegen Erkältungskrankheiten, unterscheiden	19.–36.				9
c) Vorraussetzungen und Vorschriften zur Abgabe und Handhabung verschiedener Arzneimittel, Sera, Impfstoffe beachten; Verordnungen von Arzneimitteln vorbereiten und abgeben	19.–36.		2, 4	8	11
d) Verordnungen für Heil- und Hilfsmittel nach ärztlicher Anweisung vorbereiten und unter Beachtung der Verordnungsvorschriften abgeben	19.–36.		4	8	11
9. Grundlagen der Prävention und Rehabilitation					
a) Über Ziele von Gesundheitsvorsorge und Früherkennung von Krankheiten im Zusammenhang mit gesundheitlichen Versorgungsstrukturen informieren	1.–18.		2–4		11
b) Patienten zu einer gesunden Lebensweise motivieren	19.–36.		2, 4	8	9, 11
c) Ursachen und Entstehung von Gesundheitsstörungen und die dazugehörigen Präventionsmaßnahmen erläutern	19.–36.		1, 3, 4		9, 11
d) Patienten zur Inanspruchnahme von Früherkennungsmaßnahmen motivieren	19.–36.				11

Fortsetzung auf Seite 116

Ausbildungsrahmenplan Fertigkeiten und Kenntnisse			Rahmenlehrplan		
Berufsbildpositionen	Ausbildungsmonate	Berufsbezogene Vorbemerkungen	Lernfelder nach Ausbildungsjahren		
			1.	2.	3.
e) Über Möglichkeiten der aktiven und passiven Immunisierung informieren; Impfpass führen; beim Impfmanagement mitwirken	1.–18.		3		10, 11
f) Patienten zur Inanspruchnahme von Impfmaßnahmen motivieren	1.–18.		3		10, 11
g) Ziele und Möglichkeiten der medizinischen Rehabilitation unter Berücksichtigung der gesetzlichen Vorgaben erläutern; bei Beantragung von Rehabilitationsmaßnahmen mitwirken	19.–36.		2		11
h) Über Selbsthilfegruppen und ihre Aufgaben informieren	19.–36.		2		11
10. Handeln bei Not- und Zwischenfällen					
a) Maßnahmen zur Vermeidung von Not- und Zwischenfällen ergreifen	1.–18.			5	
b) Verhaltensregeln bei Notfällen im Ausbildungsbetrieb einhalten	1.–18.			5	
c) Bedrohliche Zustände, insbesondere Schock, Atem- und Herzstillstand, Bewusstlosigkeit, starke Blutungen und Allergien, erkennen und Sofortmaßnahmen veranlassen	19.–36.			5	
d) Erste-Hilfe-Maßnahmen durchführen	19.–36.			5	
e) bei Not- und Zwischenfällen assistieren	19.–36.			5	
f) Notfallausstattung kontrollieren und auffüllen; Geräte handhaben, pflegen und warten	1.–18.		3	5	9

8 Ausbildungsplanung; Muster eines betrieblichen Ausbildungsplans

Armin Erdt

Der Ausbildungsplan ist nach § 11 Berufsbildungsgesetz ein wesentlicher und unverzichtbarer Mindestbestandteil des Ausbildungsvertrags. In ihm sind die „Art, sachliche und zeitliche Gliederung sowie … die Berufstätigkeit, für die ausgebildet werden soll" festzulegen (§ 11 Abs. 1 Nr. 1 BBiG). Näheres regeln die aufgrund des § 4 Abs. 1 in Verbindung mit § 5 des Berufsbildungsgesetzes vom 23.03.2005 [BGBl I S. 931] erlassenen Ausbildungsbildungsverordnungen.

Mit Inkrafttreten der Ausbildungsverordnung für Medizinische Fachangestellte vom 26.04.2006 hat deshalb der Verordnungsgeber in § 6 festgelegt, dass „die Ausbildenden … unter Zugrundelegung des Ausbildungsrahmenplans für die Auszubildenden einen Ausbildungsplan zu erstellen" haben. Seine Erstellung ist damit originäre Aufgabe der Ausbildungsbetriebe, die für jede einzelne Auszubildende einen individuellen Ausbildungsplan zu erstellen haben.

Der Ausbildungsplan ist die Grundlage für die ordnungsgemäße Durchführung der praktischen Ausbildung. In ihm werden die Ausbildungsziele für bestimmte Zeiträume festgelegt und die Anforderungen für alle Beteiligten transparent gemacht; den Auszubildenden ist er rechtzeitig vor Beginn der Ausbildung bekannt zu machen. Als wesentliches Instrument der Qualitätssicherung fördert er die sinnvolle Integration der zu vermittelnden Fertigkeiten, Kenntnisse und Fähigkeiten in den Betriebsablauf und die Kontinuität des Ausbildungsgeschehens.

Der Arbeitgeber hat nach § 14 Abs. 1 Nr. 2 Berufsbildungsgesetz die Ausbildung entweder selbst durchzuführen oder einen Ausbilder bzw. eine Ausbilderin *ausdrücklich* damit zu beauftragen.

Der Ausbildungsplan muss demnach mindestens die folgenden Informationen beinhalten:

1. die Namen der Vertragspartner
2. den Ausbildungsberuf und die Dauer der Ausbildung
3. die Namen derer, die die Ausbildung durchführen
4. die vom Verordnungsgeber festgelegten Mindestausbildungsinhalte und deren zeitliche Gliederung auf der Basis des Ausbildungsrahmenplans
5. eventuell notwendige überbetriebliche und außerbetriebliche Ausbildungsmaßnahmen

Der Ausbildungsplan soll also vor dem Hintergrund des allen Ausbildungsstätten vorliegenden Ausbildungsrahmenplans die Gegenstände und den Ablauf der betrieblichen Ausbildung detailliert auflisten sowie den genauen Zeitraum der Vermittlung möglichst systematisch darlegen und in seinen inhaltlichen und zeitlichen Dimensionen (Ablaufplan) nachvollziehbar machen.

Bei der Aufstellung des Ausbildungsplans sind deshalb ferner zu berücksichtigen:

- ◢ die persönlichen Voraussetzungen der Auszubildenden (z.B. Vorbildung/Kürzung)
- ◢ der Ausbildungsdauer
- ◢ die Gegebenheiten der Ausbildungsstätte (technische und personelle Ausstattung, ausreichende Wochenarbeitszeit)
- ◢ die Durchführungsbedingungen (über-, außerbetrieblich, Verbundausbildung z.B. in Praxisgemeinschaften etc.)
- ◢ die Zeitangaben als Bruttoangaben (d.h. einschließlich Urlaub, Berufsschulzeiten etc.)
- ◢ die Gliederung der Ausbildung in 2 Blöcke, je 18 Monate vor und nach der Zwischenprüfung

Auszubildende werden nicht bloß „angelernt", sondern müssen umfassend ausgebildet werden. Der Arbeitgeber verpflichtet sich per Ausbildungsvertrag, nicht nur für den eigenen Betrieb, sondern vor allem für den Arbeitsmarkt auszubilden.

Ausbildung „nach Plan" unterscheidet sich von der „Praxisanleitung" im Wesentlichen dadurch, dass sie nicht auf die Vermittlung einzelner Tätigkeiten fokussiert ist, sondern versucht, Sinnzusammenhänge herzustellen zwischen der Ausbildungsaufgabe, den dabei zu erledigenden Arbeiten und den im Ausbildungsablauf zu erwerbenden Qualifikationen. Persönliche oder willkürliche Akzente können durch das planmäßige Vorgehen vermieden und der Zeitrahmen für die Ausbildung eingehalten werden.

Schließlich ist der praktische Ausbildungsplan – auch bei rechtlichen Auseinandersetzungen – der Nachweis der Ausbildungseinrichtungen, dass die Ausbildung ordnungsgemäß durchgeführt wird. Er kann gleichzeitig als Vorlage für alle weiteren Ausbildungen bzw. Auszubildende dienen.

Daneben sind die Auszubildenden verpflichtet, einen mit dem Ausbildungsplan korrelierenden sog. Ausbildungsnachweis zu führen. In ihm werden die auf der Grundlage des Ausbildungsplans vermittelten Gegenstände und Inhalte der praktischen Ausbildung aus Sicht der Auszubildenden wiedergegeben. Der Ausbildende oder mit der Ausbildung Beauftragte kontrolliert die Regelmäßigkeit der Einträge, bespricht sie mit der Auszubildenden und zeichnet sie ab.

Das folgende Muster enthält alle notwendigen Informationen. Es ist auch auf der beiliegenden CD-ROM enthalten.

Betrieblicher Ausbildungsplan
– Muster –

Auszubildende(r): —————————— Ausbildung von —————— bis ——————

Vorbemerkungen: Grundlage der Vermittlung sind die Ausbildungsinhalte des jeweiligen Ausbildungsabschnitts, wie sie in der zeitlichen Gliederung der Ausbildung (Ausbildungsrahmenplan) festgelegt sind (s. Anhang).

Während der gesamten Ausbildung werden vermittelt:

1. die Einhaltung berufsbezogener Rechtsvorschriften
2. die Vermeidung betriebsbedingter Umweltbelastungen im beruflichen Einwirkungsbereich:
   a) mögliche Umweltbelastungen durch den Ausbildungsbetrieb und seinen Beitrag zum Umweltschutz an Beispielen erklären
   b) für den Ausbildungsbetrieb geltende Regelungen des Umweltschutzes anwenden
   c) Möglichkeiten der wirtschaftlichen und umweltschonenden Energie- und Materialverwendung nutzen
   d) Abfälle vermeiden; Stoffe und Materialien einer umweltschonenden Entsorgung zuführen
3. Anwendung und Erläuterung gebräuchlicher medizinischer Fachbezeichnungen und Abkürzungen

Ausbildungsabschnitte	Gewählte Dauer	Vermittlung durch	außerbetriebliche Maßnahmen
1. Ausbildungsabschnitt: (Zeitrahmen: 2–4 Monate)	_____ Monate von ____ bis _____	_____	Maßnahme: _____ von ____ bis _____
2. Ausbildungsabschnitt: (Zeitrahmen: 4–5 Monate)	_____ Monate von ____ bis _____	_____	Maßnahme: _____ von ____ bis _____
3. Ausbildungsabschnitt: (Zeitrahmen: 5–6 Monate)	_____ Monate von ____ bis _____	_____	Maßnahme: _____ von ____ bis _____
4. Ausbildungsabschnitt: (Zeitrahmen: 5–6 Monate)	_____ Monate von ____ bis _____	_____	Maßnahme: _____ von ____ bis _____
Summe: 18 Monate			

Zwischenprüfung

Ausbildungsabschnitte	Gewählte Dauer	Vermittlung durch	außerbetriebliche Maßnahmen
1. Ausbildungsabschnitt: (Zeitrahmen: 5–6 Monate)	_____ Monate von ____ bis _____	_____	Maßnahme: _____ von ____ bis _____
2. Ausbildungsabschnitt: (Zeitrahmen: 4–6 Monate)	_____ Monate von ____ bis _____	_____	Maßnahme: _____ von ____ bis _____
3. Ausbildungsabschnitt: (Zeitrahmen: 4–5 Monate)	_____ Monate von ____ bis _____	_____	Maßnahme: _____ von ____ bis _____
4. Ausbildungsabschnitt: (Zeitrahmen: 2–4 Monate)	_____ Monate von ____ bis _____	_____	Maßnahme: _____ von ____ bis _____
Summe: 18 Monate			

_____   _____

Datum   Unterschrift des Ausbildenden und Praxisstempel

Anhang zum Ausbildungsplan
– Zeitliche Gliederung der Ausbildung –

Fertigkeiten, Kenntnisse und Fähigkeiten, die während der gesamten Ausbildungszeit zu vermitteln sind:
1. berufsbezogene Rechtsvorschriften einhalten
2. zur Vermeidung betriebsbedingter Umweltbelastungen im beruflichen Einwirkungsbereich beitragen, insbesondere
   a) mögliche Umweltbelastungen durch den Ausbildungsbetrieb und seinen Beitrag zum Umweltschutz an Beispielen erklären,
   b) für den Ausbildungsbetrieb geltende Regelungen des Umweltschutzes anwenden,
   c) Möglichkeiten der wirtschaftlichen und umweltschonenden Energie- und Materialverwendung nutzen,
   d) Abfälle vermeiden; Stoffe und Materialien einer umweltschonenden Entsorgung zuführen
3. gebräuchliche med. Fachbezeichnungen und Abkürzungen anwenden und erläutern.

1. Ausbildungsabschnitt
In einem Zeitraum von 2–4 Monaten sind schwerpunktmäßig zu vermitteln:
1) Bedeutung des Ausbildungsvertrags, insbesondere Abschluss, gegenseitige Rechte und Pflichten, Dauer und Beendigung erklären.
2) Inhalte der Ausbildungsordnung und den betrieblichen Ausbildungsplan erläutern.
3) Die im Ausbildungsbetrieb geltenden Regelungen über Arbeitszeit, Vollmachten und Weisungsbefugnisse beachten.
4) Wesentliche Bestimmungen der für den Ausbildungsbetrieb geltenden Tarifverträge und arbeitsrechtlichen Vorschriften beschreiben.
5) Aufgaben, Struktur und rechtliche Grundlagen des Gesundheitswesens und seiner Einrichtungen sowie dessen Einordnung in das System sozialer Sicherung in Grundzügen erläutern.
6) Formen der Zusammenarbeit im Gesundheitswesen an Beispielen aus dem Ausbildungsbetrieb erklären.
7) Struktur, Aufgaben und Funktionsbereiche des Ausbildungsbetriebs erläutern.
8) Organisation, Abläufe des Ausbildungsbetriebs mit seinen Aufgaben und Zuständigkeiten darstellen; Zusammenwirken der Funktionsbereiche erklären
9) Rechtsform des Ausbildungsbetriebs beschreiben
10) Schweigepflicht als Basis einer vertrauensvollen Arzt-Patienten-Beziehung einhalten
11) Gefahren für Sicherheit und Gesundheit am Arbeitsplatz feststellen sowie Maßnahmen zu deren Vermeidung ergreifen

12) berufsbezogene Arbeitsschutz- und Unfallverhütungsvorschriften anwenden
13) Vorschriften des vorbeugenden Brandschutzes anwenden; Verhaltensweisen bei Bränden beschreiben und Maßnahmen zur Brandbekämpfung ergreifen
14) Kooperationsprozesse mit externen Partnern mit gestalten

2. Ausbildungsabschnitt

In einem Zeitraum von 4–5 Monaten sind schwerpunktmäßig zu vermitteln:

1) Bedingungen, Möglichkeiten und Grenzen der Delegation ärztlicher Leistungen darlegen sowie straf- und haftungsrechtliche Folgen beachten
2) Arbeitsmittel für Hygienemaßnahmen auswählen und anwenden
3) Maßnahmen des betrieblichen Hygieneplans durchführen
4) Geräte, Instrumente und Apparate desinfizieren, reinigen und sterilisieren; Sterilgut handhaben
5) kontaminierte Materialien erfassen, situationsbezogen wieder aufbereiten und entsorgen
6) Vorteile der aktiven Immunisierung begründen
7) Hausbesuche und Notdienste organisieren
8) Maßnahmen bei akuten Störungen und Zwischenfällen ergreifen
9) Bedeutung des Qualitätsmanagements für den Ausbildungsbetrieb an Beispielen erklären
10) zur Sicherung des betriebsinternen Informationsflusses beitragen
11) Bedeutung des Zeitmanagements für den Ausbildungsbetrieb an Beispielen erklären; eigene Vorschläge zur Verbesserung einbringen
12) Patiententermine planen, koordinieren und überwachen
13) Termine mit Dritten unter Berücksichtigung vorgeschriebener Prüf- und Überwachungstermine sowie Informationstermine planen und koordinieren
14) Vorschriften der Sozialgesetzgebung anwenden
15) Möglichkeiten des internen und externen elektronischen Datenaustausches nutzen
16) Patientendokumentation organisieren
17) Behandlungsunterlagen zusammenstellen, weiterleiten und dokumentieren
18) Vorschriften und Regelungen zum Datenschutz anwenden
19) Daten sichern
20) Datentransfer verschlüsselt durchführen
21) Dokumente und Behandlungsunterlagen sicher verwahren und die Aufbewahrfristen beachten
22) Untersuchungsmaterial aufbereiten und versenden
23) bei der medikamentösen Therapie mitwirken; Verlaufsprotokolle erstellen
24) Maßnahmen zur Vermeidung von Not- und Zwischenfällen ergreifen
25) Verhaltensregeln bei Notfällen im Ausbildungsbetrieb einhalten

3. Ausbildungsabschnitt

In einem Zeitraum von 5–6 Monaten sind schwerpunktmäßig zu vermitteln:

1) Verhaltensweisen bei Unfällen beschreiben sowie erste Maßnahmen einleiten
2) Hygienestandards einhalten
3) Infektionsquellen und Infektionswege darstellen, Maßnahmen zur Vermeidung von Infektionen einleiten und Schutzmaßnahmen durchführen
4) ärztliche Beratungen und Anweisungen unterstützen
5) betriebliche Arbeits- und Organisationsmittel auswählen und einsetzen
6) Aufgaben im Team planen und bearbeiten; bei der Tagesplanung mitwirken
7) Teambesprechungen organisieren und mit gestalten
8) beim Aufbau einer Patientenbindung mitwirken
9) Patientendaten erfassen und verarbeiten
10) Posteingang und -ausgang bearbeiten
11) Schriftverkehr durchführen
12) Vordrucke und Formulare bearbeiten
13) Bedarf an Waren und Materialien ermitteln, Angebote vergleichen, Bestellungen aufgeben; bei Beschaffung mitwirken
14) Wareneingang und -ausgang unter Berücksichtigung des Kaufvertragsrechts prüfen
15) Abrechnungen organisieren, erstellen, prüfen und weiterleiten
16) Materialien und Desinfektionsmittel lagern und überwachen
17) Leistungen nach Vergütungssystemen erfassen, den Kostenträgern zuordnen und kontrollieren
18) Daten eingeben und pflegen
19) Befunddokumentation durchführen
20) Inhalationen durchführen
21) Arbeitsvorgänge im Rahmen der Assistenz bei der ärztlichen Therapie nachbereiten und dokumentieren
22) über Darreichungsformen und Einnahmemodalitäten von Arzneimitteln informieren; Anweisung des Arztes zur Einnahme unterstützen
23) Patienten und Patientinnen zur Inanspruchnahme von Impfmaßnahmen motivieren
24) Notfallausstattung kontrollieren und auffüllen; Geräte handhaben, warten und pflegen

4. Ausbildungsabschnitt

In einem Zeitraum von 5–6 Monaten sind schwerpunktmäßig zu vermitteln:

1) hygienische und aseptische Bedingungen bei Eingriffen situationsgerecht sicherstellen
2) Hauptsymptome und Krankheitsbilder von bakteriellen Infektionskrankheiten, insbesondere Scharlach, Tetanus, Borreliose, Salmonellose, Pertussis, Diphtherie und Tuberkulose, von viralen Infektionskrankheiten, insbesondere Aids, Masern,

Röteln, Windpocken, Gürtelrose., Mumps, Pfeifferschem Drüsenfieber, FSME, Influenza, grippalen Infekten, Hepatitis A, B und C sowie Infektionskrankheiten durch Hautpilze, insbesondere Soor und Fußpilz beschreiben; Meldepflicht von Infektionskrankheiten beachten

3) verbale und nonverbale Kommunikationsformen einsetzen

4) Gespräche personenorientiert und situationsgerecht führen

5) Patienten und Patientinnen situationsgerecht empfangen und unter Berücksichtigung ihrer Wünsche und Erwartungen vor, während und nach der Behandlung betreuen

6) Informations- und Kommunikationssysteme anwenden; Standard- und Branchensoftware einsetzen

7) Untersuchungen und Behandlungen vorbereiten, insbesondere Patientenbeobachtung durchführen, Vitalwerte bestimmen, Patienten messen und wiegen, Elektrokardiogramm schreiben, Lungenfunktion prüfen; Geräte und Instrumente handhaben, pflegen und warten

8) Stütz- und Wundverbände anlegen

9) Wärme-, Kälte- und Reizstromanwendung durchführen

10) über Ziele von Gesundheitsvorsorge und Früherkennung von Krankheiten im Zusammenhang mit gesundheitlichen Versorgungsstrukturen informieren

11) über Möglichkeiten der aktiven und passiven Immunisierung informieren; Impfpass führen; beim Impfmanagement mitwirken

---

Zwischenprüfung

---

5. Ausbildungsabschnitt

In einem Zeitraum von 5–6 Monaten sind schwerpunktmäßig zu vermitteln:

1) stressauslösende Situationen erkennen und bewältigen

2) fremdsprachige Begriffe anwenden

3) psychosoziale und somatische Bedingungen des Patienten-Verhaltens berücksichtigen

4) Besonderheiten von speziellen Patientengruppen, von Risiko-Patienten sowie von Patienten und Patientinnen mit chronischen Krankheitsbildern beachten

5) Patienten und Patientinnen über Weiter- und Mitbehandlung informieren

6) ergänzende Versorgungsangebote darstellen

7) bei Planung, Organisation und Gestaltung von Betriebsabläufen mitwirken und zur Optimierung beitragen

8) Arbeitsschritte systematisch planen, zielgerecht organisieren, rationell gestalten, Ergebnisse kontrollieren

9) Maßnahmen zur Qualitätssicherung im eigenen Verantwortungsbereich planen, durchführen, kontrollieren, dokumentieren und bewerten

10) Abrechnungen unter Berücksichtigung des Sachleistungs- und Kostenerstattungs-prinzips organisieren, erstellen, prüfen und weiterleiten

11) Laborarbeiten und Tests, insbesondere Blutzuckerbestimmung, Blutsenkung, Urin-status, Leukozytenzählung und Tests auf okkultes Blut durchführen, dokumentie-ren und durch Qualitätskontrollen sichern; Geräte und Instrumente handhaben, pflegen und warten

12) bei der ärztlichen Therapie, insbesondere bei Infusionen und Injektionen assistie-ren; Materialien, Instrumente, Geräte und Arzneimittel vorbereiten, instrumentie-ren; Geräte und Instrumente pflegen und warten

13) bei chirurgischen Behandlungsmaßnahmen Patienten vorbereiten, steril arbeiten und assistieren; Instrumente und Geräte handhaben, pflegen und warten

14) septische und aseptische Wunden versorgen; Nahtmaterial entfernen

15) Ursachen und Entstehung von Gesundheitsstörungen und die dazu gehörigen Prä-ventionsmaßnahmen erläutern

16) bedrohliche Zustände, insbesondere Schock, Atem- und Herzstillstand, Bewusstlo-sigkeit, starke Blutungen und Allergien, erkennen und Sofortmaßnahmen veranlas-sen

17) Erste-Hilfe-Maßnahmen durchführen

6. Ausbildungsabschnitt

In einem Zeitraum von 4–6 Monaten sind schwerpunktmäßig zu vermitteln:

1) soziale Aufgaben eines medizinischen Dienstleistungsberufes und ethische Anfor-derungen darstellen

2) Belastungssituationen im Beruf erkennen und bewältigen

3) rechtliche und vertragliche Grundlagen von Behandlungsvereinbarungen bei ge-setzlich Versicherten und Privatpatienten beachten und erläutern

4) Auswirkungen von Information und Kommunikation auf Betriebsklima, Arbeits-leistung, Betriebsablauf und -erfolg beachten

5) zur Vermeidung von Kommunikationsstörungen beitragen

6) Konflikte erkennen und einschätzen

7) Möglichkeiten der Konfliktlösung nutzen

8) Beschwerden entgegennehmen und Lösungsmöglichkeiten anbieten

9) Situation der anrufenden Patienten und Patientinnen einschätzen und Maßnah-men einleiten

10) Patienten und Patientinnen sowie begleitende Personen über Praxisabläufe bezüg-lich Diagnostik, Behandlung, Wiederbestellung und Abrechnung informieren und zur Kooperation motivieren

11) zur Anwendung häuslicher Maßnahmen anleiten

12) medizinische Leistungsangebote des Betriebs erläutern

13) bei der Patientenschulung mitwirken

14) Patientenzufriedenheit ermitteln und fördern
15) bei Umsetzung von Maßnahmen zur kontinuierlichen Verbesserung der Betriebs- und Behandlungsorganisation mitwirken und dabei eigene Vorschläge einbringen; Verhältnis von Kosten-Nutzen beachten
16) Zahlungsvorgänge abwickeln, überwachen, kontrollieren und dokumentieren
17) kaufmännische Mahnverfahren durchführen und gerichtliche Mahnverfahren einleiten
18) Informationen unter Berücksichtigung von Rechtsvorschriften und nach betrieblichen Vorgaben erfassen, auswerten, weiterleiten und archivieren
19) bei der Befundaufnahme und diagnostischen Maßnahmen, insbesondere bei Ultraschalluntersuchungen, Punktionen und Katheterisierung, mitwirken und assistieren; Geräte und Instrumente handhaben, pflegen und warten
20) Proben für Untersuchungszwecke und Laborauswertungen, insbesondere durch venöse und kapillare Blutentnahmen sowie Abstriche gewinnen
21) Labordaten und Untersuchungsergebnisse auf ihre Bedeutung für Patienten einstufen
22) subkutane und intramuskuläre Injektionen durchführen
23) intrakutane Tests durchführen
24) erwünschte und unerwünschte Wirkungen von Arzneimittelgruppen, insbesondere von Antibiotika, Schmerzmitteln, Herz- und Kreislaufmedikamenten, Diabetesmedikamenten, Magen- und Darmtherapeutika sowie Arzneimitteln gegen Erkältungskrankheiten unterscheiden
25) Voraussetzungen und Vorschriften zur Abgabe und Handhabung verschiedener Arzneimittel, Sera, Impfstoffe beachten; Verordnungen von Arzneimitteln vorbereiten und abgeben
26) Verordnung für Heil- und Hilfsmittel nach ärztlicher Anweisung vorbereiten und unter Beachtung der Verordnungsvorschriften abgeben
27) Patienten und Patientinnen zur Inanspruchnahme von Früherkennungsmaßnahmen motivieren
28) bei Not- und Zwischenfällen assistieren

7. Ausbildungsabschnitt
In einem Zeitraum von 4–5 Monaten sind schwerpunktmäßig zu vermitteln:
1) lebensbegleitendes Lernen als Voraussetzung für berufliche und persönliche Entwicklung nutzen und berufsbezogene Fortbildungsmöglichkeiten ermitteln
2) Beziehungen des Ausbildungsbetriebs und seiner Beschäftigten zu Selbstverwaltungseinrichtungen, Wirtschaftsorganisationen, Berufsvertretungen, Gewerkschaften und Verwaltungen darstellen
3) im Team unter Beachtung von Zuständigkeiten, Entscheidungskompetenzen und eigener Prioritäten kooperieren
4) Teamentwicklung gestalten

5) bei der Entwicklung und Umsetzung betrieblicher Marketingmaßnahmen zur Förderung der Patientenzufriedenheit mitwirken

6) Kostenerstattung für Verbrauchsmaterialien für die Patientenbehandlung organisieren

7) Arzneimittel, Sera, Impfstoffe, Verband- und Hilfsmittel lagern und unter Beachtung rechtlicher Vorschriften überwachen

8) Privatliquidation erstellen und dem Patienten erläutern

9) medizinische Dokumentations- und Klassifizierungssysteme anwenden

10) Patienten und Patientinnen zu einer gesunden Lebensweise motivieren

11) Ziele und Möglichkeiten der medizinischen Rehabilitation unter Berücksichtigung der gesetzlichen Vorgaben erläutern; bei Beantragung von Rehabilitationsmaßnahmen mitwirken

12) über Selbsthilfegruppen und ihre Aufgaben informieren

8. Ausbildungsabschnitt

In einem Zeitraum von 2–4 Monaten sind schwerpunktmäßig zu vermitteln:

1) wesentliche Inhalte des Arbeitsvertrags erläutern

2) Wiederbestellung und externe Behandlungstermine organisieren sowie koordinieren

3) Methoden des Selbst- und Zeitmanagements nutzen, insbesondere bei der zeitlichen Planung und Durchführung von Arbeitsabläufen Prioritäten beachten

4) Zusammenhänge von Selbst- und Zeitmanagement, Leistungssteigerung und Stress beachten

5) bei der Entwicklung und Ausgestaltung von Leistungsangeboten des Betriebs mitwirken

6) Informationen beschaffen und nutzen

Abschlussprüfung

9 Durchführung von Abschlussprüfungen

Hans-Werner Buchholz

9.1 Ziele und Gliederung

Die Ausbildung zur Medizinischen Fachangestellten endet mit einer Prüfung vor dem zuständigen Prüfungsausschuss einer Ärztekammer. Die Prüfung besteht aus zwei obligatorischen Teilen, einem schriftlichen und einem praktischen Teil, die von allen Auszubildenden absolviert werden müssen sowie einer fakultativen mündlichen Ergänzungsprüfung für Prüflinge mit kritischer Bestehenssituation.

Abbildung 9.1 gibt den Gesamtablauf wieder:

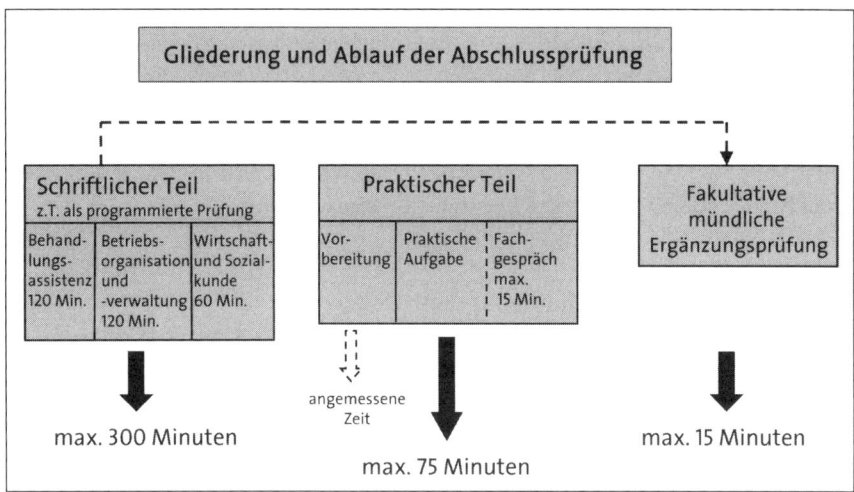

Abb. 9.1: Gliederung und Ablauf der Abschlussprüfung

Ziel, Gliederung, Inhalte, Anforderungen und Bestehensregelung gemäß § 9 der Verordnung werden im Folgenden ausführlich dargestellt. Die Prüfung soll zeigen, ob die künftige Medizinische Fachangestellte die für die Ausübung einer qualifizierten beruflichen Tätigkeit in einer sich wandelnden Arbeitswelt notwendigen beruflichen Fertigkeiten, Kenntnisse und Fähigkeiten (berufliche Handlungsfähigkeit) erlangt sowie die erforderliche Berufserfahrung erworben hat (vgl. § 1 BBiG). Diese Zielsetzung wird in § 3 der Ausbildungsverordnung konkretisiert (s. Abb. 9.2 und Kap. 4).

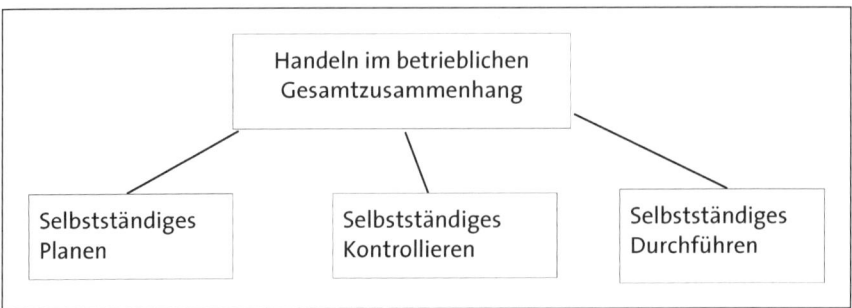

Abb. 9.2: Zielsetzung der Berufsausbildung

9.2 Prüfungsanforderungen im schriftlichen Teil

In drei schriftlichen Bereichen: Behandlungsassistenz, Betriebsorganisation und -verwaltung sowie Wirtschafts- und Sozialkunde soll der Prüfling praxisbezogene Aufgaben bearbeiten. Praxisbezug bedeutet, dass die schriftlichen Aufgaben einen Bezug zu Handlungen und Abläufen im Betrieb aufweisen müssen.

Die schriftliche Prüfung kann gemäß Musterprüfungsordnung für die Druchführung von Abschlussprüfungen § 14 Abs. 2 (s. Anhang S. 171) in programmierter Form durchgeführt werden. Auch andere Aufgabenformen sind möglich. Nähere Einzelheiten sind über die zuständige Ärztekammer in Erfahrung zu bringen.

9.2.1 Prüfungsbereich Behandlungsassistenz

Die Anforderungen beziehen sich insbesondere auf die Planung von Arbeitsabläufen in Diagnostik und Therapie unter Berücksichtigung der erforderlichen sachlichen Zusammenhänge aus dem medizinischen und dem Verwaltungsbereich. Recht, Gesundheitsschutz, Umweltschutz und Hygiene sind durchgehend zu beachten.

In der Ausbildungsverordnung sind die elf Gebiete konkretisiert (s. Abb. 9.3).

Der Prüfling soll neben seinen fachlichen Fähigkeiten auch übergeordnete Kompetenzen wie Ausdrucksfähigkeit, analytisches Denken, Planungs- und Problemlösungsfähigkeit nachweisen. Die Komplexität der Anforderungen ist in Abbildung 9.4 dargestellt.

Anforderungen gemäß § 9 Abs. 3 Ausbildungsverordnung

Der Prüfling soll praxisbezogene Aufgaben bearbeiten. Er soll in der Prüfung zeigen, dass er im Bereich der Diagnostik und Therapie Arbeitsabläufe planen und die Durchführung der Behandlungsassistenz beschreiben kann. Dabei soll er gesetzliche und vertragliche Bestimmungen der medizinischen Versorgung, Sicherheit und Gesundheitsschutz bei der Arbeit, Umweltschutz sowie Maßnahmen der Arbeits- und Praxishygiene berücksichtigen. Der Prüfling soll nachweisen, dass er fachliche Zusammenhänge versteht, Sachverhalte analysieren sowie Lösungsmöglichkeiten entwickeln und darstellen kann. Dem Prüfungsbereich sind folgende Gebiete zugrunde zu legen:

a. *Qualitätssicherung*
b. *Zeitmanagement*
c. *Schutz vor Infektionskrankheiten*
d. *Arzneimittel, Sera, Impfstoffe, Heil- und Hilfsmittel*
e. *Patientenbetreuung und -beratung*
f. *Grundlagen der Prävention und Rehabilitation*
g. *Laborarbeiten*
h. *Datenschutz und Datensicherheit*
i. *Dokumentation*
j. *Handeln bei Notfällen*
k. *Abrechnung erbrachter Leistungen*

Abb. 9.3: Anforderungen im Prüfungsbereich Behandlungsassistenz gemäß § 9 Abs. 3 Ausbildungsverordnung

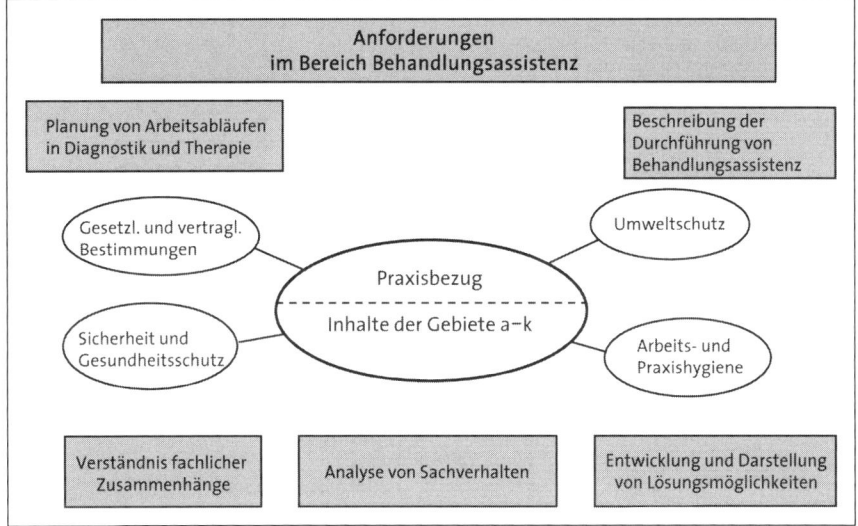

Abb. 9.4: Anforderungen im Bereich Behandlungsassistenz

9.2.2 Prüfungsbereich Betriebsorganisation und -verwaltung

Die Anforderungen beziehen sich im Wesentlichen auf die Beschreibung und systematische Planung von Betriebs- und Arbeitsabläufen sowie die Darstellung interner und externer Koordinierungsaufgaben. Gesundheits- und Umweltschutz, Qualitätssicherung sowie Informations- und Kommunikationstechnologie sind durchgehend zu beachten.

Anforderungen gemäß § 9 Abs. 3 Ausbildungsverordnung

Der Prüfling soll praxisbezogene Aufgaben bearbeiten. Er soll in der Prüfung zeigen, dass er Betriebsabläufe beschreiben, Arbeitsabläufe systematisch planen sowie interne und externe Koordinierungsaufgaben darstellen kann. Dabei soll er Sicherheit und Gesundheitsschutz bei der Arbeit, Umweltschutz, Maßnahmen der Qualitätssicherung sowie Informations- und Kommunikationsmöglichkeiten berücksichtigen. Dem Prüfungsbereich sind folgende Gebiete zugrunde zu legen:

a.   *Gesetzliche und vertragliche Bestimmungen der medizinischen Versorgung*
b.   *Arbeiten im Team*
c.   *Verwaltungsarbeiten*
d.   *Dokumentation*
e.   *Marketing*
f.   *Zeitmanagement*
g.   *Datenschutz und Datensicherheit*
h.   *Organisation der Leistungsabrechnung*
i.   *Materialbeschaffung und -verwaltung*

Abb. 9.5: Anforderungen im Prüfungsbereich Betriebsorganisation und -verwaltung gemäß § 9 Abs. 3 Ausbildungsverordnung

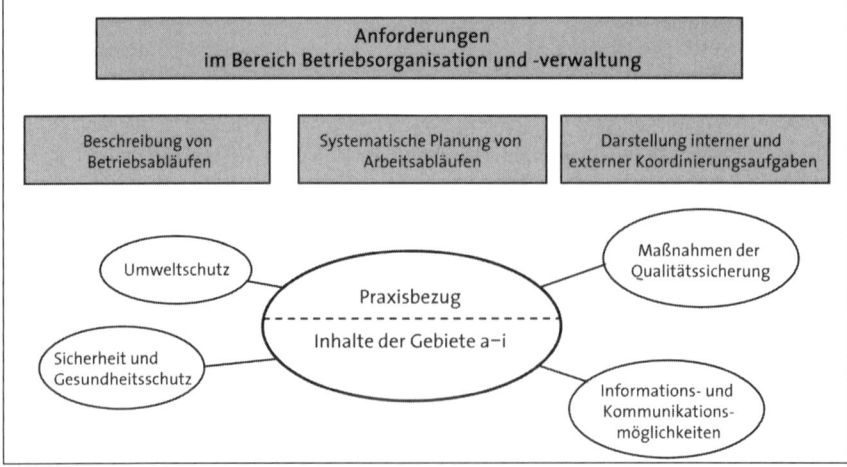

Abb. 9.6: Anforderungen im Bereich Betriebsorganisation und -verwaltung

In der Ausbildungsverordnung sind die neun Gebiete konkretisiert (s. Abb. 9.5).

Die Komplexität der Aufgaben in fachlicher und „überfachlicher" Hinsicht zeigt Abbildung 9.6.

9.2.3 Prüfungsbereich Wirtschafts- und Sozialkunde

Der Prüfling soll praxisbezogene Aufgaben der Berufs- und Arbeitswelt, z.B. Grundlagen des Arbeits- und Tarifrechts, des Arbeitsschutz- und Sozialrechts bearbeiten sowie wirtschaftliche und gesellschaftliche Zusammenhänge darstellen. Die Anforderungen und das Prüfungsziel sind gegenüber der bisherigen Ausbildungsverordnung unverändert geblieben.

9.3 Prüfungsanforderungen im praktischen Teil

Die Anforderungen beinhalten die Absolvierung einer handlungsorientierten komplexen Aufgabe einschließlich eines Fachgespräches über diese Prüfungsaufgabe mit einer maximalen Durchführungszeit von 75 Minuten.

Prüfungsziel gemäß § 9 Abs. 2 Ausbildungsverordnung

Der Prüfling soll **zeigen**, dass er

- mit den Patienten situationsgerecht und personenorientiert kommunizieren,
- sie sachgerecht informieren und zur Kooperation motivieren kann.

Er soll **nachweisen**, dass er
- Arbeitsabläufe planen,
- Betriebsabläufe organisieren,
- Verwaltungsarbeiten durchführen,
- Mittel der technischen Kommunikation nutzen,
- Sicherheit und Gesundheitsschutz bei der Arbeit und Belange des Umweltschutzes berücksichtigen sowie
- die für die Prüfungsaufgabe relevanten fachlichen Hintergründe aufzeigen und die Vorgehensweise bei Durchführung der Prüfungsaufgabe begründen kann.

Darüber hinaus soll er **nachweisen**, dass er Erste-Hilfe-Maßnahmen am Patienten durchführen kann.

Abb. 9.7: Püfungsziel des praktischen Teils gemäß § 9 Abs. 2 Ausbildungsverordnung

Gegenstand des praktischen Teils ist ein geschlossener Handlungsprozess, der mehrere ineinander greifende und zusammen gehörende Arbeitsabläufe beinhaltet, d.h. verschiedene Handlungssituationen miteinander verbindet.

Die Prüfungsordnung gibt zwei Aufgabentypen vor, die lediglich im Bereich Prävention bzw. Labor voneinander abweichen. Erste-Hilfe-Maßnahmen sind Pflichtbestandteil. Die Bestimmung der Aufgabe erfolgt regelmäßig nach dem Zufallsprinzip.

Abbildung 9.8 zeigt Ablauf und Inhalte des praktischen Teils im Überblick:

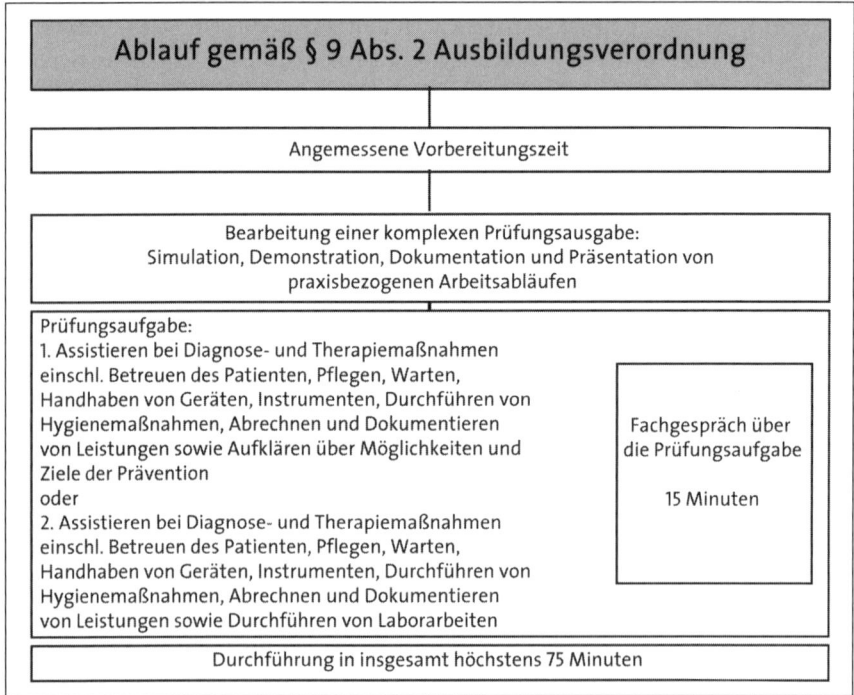

Abb. 9.8: Ablauf des praktischen Teils gemäß § 9 Abs. 2 Ausbildungsverordnung

Im Rahmen der praktischen Prüfungsaufgabe soll der Prüfling die notwendigen Prozesse und Maßnahmen an und mit dem Patienten praxisbezogen entsprechend den im beruflichen Alltag stattfindenden Abläufen vor dem Prüfungsausschuss realistisch durchführen bzw. simulieren und gegebenenfalls dokumentieren und präsentieren. Dabei sind fachübergreifende Qualifikationen insbesondere in der Kommunikation und Motivation des Patienten sowie bei der Planung, Organisation und Durchführung betrieblicher Abläufe nachzuweisen.

Die praktische Prüfung findet in den Räumlichkeiten von Berufsschulen, überbetrieblichen Bildungseinrichtungen oder in Arztpraxen statt.

Die Komplexität der Aufgaben lässt sich wie in Abbildung 9.9 darstellen:

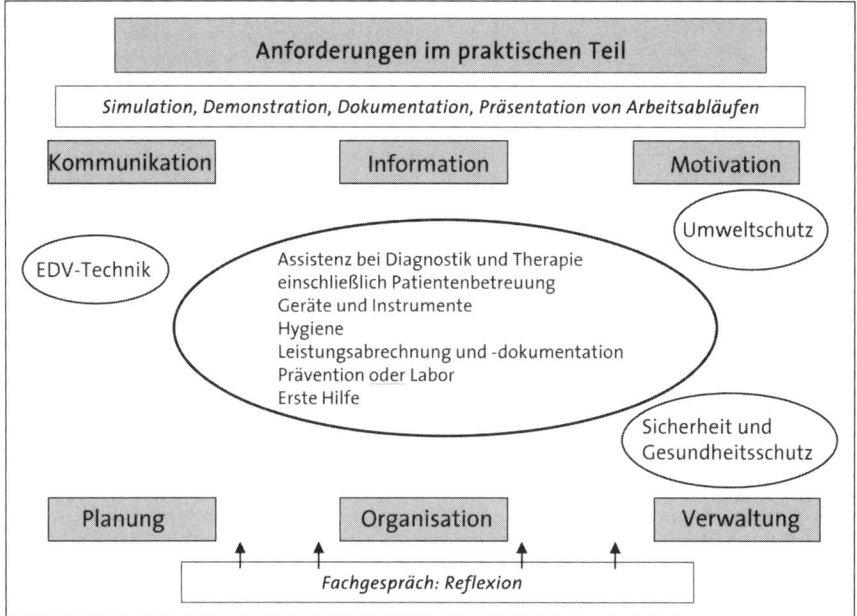

Abb. 9.9: Anforderungen im praktischen Teil

9.4 Bewertung von Prüfungsleistungen und Bestehensregelungen

Die Bewertung der Prüfung gemäß § 9 der Verordnung wird vom Prüfungsausschuss vorgenommen. Er fällt den Beschluss über die Noten für die einzelnen Prüfungsleistungen, die Prüfungsteile insgesamt sowie über das Bestehen und Nichtbestehen der Prüfung. Es ist erlaubt, dass der Prüfungsausschussvorsitzende zur Vorbereitung der Beschlussfassung über die Noten mindestens zwei Mitglieder mit der Bewertung einzelner, schriftlich oder praktisch zu erbringender Prüfungsleistungen beauftragen darf. Die Beauftragten sollen nicht derselben Mitgliedergruppe angehören. Die beauftragten Mitglieder müssen die wesentlichen Abläufe der Prüfung dokumentieren und die für die Bewertung erheblichen Tatsachen festhalten.

Darüber hinaus kann der Prüfungsausschuss zur Bewertung einzelner, nicht mündlich zu erbringender Prüfungsleistungen Stellungnahmen Dritter, insbesondere von Berufsschullehrern, einholen. Eine Begutachtung durch Dritte kommt aber nur dann in Betracht, wenn der Gegenstand der Begutachtung auch im Nachhinein noch vom Prüfungsausschuss wahrgenommen und überprüft werden kann. Über den Einsatz von Experten bei der Bewertung entscheidet der Prüfungsausschuss nach Absprache mit der Ärztekammer. Der Experte muss die für eine Bewertung erheblichen Tatsachen festhalten. Bestimmungen hierzu sind gegebenenfalls den Prüfungsordnungen der Landesärztekammern zu entnehmen.

Bewertung von Prüfungsleistungen nach dem Punktesystem (s. auch Musterprüfungsordnung § 21, Anhang S. 176):

100–92 Punkte = sehr gut (1)
91–81 Punkte = gut (2)
80–67 Punkte = befriedigend (3)
66–50 Punkte = ausreichend (4)
49–30 Punkte = mangelhaft (5)
29–0　Punkte = ungenügend (6)

Die Prüfungsordnungen enthalten Festlegungen zu den Bewertungen nach Noten oder Punkten und zu den Rundungsregelungen. Soweit eine Bewertung der Leistungen nach dem Punktesystem nicht sachgerecht ist, ist die Bewertung nur nach Noten (Schulnotenschlüssel) vorzunehmen.

9.4.1　Bewertung schriftlicher Prüfungsteil

Der schriftliche Teil der Prüfungen kann in programmierter Form durchgeführt werden (s. § 14 Abs. 2 Musterprüfungsordnung, Anhang S. 171). Die Bewertung erfolgt regelmäßig nach dem Punktesystem.

Die Prüfungsbereiche sind wie folgt zu gewichten:
1. Prüfungsbereich Behandlungsassistenz　　　　　　　40%
2. Prüfungsbereich Betriebsorganisation und -verwaltung　40%
3. Prüfungsbereich Wirtschafts- und Sozialkunde　　　　20%

Sind im schriftlichen Teil der Prüfung die Prüfungsleistungen in bis zu zwei Prüfungsbereichen mit mangelhaft und im weiteren Prüfungsbereich mit mindestens ausreichend bewertet worden, so ist auf Antrag des Prüflings oder nach Ermessen des Prüfungsausschusses in einem der mit mangelhaft bewerteten Prüfungsbereiche die schriftliche Prüfung durch eine **mündliche Prüfung** von höchstens **15 Minuten** zu ergänzen, wenn diese für das Bestehen der Prüfung den Ausschlag geben kann. Der Prüfungsbereich ist vom Prüfling zu bestimmen. Bei der Ermittlung des Ergebnisses für diesen Prüfungsbereich sind das bisherige Ergebnis und das Ergebnis der mündlichen Ergänzungsprüfung im Verhältnis 2:1 zu gewichten.

Das Ergebnis der schriftlichen Prüfung ist den Prüfungsteilnehmerinnen *vor* Beginn der praktischen Prüfung bekannt zu geben.

Mündliche Ergänzungsprüfung

Voraussetzungen: Prüfungsleistungen im schriftlichen Prüfungsteil in bis zu zwei Prüfungsbereichen mangelhaft; im dritten Prüfungsbereich mindestens ausreichende Leistungen; Beantragung durch Prüfling oder Ermessensentscheidung des Prüfungsausschusses

Durchführung: In einem der mit mangelhaft bewerteten Prüfungsbereiche; Prüfungsbereich ist vom Prüfling zu bestimmen.

Dauer: Höchstens 15 Minuten

Gewichtung: Bisheriges Ergebnis im schriftlichen Prüfungsbereich und Ergebnis der mündlichen Ergänzungsprüfung im Verhältnis 2:1

9.4.2 Bewertung praktischer Prüfungsteil

Der Prüfling muss auch im praktischen Prüfungsteil mindestens ausreichende Leistungen erzielen. Die Bewertung der praktischen Prüfungsaufgabe erfolgt im Rahmen des Punktesystems oder des Schulnotenschlüssels. Näheres hierzu regelt die zuständige Ärztekammer.

Mangelhafte Leistungen im praktischen Prüfungsteil führen zwingend zum Nichtbestehen der Prüfung. Eine Ausgleichsmöglichkeit besteht nicht. Damit hat der praktische Prüfungsteil eine sog. Sperrfunktion innerhalb der Gesamtprüfung.

Die praktische Prüfung hat damit insgesamt eine erhebliche Aufwertung gegenüber der alten Ausbildungsordnung erfahren. Durch diese Aufwertung des praktischen Prüfungsteils wird auch der systematischen Etablierung des Grundgedankens der Handlungsorientierung in der Ausbildung Rechnung getragen.

9.4.3 Bestehensregelung

Die Prüfung ist bestanden, wenn jeweils im praktischen und im schriftlichen Teil der Prüfung sowie innerhalb des schriftlichen Teils der Prüfung in mindestens zwei Prüfungsbereichen mindestens ausreichende Prüfungsleistungen erbracht sind. Werden die Prüfungsleistungen in einem Prüfungsbereich mit ungenügend bewertet, ist die Prüfung nicht bestanden.

Die Regelung im Überblick zeigt Abbildung 9.10.

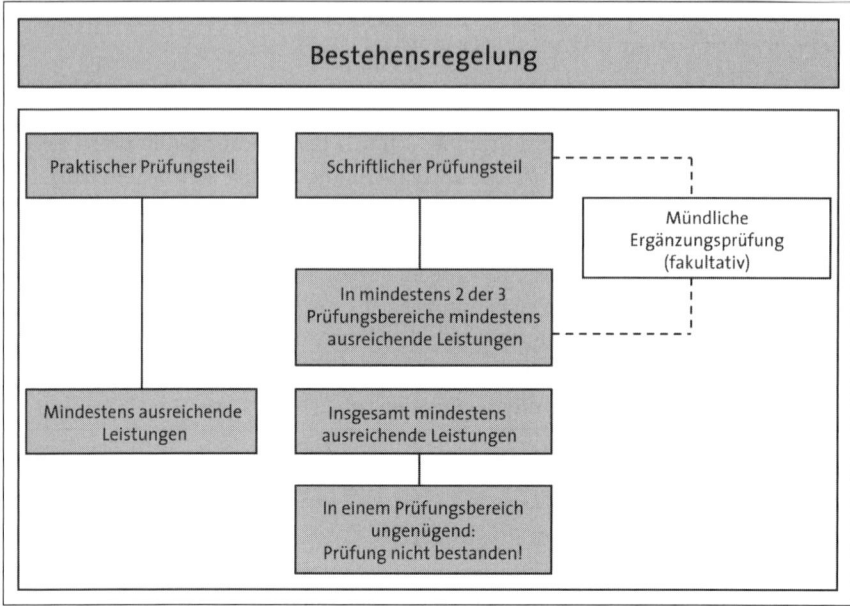

Abb. 9.10: Bestehensregelung

9.5 Wichtige Vorschriften für die Prüfung im Überblick

9.5.1 Prüfungsordnung

Verbindlich für die Durchführung von Prüfungen sind die von den Ärztekammern beschlossenen Prüfungsordnungen. Die Prüfungsordnungen können bei den zuständigen Landesärztekammern eingesehen (z.B. Internet) oder angefordert werden (s. Musterprüfungsordnung, Anhang S. 165).

9.5.2 Prüfungsausschüsse

Die Prüfungsordnungen legen fest, dass die zuständige Ärztekammer Prüfungsausschüsse errichtet. Sie bestehen aus mindestens drei Mitgliedern. Die Mitglieder müssen für die Prüfungsgebiete sachkundig und für die Mitwirkung im Prüfungsausschuss geeignet sein.

Mitglieder des Prüfungsausschusses sind Beauftragte der Arbeitgeber und Arbeitnehmer in gleicher Zahl, sowie mindestens ein Lehrer einer berufsbildenden Schule. Sie werden regelmäßig für fünf Jahre berufen. Die Tätigkeit ist ehrenamtlich.

9.5.3 Prüfungstermine

Die Ärztekammer bestimmt in der Regel zwei Prüfungstermine im Jahr. Die Termine werden regelmäßig drei Monate vor der Prüfung bekannt gegeben. Bei Abschlussprüfungen mit einheitlichen überregionalen Prüfungsaufgaben müssen auch die Prüfungstage einheitlich sein. Die Anmeldung zur Prüfung erfolgt durch den ausbildenden Arzt, in besonderen Fällen auch durch den Prüfungsbewerber selbst.

9.5.4 Zulassung zur Prüfung

Eine Abschlussprüfung ist nur nach Zulassung durch die Ärztekammer möglich. Zur Abschlussprüfung ist zuzulassen,
1. wer die Ausbildungszeit zurückgelegt hat oder wessen Ausbildungszeit nicht später als zwei Monate nach dem Prüfungstermin endet,
2. wer an der Zwischenprüfung teilgenommen sowie einen schriftlichen Ausbildungsnachweis geführt hat und
3. wessen Berufsausbildungsverhältnis in das Verzeichnis der Berufsausbildungsverhältnisse bei der Ärztekammer eingetragen oder aus einem Grunde nicht eingetragen ist, den weder die Auszubildende noch deren gesetzlicher Vertreter zu vertreten hat.

Zugelassen werden können Auszubildende auch vor Ablauf der Ausbildungszeit, wenn dies die Leistungen rechtfertigen, d.h. in besonderen Fällen kann die Ärztekammer auf Antrag der Auszubildenden vorzeitig zur Prüfung zulassen, wenn aufgrund überdurchschnittlicher Leistungen (z.B. u.a. Durchschnitt der Berufsschulnote) zu erwarten ist, dass das Ausbildungsziel in der verkürzten Zeit erreicht werden kann. Die konkreten Zulassungsvoraussetzungen sind hierfür bei der zuständigen Ärztekammer zu erfragen.

Personen, die mindestens das 1,5-fache der Ausbildungszeit im Beruf der medizinischen Fachangestellten (Arzthelferin) tätig gewesen sind, und Personen, die an einer berufsbildenden Schule oder einer sonstigen Einrichtung entsprechend der Ausbildung zur medizinischen Fachangestellten ausgebildet worden sind, können ebenfalls zugelassen werden.

Die Anmeldung zur Prüfung muss schriftlich erfolgen. Hält die Ärztekammer die Zulassung zur Prüfung nicht für möglich, entscheidet der Prüfungsausschuss.

9.5.5 Prüfungsgegenstand

Durch die Abschlussprüfung ist festzustellen, ob die Prüfungsteilnehmerin die berufliche Handlungsfähigkeit erworben hat. In ihr soll der Prüfling nachweisen, dass er die erforderlichen beruflichen Fertigkeiten beherrscht, die notwendigen beruflichen Kenntnisse und Fähigkeiten besitzt und mit dem im Berufsschulunterricht zu vermittelnden, für die Berufsausbildung wesentlichen Lehrstoff vertraut ist. Die Ausbildungsordnung ist zugrunde zu legen.

9.5.6 Prüfungsaufgaben

Der Prüfungsausschuss beschließt die Prüfungsaufgaben sowie Musterlösungen, Bewertungshinweise und die zulässigen Arbeits- und Hilfsmittel auf der Grundlage der Ausbildungsordnung.

9.5.7 Nichtöffentlichkeit und Aufsicht

Die Prüfungen sind nicht öffentlich. Bei schriftlichen Prüfungen wird die Aufsicht durch die Ärztekammer in Absprache mit dem Prüfungsausschuss geregelt. Die Prüfung wird unter Leitung des Prüfungsausschussvorsitzenden abgenommen, hierbei kann sich der Prüfungsausschuss der Hilfe anderer Personen bedienen.

9.5.8 Ende der Ausbildung

Mit der Bekanntgabe des positiven Prüfungsergebnisses, regelmäßig am letzten Prüfungstag, endet das Ausbildungsverhältnis und damit auch die aus dem Ausbildungsverhältnis bestehende Rechtsbeziehung zwischen dem ausbildenden Arzt und der Auszubildenden, d.h. bei Verbleiben in der Praxis entsteht mit dem Folgetag automatisch ein unbefristetes Angestelltenverhältnis.

Ausbildenden werden im Einzelfall auf deren Verlangen die Ergebnisse der Abschlussprüfung von der Ärztekammer übermittelt.

Bei Nichtbestehen der Abschlussprüfung verlängert sich das Ausbildungsverhältnis auf Verlangen der Auszubildenden bis zur nächstmöglichen Prüfung, maximal um ein Jahr. Verlängerungsverträge können bei der zuständigen Ärztekammer angefordert werden.

9.5.9 Prüfungszeugnis

Nach bestandener Prüfung erhält die Prüfungsteilnehmerin ein Prüfungszeugnis und den Brief zur Medizinischen Fachangestellten einschließlich des Berufsprofils in deutscher, englischer und französischer Sprache und ist mit sofortiger Wirkung Medizinische Fachangestellte. Nach dem Berufsbildungsgesetz kann das Ergebnis berufsschulischer Leistungsfeststellung auf Antrag der Auszubildenden auf dem Abschlusszeugnis ausgewiesen werden.

10 Beiträge zu Einzelthemen

10.1 Gesundheitsförderung und Prävention

Wilfried Kunstmann

10.1.1 Definition

Prävention bezeichnet solche Maßnahmen, die angewandt werden, um die Gesundheit eines Menschen zu erhalten oder eine Krankheit an ihrem Ausbruch zu hindern. Das Wort „Prävention" entstammt dem lateinischen Wort *praeveniere* (= etwas zuvorkommen). Gesundheitsförderung dient der Erhaltung und Stärkung der Gesundheit.

10.1.2 Geschichtliche Entwicklung

In den letzten Jahren hat die Prävention in unserem Gesundheitswesen an Bedeutung gewonnen. Die Zunahme chronischer Erkrankungen, die Verlängerung der Lebenserwartung und der Wunsch nach vermehrter Lebensqualität, aber auch steigende Kosten bei der Behandlung von Krankheiten sowie ein verstärktes Gesundheitsbewusstsein sind die Faktoren, die diese Entwicklung begünstigen und vorantreiben.

Prävention ist dennoch keine neue Erfindung, vielmehr wurden schon immer Anstrengungen zur Heilung von Krankheiten von solchen begleitet, die dem Erhalt und der Stärkung von Gesundheit dienen. Letztere waren umso wichtiger, je geringer das Wissen über eine wirksame Behandlung von Krankheiten ausgeprägt war. So wussten die Griechen zwar nur wenig über die Entstehung und Behandlung der Malaria (lat.: mal'aria = schlechte Luft), dennoch wies bereits Hippokrates (460–370 v. Chr.) in seiner Schrift „Über Lüfte, Wasser und Örtlichkeiten" darauf hin, dass sie sich durch das Siedeln an trockenen erhöhten Stellen weitgehend vermeiden ließ. Die Griechen verehrten Asklepios als Gott der Heilkunst und seine Tochter Hygieia als Göttin der Gesundheitspflege. Die Medizin wurde bis ins 19. Jahrhundert hinein von der Galen'schen Säftelehre geprägt, nach der Krankheit aus einem Ungleichgewicht der vier Körpersäfte „schwarze und gelbe Galle", „Blut" und „Schleim" resultierte. Gesundheit konnte somit erlangt werden, indem diese in einem Gleichgewicht zueinander gehalten wurden. Ende des 18. Jahrhunderts befasste sich der Arzt Christoph Wilhelm Hufeland (1762–1836) in seiner Makrobiotik mit der Frage, wie sich das Leben verlängern ließe. Er kam neben verschiedenen Vorschlägen zu einem sinnvollen Umgang mit der Lebensenergie zu dem Ergebnis, dass „Vorsorgen besser als Heilen" sei. Noch bevor Robert Koch (1843–1910) das Cholera-Bakterium entdeckte, hatte der englische Allgemeinarzt John Snow (1813–1858) erkannt, dass die Krankheit durch verunreinigtes Wasser entstand und sich durch eine intelligente Frischwasserversorgung weitgehend vermeiden ließ.

War Prävention früher insbesondere deshalb bedeutsam, weil es noch weitgehend an kurativem Wissen mangelte, so ist sie es heute gerade deshalb, weil sich anhand des vorhandenen umfänglichen medizinischen Wissens viele Krankheiten durch Prävention verhindern oder in ihrem Verlauf zumindest abschwächen lassen.

10.1.3 Phasen

Abhängig vom Zeitpunkt der Intervention kann zwischen primärer, sekundärer und tertiärer Prävention unterschieden werden:

Bei den heute vorherrschenden Erkrankungen wie Krankheiten des Herz-Kreislaufsystems, Krebserkrankungen, Atemwegserkrankungen oder Erkrankungen des Stütz- und Bewegungsapparates handelt es sich um sog. chronische Krankheiten. Diese sind nicht – wie z.B. Infektionskrankheiten – auf eine singuläre Ursache zurückzuführen, vielmehr entstehen sie in der Regel durch das längerfristige Zusammenwirken verschiedener sog. Risikofaktoren. Die **primäre Prävention** zielt deshalb darauf ab, frühzeitig auf einzelne Risikofaktoren, die für sich genommen noch keinen Krankheitswert besitzen, einzuwirken und dadurch das Risiko für die Entstehung einer Erkrankung zu senken. Zum Beispiel können durch Bewegungsförderung, eine gesunde Ernährung oder Tabakentwöhnung Faktoren, die für die Entstehung einer Herz-Kreislauf-Erkrankungen von zentraler Bedeutung sind, ausgeschaltet werden. So sinkt z.B. das Herzinfarkt-Risiko linear mit der Reduktion des Zigarettenkonsums. Durch eine ergonomische Gestaltung des Arbeitsplatzes und die Vermeidung einseitiger Belastungen lassen sich z.B. Erkrankungen des Stütz- und Bewegungsapparates reduzieren.

Eine weitere hochwirksame Präventionsmethode sind Impfungen, durch die ein umfassender Schutz vor übertragbaren Erkrankungen erlangt werden kann. Die geeigneten Impfungen werden von einer Sachverständigenkommission des Robert-Koch-Instituts (STIKO) in einem Impfkalender zusammengestellt.

Chronische Erkrankungen entwickeln sich i.d.R. zunächst symptom- und beschwerdefrei, weshalb ihnen oftmals über längere Zeit hinweg keine Aufmerksamkeit geschenkt wird. Die **sekundäre Prävention** zielt deshalb darauf ab, Krankheiten bereits in einem frühen symptomfreien Stadium zu erkennen und einer Behandlung zuzuführen. Ein Beispiel ist die seit 2004 in den Kanon der Leistungen der Gesetzlichen Krankenversicherung aufgenommene Koloskopie, durch die Darmkrebs bereits in seinen Frühstadien erkannt und Darmpolypen als potenzielle Vorformen maligner Zellverbände entfernt werden können.

Die **tertiäre Prävention** umfasst solche Maßnahmen, die nach einer abgeschlossenen Krankheitsbehandlung der Vermeidung einer Neuerkrankung dienen. Tertiäre Prävention wird oftmals mit dem Begriff der Rehabilitation gleichgesetzt. Die einzelnen Regelungen können insbesondere dem SGB V (Gesetzliche Krankenversicherung), dem SGB VI (Gesetzliche Rentenversicherung), SGB IX (Rehabilitation und Teilhabe behinderter Menschen) und SGB XI (Soziale Pflegeversicherung) entnommen werden.

Während die primäre, sekundäre und tertiäre Prävention immer in einem direkten Bezug zu einer präventierbaren Krankheit stehen, hat man seit den 1980er Jahren versucht, einen zusätzlichen Schwerpunkt auf den Erhalt und die Stärkung der Gesundheit zu legen. Neben die Erforschung der Entstehung von Krankheiten (Pathogenese) trat die Erforschung der Entstehung von Gesundheit (Salutogenese). In der Folge hat der Gesetzgeber der Gesetzlichen Krankenversicherung die Möglichkeit eingeräumt, Leistungen zur primären Prävention und zur Gesundheitsförderung anzubieten bzw. Versicherten die Kosten für die Teilnahme an solchen Maßnahmen zu erstatten.

10.1.4 Präventionsprogramme für Versicherte der Gesetzlichen Krankenversicherung

Der Gesetzgeber hat im SGB V festgelegt, auf welche Vorsorgeleistungen Versicherte der Gesetzlichen Krankenversicherung Anspruch haben:

◢ Auf der Grundlage des § 20 können die Gesetzlichen Krankenkassen Leistungen zur Gesundheitsförderung und primären Prävention anbieten bzw. Kosten für diese übernehmen.

◢ §§ 21–22 des SGB V dienen der Verhütung von Zahnerkrankungen durch Gruppen- und Individualprophylaxe.

◢ § 23 und § 24 umfassen unterschiedliche medizinische Vorsorgeleistungen, wie z.B. ambulante Kuren bei drohender Schwächung der Gesundheit und zur Krankheitsverhütung, Maßnahmen zur Empfängnisverhütung und Sterilisation.

◢ § 25 beinhaltet die Gesundheitsuntersuchungen, die der Früherkennung von Krebserkrankungen sowie Erkrankungen des Herz-Kreislaufsystems, von Nierenerkrankungen und des Diabetes mellitus dienen.

◢ § 26 regelt die Kinderuntersuchungen, durch die solche Krankheiten entdeckt werden sollen, die die körperliche oder geistige Entwicklung von Kindern in nicht geringfügigem Maße gefährden.

◢ Maßnahmen zur Schwangerschaftsvorsorge werden über die Richtlinien-Kompetenz des Gemeinsamen Bundesausschusses auf der Grundlage des § 92 SGB V geregelt.

◢ Zudem werden abhängig von regionalen Vereinbarungen zwischen Leistungserbringern und Kostenträgern die Kosten zur Erlangung eines umfassenden Impfschutzes durch die Gesetzliche Krankenversicherung übernommen.

In Richtlinien legt der Gemeinsame Bundesausschuss, bestehend aus Vertretern der Gesetzlichen Krankenversicherung und der Ärzteschaft sowie aus beratenden Patientenvertretern, fest, von welchem Kreis der Versicherten die genannten Vorsorgeuntersuchungen in welchen Abständen wahrgenommen werden können.

10.1.5 Risiken

Wenngleich der Nutzen von Vorsorgeuntersuchungen unbestritten ist, so können auch sie unerwünschte Nebenwirkungen hervorbringen. Sind die für die Identifikation einer Zielerkrankung ausgewählten Richtgrößen z.B. unscharf und die erhobenen Daten nur schwierig zu bewerten, kann dies sog. falsch positive oder falsch negative Befunde zur Folge haben. Fälschlicherweise diagnostizierte Erkrankungen sowie solche, die trotz erfolgter Vorsorgeuntersuchung nicht erkannt wurden, können für die betroffenen Patientinnen und Patienten mit gravierenden psychischen und körperlichen Folgen verbunden sein. Die verfügbaren Untersuchungsmethoden können zudem körperliche Risiken beinhalten, die den Nutzen der Untersuchung verringern oder gar konterkarieren. Auch ist zu bedenken, dass ein negativer Untersuchungsbefund zu vermehrter Sorglosigkeit verleiten und damit einer zukünftigen Krankheitsentstehung Vorschub leisten kann. Beispielhaft sei ein negatives HIV-Testergebnis angeführt.

Die dargestellten Probleme werden vom Gemeinsamen Bundesausschuss vor der Aufnahme neuer Untersuchungsprogramme in den Leistungskatalog der Gesetzlichen Krankenkassen auf der Grundlage wissenschaftlicher, ökonomischer und ethischer Überlegungen diskutiert und bewertet.

10.1.6 Maßnahmen der Gesundheitsförderung und Prävention

Erkrankungen können dadurch vermieden werden, dass man entweder das Verhalten des Einzelnen oder seine Lebensbedingungen wirksam und nachhaltig verändert. Zum Beispiel lässt sich der Tabakkonsum, der für eine Reihe chronischer Erkrankungen als zentraler Risikofaktor gilt, sowohl durch Aufklärung, Motivierung und Begleitung des Einzelnen als auch durch veränderte Rahmenbedingungen, wie z.B. Rauchverbote am

Arbeitsplatz oder Preiserhöhungen für Tabak, reduzieren. Es haben sich solche Präventionsmaßnahmen als am wirksamsten erwiesen, in denen ein verändertes Verhalten von veränderten Alltagsbedingungen gestützt wird.

10.1.7 Der Beitrag Medizinischer Fachangestellter zur Prävention und Gesundheitsförderung

Präventive Maßnahmen werden in der ärztlichen Praxis zukünftig weiter an Bedeutung gewinnen. Damit werden auch die Tätigkeiten und die Verantwortung Medizinischer Fachangestellter in diesem Bereich deutlich zunehmen. Dies betrifft insbesondere die Ansprache des Patienten auf Untersuchungen zur Krankheitsfrüherkennung sowie auf Maßnahmen zur Stärkung der Gesundheit und der Reduktion von Risikofaktoren. In enger Zusammenarbeit und Absprache mit dem Arzt können Risikofaktoren sowie Krankheitsfrühstadien identifiziert, der Patient über deren Bedeutung aufgeklärt und zur Verhaltensänderung motiviert werden. Da Verhalten sich nur in seltenen Fällen durch eine einmalige Ansprache verändern lässt, erfordert auch die Prävention eine kontinuierliche Patientenbegleitung, bei der der Medizinischen Fachangestellten eine wichtige Rolle zufällt.

In Anbetracht der Zunahme chronischer Erkrankungen in unserer Gesellschaft kann sich der Patientenkontakt in der ärztlichen Praxis nicht allein auf die Behandlung vorgetragener Beschwerdebilder beschränken, sondern muss auch das Gesundheitsverhalten des Patienten und seinen Umgang mit Risikofaktoren mit einbeziehen.

10.2 Qualitätssicherung und Qualitätsmanagement

Regina Klakow-Franck

Die Sicherstellung der Qualität der medizinischen Versorgung zählt zum Selbstverständnis der ärztlichen Berufsausübung. Zum Beispiel hat die Qualitätssicherung in der Neonatologie und Perinatalmedizin seit 1975 entscheidend zum Rückgang der Mütter- und Neugeborenensterblichkeit in Deutschland beigetragen. Im Jahr 1988 wurde die Qualitätssicherung ärztlicher Berufsausübung als eine der zentralen Aufgaben der Ärztekammern in der Musterberufsordnung der Ärzte verankert und in den Heilberufs- und Kammergesetzen der Länder flächendeckend umgesetzt. Nach der ärztlichen Berufsordnung sind die Ärztinnen und Ärzte dazu verpflichtet, an den von der Ärztekammer eingeführten Maßnahmen teilzunehmen (§ 5 der Musterberufsordnung). Seit dem Jahr 1996 bieten die Landesärztekammern auf Basis eines einheitlichen Curriculums Fortbildungen in Qualitätsmangement für Ärzte an, seit 2003 als Zusatz-Weiterbildung „Ärztliches Qualitätsmanagement".

10.2.1 Externe Qualitätssicherung

Im Gesundheitswesen wird traditionell zwischen interner und externer Qualitätssicherung unterschieden. Unter externer Qualitätssicherung werden Maßnahmen verstanden, die einen Vergleich mit anderen („externen") Versorgungseinrichtungen unter verschiedenen Kriterien gestatten.

Nach Avedis Donabedian wird in Struktur-, Prozess- und Ergebnisqualität unterschieden. Unter Strukturqualität sind dabei die Rahmenbedingungen bzw. insbesondere die personellen und materiellen Ressourcen zu verstehen, die zur Erbringung von medizinischer Versorgung zur Verfügung stehen. Die Qualifikation des Arztes und des medizinischen Personals stellen die entscheidenden Strukturqualitätsmerkmale der medizinischen Versorgung dar. Unter Prozessqualität wird die Qualität der Abläufe in der Patientenversorgung in den Blick genommen. Mit Ergebnisqualität ist der durch die medizinische Versorgung erzielte Gesundheitszustand des Patienten am Ende der Behandlung gemeint.

Externe Qualitätssicherungsverfahren sollten sich sowohl auf Struktur- und Prozessqualität sowie insbesondere auch auf die Ergebnisqualität der Patientenversorgung beziehen. Bekanntestes externes Qualitätssicherungsverfahren ist der bundesweite Qualitätsvergleich von stationären Leistungen durch die Bundesgeschäftsstelle Qualitätssicherung (BQS) gemäß § 137 SGB V. Auch die strukturierten Behandlungsprogramme bei chronischen Krankheiten gemäß § 137 f SGB V (Disease-Management-Programme) beinhalten extern vergleichende Qualitätssicherungsmaßnahmen.

10.2.2 Internes Qualitätsmanagement

Unter den internen Qualitätssicherungsmaßnahmen ist insbesondere das Qualitätsmanagement einer Versorgungseinrichtung zu verstehen.

Ursprünglich für die Industrie entwickelte Methoden des Qualitätsmanagements wurden früh von der Ärzteschaft aufgegriffen und für das Gesundheitswesen spezifiert bzw. weiterentwickelt. So gründeten Bundesärztekammer, Deutsche Krankhausgesellschaft und die Spitzenverbände der Krankenkassen im Jahr 2001 die Kooperation für Transparenz und Qualität im Gesundheitswesen (KTQ-GmbH), die ein Zertifizierungsverfahren für das Qualitätsmanagement in Krankenhäusern sowie seit 2004 auch ein Zertifizierungsverfahren für das Qualitätsmanagement in Arzt-, Zahnarzt- und Psychotherapeutenpraxen anbietet.

Systematisches Qualitätsmanagement basiert auf dem Regelkreis plan, do, check, act – planen, machen, überprüfen, verbessern. Hinter diesem einfachen, von William Edwards Deming entwickelten Regelkreis, der auch PDCA-Zyklus genannt wird, steht die Idee der kontinuierlichen Verbesserung. Für die Arztpraxis bedeutet die Einführung eines Qualitätsmanagementsystems die Umsetzung des PDCA-Regelkreises in denjenigen Punkten, die für die fachliche Qualität und Sicherheit der Patientenversorgung, die Serviceorientierung gegenüber den Patienten oder die Wirtschaftlichkeit der Praxis bedeutsam sind. Der Vorteil von systematischem Qualitätsmanagement besteht darin, die Überprüfung der Qualität routinemäßig von vornherein in die Abläufe hineinzuplanen, anstatt Fehler und Defizite am Ende ausgleichen zu müssen. Wesentliche Ziele sind:

◢ Orientierung an den Bedürfnissen der Patienten,
◢ adäquate Beteiligung und Motivation der Mitarbeiter,
◢ mögliche Effizienzsteigerung der Arbeitsabläufe,
◢ Vermeidung von Fehlern und Fehlerkosten.

Ein funktionierendes Teamwork ist basale Voraussetzung für die Zufriedenheit sowohl des Praxisteams als auch der Patienten.

10.2.3 Qualitätsmanagementsystem

Unter einem Qualitätsmanagementsystem sind nach der einschlägigen Deutschen Industrie-Norm, der DIN EN ISO 8402, alle erforderlichen Organisationsstrukturen, Verfahren, Prozesse und Mittel zu verstehen, die zur Umsetzung von Qualitätsmanagement benötigt werden. Zu den Einzelinstrumenten eines Qualitätsmanagementsystems, mit denen eine systematische Erfassung und kontinuierliche Verbesserung in den verschiedenen Bereichen der Praxis unterstützt wird, zählen Checklisten, Arbeitsanweisungen,

Arbeitsplatzbeschreibungen, Organigramme, Auditpläne etc., die üblicherweise in einem QM-Handbuch, das der zusammenfassenden Dokumentation der Aufbau- und Ablauforganisation der Einrichtung dient, zusammengeführt werden.

Je nach Vorkenntnissen des Praxisinhabers und des Praxispersonals kann die Einführung eines Qualitätsmanagements durchaus zeit- und/oder kostenaufwändig sein. Für Arztpraxen werden neben dem bereits oben erwähnten Zertifizierungsverfahren KTQ für den niedergelassenen Bereich derzeit verschiedene Qualitätsmanagementsysteme angeboten, z.b. das von der Kassenärztlichen Bundesvereinigung entwickelte Verfahren Qualität und Entwicklung in Praxen (QEP), das Europäische Praxisassessment (EPA), das Praxisqualitätsmanagementsystem der kassenärztlichen Vereinigung Westfalen-Lippe (KPQM), das Verfahren European Foundation for Quality Management (EFQM – Europäische Stiftung für Qualitätsmanagement) oder die Praxiszertifizierung nach DIN EN ISO 9001:2000.

10.2.4 Qualitätsmanagement-Richtlinie

Nachdem die Krankenhäuser bereits im Jahre 1989 sozialgesetzlich dazu verpflichtet wurden, ein einrichtungsinternes Qualitätsmanagement einzuführen, wurde diese Verpflichtung zum 01.01.2004 auch auf Vertragsärzte, Medizinische Versorgungszentren sowie Erbringer von Vorsorgeleistungen und Rehabilitationsmaßnahmen erweitert (§ 135 a Abs. 2 Nr. 2 SGB V). Gleichzeitig wurde vom Gesetzgeber festgelegt, dass die grundsätzlichen Anforderungen an ein einrichtungsinternes Qualitätsmanagement in Vertragsarztpraxen durch eine Richtlinie des Gemeinsamen Bundesausschusses (G-BA) bestimmt werden sollte (§ 136 a SGB V). Diese Richtlinie des G-BA (Qualitätsmanagement-Richtlinie) ist zum 01.01.2006 in Kraft getreten und verpflichtet Praxisinhaber, innerhalb von vier Jahren ein Qualitätsmanagementsystem einzuführen. Dabei ist der Praxisinhaber in der Wahl des Qualitätsmanagementsystems frei bzw. kann auch ein eigenes System einführen. Entscheidend ist, dass das ausgewählte Qualitätsmanagementsystem die grundsätzlichen Anforderungen der Richtlinie des G-BA erfüllt und im Falle der Stichprobenüberprüfung durch die Kassenärztlichen Vereinigungen die Einführung und die Funktionalität des Qualitätsmanagementsystems in der Praxis nachgewiesen werden kann. Zu den grundsätzlichen Anforderungen zählt u.a., dass das Qualitätsmanagementsystem die Bereiche Patientenversorgung, Patientensicherheit und Patientenmitwirkung, Praxisführung, Mitarbeiter und Organisation abdeckt.

Wesentliche Inhalte der QM-Richtlinie für die vertragsärztliche Versorgung [nach www.aezq.de]:

§§	Thema
1	**Zweck der Richtlinie:** Definition der Anforderungen an internes Qualitätsmanagement in der vertragsärztlichen Versorgung
2	**Ziele eines einrichtungsinternen QM:** • Qualitätssicherung und -verbesserung • Systematische Patientenorientierung • Erhöhung der Arbeitszufriedenheit von Praxisleitung und -mitarbeitern • Identifikation und Darlegung relevanter Abläufe • Erkennen von Risiken, Vermeidung von Problemen • Objektivierung, Messung von Versorgungsergebnissen • Einbeziehen von Beteiligten: strukturierte Kooperation an den Nahtstellen der Versorgung
3	**Grundelemente eines einrichtungsinternen QM:** • Ausrichtung der Versorgung an aktuellen fachlichen Standards und Leitlinien • Patientenorientierung, Patientensicherheit, Patientenmitwirkung, Patienteninformation und -beratung • Strukturierung von Behandlungsabläufen • Regelung von Verantwortlichkeiten • Mitarbeiterorientierung (z.B. Arbeitsschutz, Fort- und Weiterbildung) • Praxismanagement (z.B. Terminplanung, Datenschutz, Hygiene, Fluchtplan) • Gestaltung von Kommunikationsprozessen (intern/extern) und Informationsmanagement • Kooperation und Management an den Nahtstellen der Versorgung • Integration bestehender Qualitätssicherungsmaßnahmen in das interne Qualitätsmanagement.
4	**Instrumente eines einrichtungsinternen QM:** • Festlegung von konkreten Qualitätszielen für die einzelne Praxis, Ergreifen von Umsetzungsmaßnahmen, systematische Überprüfung der Zielerreichung und erforderlichenfalls Anpassung der Maßnahmen • Regelmäßige, strukturierte Teambesprechungen • Prozess- und Ablaufbeschreibungen, Durchführungsanleitungen • Patientenbefragungen, nach Möglichkeit mit validierten Instrumenten • Beschwerdemanagement • Organigramm, Checklisten • Erkennen und Nutzen von Fehlern und Beinahefehlern zur Einleitung von Verbesserungsprozessen • Notfallmanagement • Dokumentation der Behandlungsverläufe und der Beratung • Qualitätsbezogene Dokumentation (z.B. Qualitätsziele, Umsetzungsmaßnahmen, Zielerreichung)

§§	Thema
5	**Zeitrahmen für die Einführung des internen QM:** • Existierende Einrichtungen: bis Ende 2009 • Neue Einrichtungen: innerhalb von 4 Jahren
6	**Einführung und Weiterentwicklung:** • Einführung: „Planung" (2 Jahre), „Umsetzung" (2 Jahre), „Überprüfung" (Selbstbewertung) • Fortlaufende Weiterentwicklung: jährliche Selbstbewertung
7	**QM-Kommissionen der KVen:** • Bewerten, Dokumentieren QM-Einführung/-Weiterentwicklung • Stellen Bewertungs-Ergebnisse dem G-BA über die KBV zur Verfügung
8	**Darlegung:** • Schriftliche Berichtspflicht an QM-Kommission (jährl. Stichprobe von mindestens 2,5% der Vertragsärzte) • Ggf. Beratung des Vertragsarztes
9	**Evaluation (im Jahr 2011 durch G-BA):** • Evaluation von Verbreitung, Wirksamkeit, Nutzen des QM • Entscheidung über Akkreditierung von QM-Systemen und möglichen Sanktionen für Vertragsärzte

10.2.5 Praxiszertifizierung

Unter einer Zertifizierung versteht man ein Verfahren, in dem ein (unparteiischer) Dritter schriftlich bestätigt, dass ein Erzeugnis, ein Verfahren, eine Dienstleistung oder eine Organisation in ihrer Gesamtheit vorgeschriebene Anforderungen erfüllt.

Eine Praxiszertifizierung ist vom Gesetzgeber nicht vorgeschrieben worden, sondern bleibt vorerst freiwillig. Allerdings hat sich der Gemeinsame Bundesausschuss die Möglichkeit vorbehalten, nach Abschluss der Einführungs- und Evaluationsphase hierüber zu entscheiden.

Derzeit ist eine Zertifizierung des Qualitätsmanagements in der Arztpraxis nach verschiedenen Verfahren möglich. Hierunter sind die Zertifizierungsverfahren nach KTQ, nach DIN EN ISO 9001:2000 und nach EFQM hervorzuheben. Die Zertifizierung einer Arztpraxis z.B. nach KTQ – hier Visitation genannt – gliedert sich in die drei aufeinanderfolgenden Phasen: Selbstbewertung, Fremdbewertung und Zertifikatsvergabe bzw. Veröffentlichung des Qualitätsberichts. Im Mittelpunkt der Selbstbewertung durch das Praxisteam sowie der Fremdbewertung durch die Visitoren stehen die Aspekte Patientenorientierung, Führung der Praxis, Sicherstellung der Mitarbeiterorientierung, Sicherheit in der Praxis,

Informationswesen und Aufbau des Qualitätsmanagements. Aus Gründen der Praktikabilität werden einfachere Einzelaspekte, wie z.b. Fragen zur Bereitstellung von Sprechstundenmaterialien oder zum Umweltschutz, checklistenartig mit Ja-/Nein-Fragen abgefragt. Bei komplexeren oder sensibleren Aspekten, z.b. im Zusammenhang mit Fragen zur Praxisführung oder Personalentwicklung, muss das Praxisteam jedoch eine Selbsteinschätzung auf Basis des PDCA-Zyklus abgeben, d.h. realistisch einstufen, in welcher Phase der Einführung seines Qualitätsmangementsystems – planen, machen, überprüfen, verbessern – es sich befindet. Die Fremdbewertung wird im Rahmen des KTQ –Verfahrens von geschulten Visitoren – praktizierende Ärzte und Medizinische Fachangestellte – durchgeführt. Nach erfolgreicher Fremdbewertung erfolgt eine öffentliche Zertifikatübergabe. Das Zertifikat hat drei Jahre Gültigkeit und ist mit der Veröffentlichung eines Praxis-Qualitätsberichts verbunden.

Unabhängig davon, welches Praxiszertifikat angestrebt wird, wird erfahrungsgemäß durch die Aussicht auf ein Zertifikat, das Dritten gegenüber (Patienten, Krankenkassen, Kassenärztlichen Vereinigungen) als Beleg der Qualität dienen kann, die Motivation zur Einführung eines Qualitätsmanagementsystems erhöht. Aufbauprozesse, wie z.B. die Schulung von Mitarbeitern oder die Einübung von Teamarbeit, werden im Zuge einer stringenten Vorbereitung auf eine Zertifizierung unterstützt.

10.2.6 Fazit

Die Einführung von Qualitätsmanagement in die Praxis mit ggf. anschließender Zertifizierung kann entscheidend zur Steigerung der Zufriedenheit des gesamten Praxisteams und der Patienten beitragen, wenn Qualitätsmanagement auf der Basis der Freiwilligkeit gewollt und gelebt wird und einmal angestoßene Verbesserungen, wie z.B. die Einführung eines konsequenten Beschwerdemanagements, in einen selbstverständlichen kontinuierlichen Veränderungsprozess münden. Allerdings ist der Sozialgesetzgeber in den letzten zehn Jahren zunehmend dazu übergegangen, freiwillige Qualitätssicherungs- und Qualitätsmanagementmaßnahmen verbindlich zu machen, um hiermit die Versorgung steuern zu können. Wird die Einführung von Qualitätsmanagement jedoch nur als Umsetzung einer gesetzlichen oder bürokratischen Pflicht erfahren, wird der Aufwand den Nutzen überwiegen.

10.3 Fortbildung

10.3.1 Definition

Die ständige Aktualisierung des Wissens gehört zu den grundlegenden Berufspflichten aller Angehörigen von Gesundheitsberufen. Jeder Berufstätige hat im Interesse einer optimalen Patientenversorgung eigenverantwortlich für den Erhalt eines möglichst hohen Standards der Berufsausübung Sorge zu tragen. Dies gilt gerade in der heutigen Zeit eines rasanten Wandels in Medizin und Technik und in den Versorgungsstrukturen.

Begrifflich unterscheidet das Berufsbildungsgesetz (BBiG) zwischen Anpassungs- und Aufstiegsfortbildung: **Anpassungsfortbildung** ist der Erhalt und die Erweiterung beruflicher Kenntnisse, Fertigkeiten und Fähigkeiten; die **Aufstiegsfortbildung** dient der Höherqualifizierung.

10.3.2 Aufstiegsfortbildung

Für die Aufstiegsfortbildung können die Ärztekammern als die für die berufliche Aus- und Fortbildung der Medizinischen Fachangestellten „zuständigen Stellen" Maßnahmen und Prüfungen durchführen; sie müssen den besonderen Erfordernissen beruflicher Erwachsenenbildung entsprechen. Die Ärztekammer regelt gemäß BBiG Inhalt, Ziel und Anforderungen der Prüfung, das Verfahren und die Zulassungsvoraussetzungen und errichtet Prüfungsausschüsse.

10.3.3 Anpassungsfortbildung

Für die Anpassungsfortbildung ist eine alleinige rechtliche Zuständigkeit der Ärztekammern nicht gegeben; hier herrscht eine pluralistische Angebotsvielfalt verschiedener Träger.

Die Fortbildungsakademien und -einrichtungen der Ärztekammern bieten ein reichhaltiges Angebot für die Anpassungs- und Aufstiegsfortbildung der Medizinischen Fachangestellten an. Es umfasst zum einen Kurse, Tages- und Refresher-Seminare, z.B. in den Bereichen Abrechnung, EDV, Kommunikation, Wundversorgung, Erste Hilfe, Labor, Praxismanagement oder beim Umgang mit „schwierigen" Patienten.

Ein weiterer Schwerpunkt sind Fortbildungskurse im Umfang von 60–160 Stunden zur Spezialisierung in bestimmten medizinischen Fachbereichen, z.B. in der Onkologie, dem ambulanten Operieren, der Pneumologie, der Dialyse, im Strahlenschutz, in der Arbeitsmedizin oder der gastroenterologischen Endoskopie. Für einige dieser Angebote hat die Bundesärztekammer Muster-Curricula bearbeitet, weitere sind derzeit in Vorbereitung. Durch diese Kurse kann sich die Medizinische Fachangestellte für die Assistenz in einzelnen ärztlichen Fachgebieten – berufsbegleitend oder in Wochenblöcken – besonders qualifizieren. Die Kurse schließen mit einer Prüfung ab; die Medizinische Fachangestellte erhält ein Zertifikat.

10.3.4 Arztfachhelferin

Bereits seit 1975 wird von verschiedenen Ärztekammern die Aufstiegsfortbildung zur Arztfachhelferin durchgeführt. Diese Mitarbeiterin soll Ärzte insbesondere in größeren Praxen, Gemeinschaftspraxen und anderen Kooperationsformen im Verwaltungs-, organisatorischen und Personalbereich unterstützen und entlasten. Das Curriculum umfasst 400 Stunden, davon 280 Stunden in den Bereichen Praxis- und Qualitätsmanagement, Ausbildung und Personalführung, betriebswirtschaftliche Grundlagen der Praxisführung, Informations- und Kommunikationstechnologie und Notfallmanagement sowie 120 Stunden im Bereich Medizin. Der medizinische Schwerpunkt ist je nach Praxisanforderung im Modulform frei wählbar, z.B. aus dem Angebot der o.g. Fortbildungskurse. Die Maßnahmen schließen mit einer Kammerprüfung ab; es wird der Arztfachhelferinnen-Brief ausgestellt. Im Zuge der neugeordneten Medizinischen Fachangestellten werden die Inhalte und die Bezeichnung mittelfristig aktualisiert werden müssen.

10.3.5 Betriebswirtin für Management im Gesundheitswesen

Mit großem Erfolg führt die Ärztekammer Schleswig-Holstein seit dem Jahr 2001 eine 800-Stunden-Fortbildung zur „Praxismanagerin" durch, seit 2005 fortgeführt als „Betriebswirtin für Management im Gesundheitswesen". Der Abschluss qualifiziert insbesondere zu Führungspositionen im Management größerer oder vernetzter/kooperativer Versorgungseinrichtungen. Zusätzlich ermöglicht er Medizinischen Fachangestellten den Übergang in den fachhochschulischen Bereich.

Ein systematischer Überblick über die Bildungswege der Medizinischen Fachangestellten ist in Abbildung 10.1 dargestellt.

10.3.6 Begabtenförderung berufliche Bildung

Die Mehrzahl der Ärztekammern engagiert sich im Programm „Begabtenförderung berufliche Bildung" des Bundesbildungsministeriums. Medizinische Fachangestellte, die ihre Berufsabschlussprüfung mit besser als gut bestanden haben, erhalten dadurch die Möglichkeit einer bezuschussten Fortbildung, um die persönliche und berufliche

Entfaltung ihrer Handlungskompetenz zu fördern. Die Altersgrenze liegt bei 25 Jahren (s. www.begabtenfoerderung.de).

10.3.7 E-Learning

Eine Form der Fortbildung mit wachsender Bedeutung ist das E-Learning. Es ist sowohl in der Anpassungs- wie Aufstiegsfortbildung anwendbar. Seine Vorteile liegen in einer flexiblen, zeitlich unabhängigen Nutzung durch den Teilnehmer, was besonders das selbstgesteuerte und eigenverantwortliche Lernen fördert. Allerdings ist – je nach Umfang und Thema – eine Kombination mit Präsenzphasen in Form von Kursen sinnvoll (sog. blended learning) und eine gute Betreuung der Teilnehmer während der Telelernphasen wichtig. Bundesärztekammer und Landesärztekammern sind dabei, im Rahmen eines Modellvorhabens ein Angebot in den Bereichen Praxismanagement, Qualitätsmanagement und Kommunikation aufzubauen, um das zukunftsträchtige Medium auch für Medizinische Fachangestellte nutzen zu können (s. www.learn-art.de).

Die folgende Abbildung stellt die Bildungswege der Medizinischen Fachangestellten im Überblick dar:

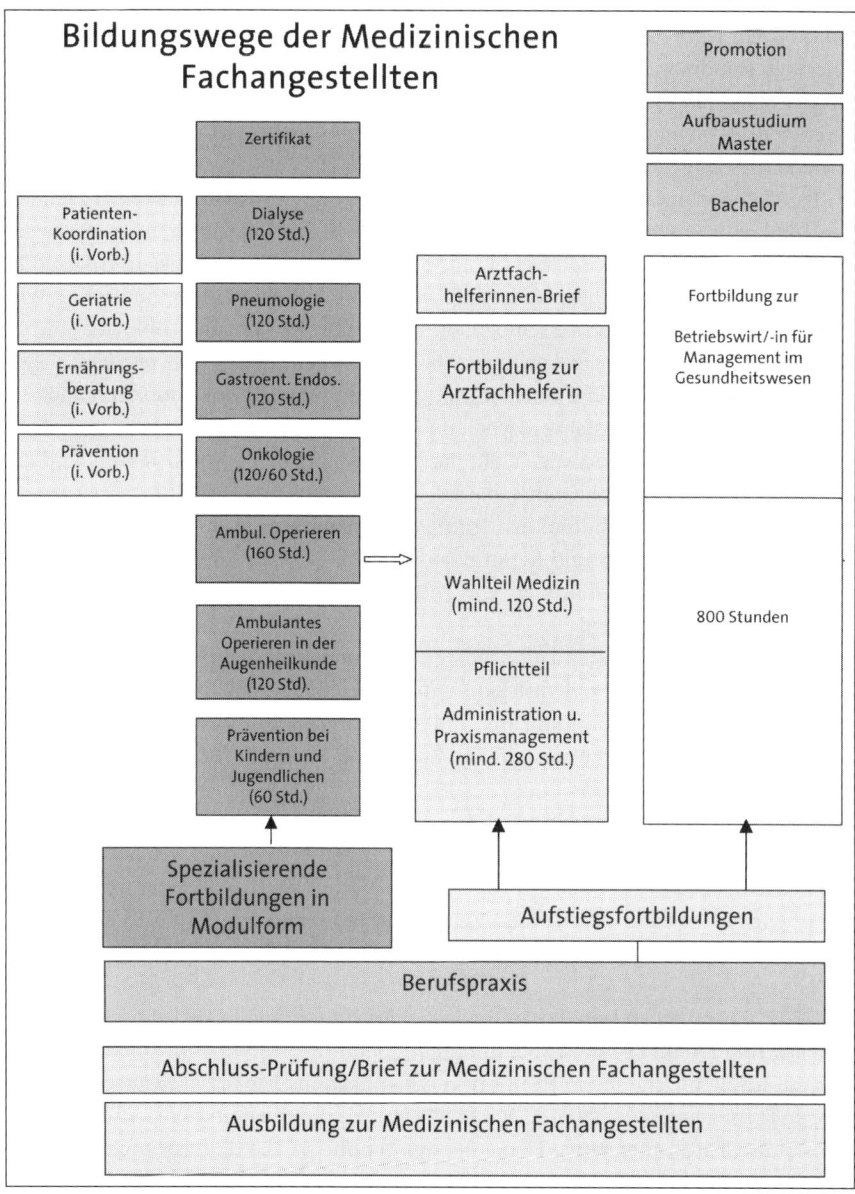

Abb. 10.1: Bildungswege der Medizinischen Fachangestellten im Überblick

10.4 Berufliche Handlungskompetenz

Die berufliche Handlungsfähigkeit ist übergeordnetes Ziel der Berufsbildung. Mit diesem Konzept wird versucht, eine „Passung" zwischen den modernen Erfordernissen in einer sich ständig wandelnden Wirtschafts- und Arbeitswelt, den Bildungsansprüchen junger Menschen an eine zukunftsfähige Vorbereitung auf das gesellschaftliche und berufliche Leben und den Vermittlungsbedingungen in Betrieb und Berufschule zu erreichen.

Berufliche Handlungsfähigkeit realisiert sich im betrieblichen Gesamtzusammenhang und schließt selbstständiges Planen, Durchführen und Kontrollieren/Bewerten ein. Hierfür ist ein Bündel verschiedener Kompetenzen notwendig. In neueren Ansätzen in der Bildungsforschung werden sie als Fähigkeiten, Fertigkeiten, Denkmethoden und Wissensbestände des Menschen verstanden, die ihm bei der Bewältigung konkreter, sowohl vertrauter als auch neuartiger Arbeitsaufgaben selbstorganisiert, aufgabengemäß, zielgerichtet, situationsbedingt und verantwortungsbewusst – oft in Kooperation mit anderen – handlungs- und reaktionsfähig machen und sich in der erfolgreichen Bewältigung konkreter Arbeitsanforderungen zeigen. Für die Beschreibung dieser Kompetenzen wird ein mehrdimensionales Modell benutzt, das folgende Bereiche unterscheidet:

◢ **Fachkompetenz:** organisations-, prozess-, aufgaben- und arbeitsplatzspezifische berufliche Fertigkeiten und Kenntnisse sowie die Fähigkeit, organisatorisches Wissen sinnorientiert einzuordnen und zu bewerten, Probleme zu identifizieren und Lösungen zu generieren;

◢ **Methodenkompetenz:** situationsübergreifend und flexibel einzusetzende kognitive Fähigkeiten, z.B. zur Problemstrukturierung oder zur Entscheidungsfindung;

◢ **Sozialkompetenz:** kommunikativ und kooperativ selbstorganisiert zum erfolgreichen Realisieren oder Entwickeln von Zielen und Plänen in sozialen Interaktionssituationen zu handeln;

◢ **Selbstkompetenz:** sich selbst einzuschätzen und Bedingungen zu schaffen, um sich im Rahmen der Arbeit zu entwickeln, die Offenheit für Veränderungen, das Interesse aktiv zu gestalten und mitzuwirken und die Eigeninitiative, sich Situationen und Möglichkeiten dafür zu schaffen. (Vgl. hierzu: Kauffeld, S. und Grote, S.: Kompetenz – ein strategischer Wettbewerbsfaktor. In: Personal (2002), 11, S. 30–32.)

Das Ziel der beruflichen Handlungsfähigkeit gilt nicht nur für die Medizinische Fachangestellte, sondern für alle rund 350 Ausbildungsberufe in Deutschland. Es hat zur Folge, dass im Ausbildungsrahmenplan nur noch Qualifikationsziele bzw. gewünschte Ergebnisse in Form von Endverhalten („outcome") festgelegt werden und Wissensbestandteile als „mittelbare", integrative Elemente von beruflicher Handlungskompetenz nicht mehr ausdrücklich ausgewiesen sind. Deshalb wurden z.B. im Bereich der Berufsbildposition „Mitwirken bei Diagnostik und Therapie unter Anleitung und Aufsicht des Arztes oder der Ärztin" die hierfür notwendigen medizinischen Grundlagen in Anatomie, Pathologie, Physiologie und über die einzelnen Organbereiche nicht mehr in Gänze – in Form einer Fachsystematik, wie bisher – aufgeführt. In den Erläuterungen hierzu wird deshalb versucht, notwendiges medizinisches Wissen den jeweiligen Lernzielen bzw. Handlungszusammenhängen zuzuordnen.

10.5 Kooperative Formen der Berufsausbildung

Roswitha Hoerschelmann

Die Medizinische Fachangestellte wird hauptsächlich in der Praxis des niedergelassenen Arztes, zunehmend auch in Krankenhäusern sowie in sonstigen Einrichtungen des Gesundheitswesens, die sich für die Berufsausbildung eignen, ausgebildet.

Für einen anerkannten Ausbildungsberuf darf nur nach der Ausbildungsordnung ausgebildet werden. Der ausbildende Arzt muss sich im Ausbildungsvertrag verpflichten, die Berufsausbildung in einer durch ihren Zweck gebotenen Form planmäßig, zeitlich und sachlich gegliedert so durchzuführen, dass das Ausbildungsziel in der vorgesehenen Ausbildungszeit erreicht werden kann (vgl. §§ 5, 6 der Ausbildungsverordnung, Kap. 4). Dies bedeutet, dass *alle* im Ausbildungsrahmenplan enthaltenen Ausbildungsinhalte zu vermitteln sind.

Dieser rechtlichen Vorgabe steht der Tatsache gegenüber, dass die ärztliche Tätigkeit durch einen hohen Grad von Spezialisierung gekennzeichnet ist: Nach der Muster-Weiterbildungsordnung für Ärztinnen und Ärzte ist die praktische ärztliche Tätigkeit in 32 Fachgebiete unterteilt, die auch noch unterschiedliche Schwerpunkte haben.

Da die Ausbildung über den Weg der Integration der Auszubildenden in den Praxisablauf erfolgt, wird hierdurch gleichzeitig eine Begrenzung auf das ärztliche Fachgebiet stattfinden. Die Auszubildende genießt zwar einerseits eine authentische und praxisnahe Ausbildung, erwirbt Handlungsfähigkeit und Berufserfahrung, allerdings hauptsächlich bezogen auf das Fachgebiet ihrer Ausbildungspraxis. Beide, ausbildender Arzt und Auszubildende, müssen aber, auch im Hinblick auf die Anforderungen in der Abschlussprüfung, den Anspruch auf eine inhaltlich vollständige Ausbildung im Auge behalten. Um den rechtlichen Ansprüchen der Verordnung und der Eignung von Ausbildungsstätten nach dem BBiG Genüge zu tun, müssen evtl. „Lücken" kompensiert werden. Hierfür eröffnet das BBiG folgende Möglichkeit: „Eine Ausbildungsstätte, in der die erforderlichen beruflichen Fertigkeiten, Kenntnisse und Fähigkeiten nicht im vollen Umfang vermittelt werden können, gilt als geeignet, wenn diese durch Ausbildungsmaßnahmen außerhalb der Ausbildungsstätte vermittelt werden." (§ 27 Abs. 2 BBiG)

Die Ärztekammer hat dies gemäß § 32 Abs. 1 BBiG zu überwachen; die Kosten für zusätzliche Maßnahmen hat der Arzt zu tragen. In der Ausbildungsordnung sind keine Kooperationsformen für die Durchführung der betrieblichen Ausbildung vorgeschrieben, da Ärzte jedes Fachgebietes Medizinische Fachangestellte ausbilden dürfen. Trotzdem sollte die Möglichkeit bzw. Notwendigkeit ergänzender Maßnahmen geprüft werden. Hierfür kommen folgende Kooperationsformen in Betracht:

10.5.1 Überbetriebliche Ausbildung

Im Berufsbildungsgesetz ist dazu eine Legaldefinition des Begriffs eingeführt worden: „Teile der Ausbildung werden in geeigneten Einrichtungen außerhalb der Ausbildungsstätte durchgeführt, wenn und soweit es die Berufsausbildung erfordert." (§ 5 Abs. 2 Nr. 6 BBiG)

Daraus ergibt sich, dass die überbetriebliche Ausbildung im Rahmen der dualen Ausbildung der betrieblichen Ausbildung zugeordnet ist und nicht der Berufsschule. Der Ausbildungsbetrieb nutzt die überbetriebliche Ausbildung, um „in seinem Auftrag" die vorgeschriebenen Ausbildungsinhalte vermitteln zu lassen, die in seinem Ausbildungsbetrieb nur schwer oder gar nicht vermittelt werden können. Viele Arztpraxen, insbesondere diejenigen, die zu den sog. kleinen Fachgebieten gehören, sind eigentlich auf eine überbetriebliche Ausbildung angewiesen, um ihre Ausbildungspflicht erfüllen zu können. Eine vollständige Vermittlung aller erforderlichen Ausbildungsinhalte ist dort nur mit ganz außergewöhnlichen Maßnahmen und nicht geringem Kosteneinsatz zu realisieren.

Die Ärztekammern Hessen, Schleswig-Holstein und Rheinland-Pfalz bieten eine überbetriebliche Ausbildung an.

10.5.2 Ausbildungsverbund

Der Ausbildungsverbund ist die klassische Kooperationsform. Bei einem Ausbildungsverbund schließen sich mehrere Betriebe über einen Kooperationsvertrag zusammen, um gemeinsam eine Ausbildung in anerkannten Ausbildungsberufen durchzuführen. Der Zusammenschluss kann, vor dem Hintergrund der Eignung als Ausbildungsstätte, zwingend sein, wenn der einzelne Betrieb nicht alle Ausbildungsinhalte vermitteln kann und/oder alleine nicht ausbilden darf. Für diesen Fall sehen einige Landesprogramme Fördergelder vor. Die Durchführung einer Verbundausbildung kann aber auch das Ziel haben, die Ausbildung inhaltlich zu komplettieren oder – im Idealfall – die Ausbildung durch fachübergreifende Vermittlung zu bereichern. Es existieren verschiedene Modelle der Verbundausbildung. So können sich ein **Stammbetrieb**, der die Auszubildende einstellt und den maßgebenden Einfluss auf die Durchführung der Ausbildung hat, und ein bis zwei Partnerbetriebe zusammenschließen. Bei einem sog. **Konsortium** schließen sich zwei bis drei Ausbildungsbetriebe zusammen, die eigenverantwortlich jeweils eine Auszubildende einstellen und die Auszubildenden nach einem vereinbarten Zeitplan rotieren lassen. Dem (vermeintlichen) Nachteil, ständig wechselnde Auszubildende belasteten die Praxisorganisation, stehen zahlreiche Vorteile gegenüber:

◢ besseres Verständnis für medizinische Zusammenhänge,

◢ fachliche Weiterentwicklung,

◢ positive Auswirkungen auf die berufsschulischen Leistungen und die Prüfungsergebnisse,

◢ neue Erkenntnisse für die Betriebsorganisation,

◢ positive Entwicklung der Persönlichkeit der Auszubildenden,

◢ positive Auswirkungen auf den Umgang mit dem Arzt,

◢ positive Auswirkungen auf den Umgang mit vorgesetzten Arzthelfer/innen und
   anderen Auszubildenden,

◢ positive Auswirkungen auf den Umgang mit Patienten,

◢ bei geplanter Einstellung können die Ärzte unter zwei bis drei Auszubildenden auswählen.

Vertragliche Sondervereinbarungen und eine besondere Auswahl der Auszubildenden
sind notwendig.

10.5.3 Rotation

Die Kooperationsform Rotation wird sich in der Regel innerhalb eines Ausbildungsver-
bundes realisieren lassen (s. Kap. 10.5.2).

10.5.4 Hospitation

Bei der Kooperationsform Hospitation handelt es sich um eine sog. gemäßigte Form der
Verbundausbildung. Anders als beim Ausbildungsverbund findet ein Zusammenschluss
nicht für die gesamte Dauer der Ausbildung statt, sondern nur für eine punktuelle Ent-
sendung. Der Hauptanwendungsfall ist die Ausbildung in Krankenhäusern oder anderen Einrichtungen im Gesundheitswesen. Ist die Vermittlung einzelner Inhalte in der
Institution nicht möglich, erfolgt die Ergänzung im Rahmen der Hospitation, entweder
in der Praxis eines niedergelassenen Arztes oder einer anderen geeigneten Einrichtung.

10.5.5 Außerbetriebliche Ausbildung

Auch dazu ist eine Legaldefinition des Begriffs im Berufsbildungsgesetz genannt: „Ausbildung in Berufsbildungseinrichtungen, außerhalb der schulischen und betrieblichen
Berufsausbildung." (§ 2 Abs. 1 Nr. 3 BBiG)

Hierunter ist die zumeist mit staatlicher Förderung finanzierte Erstausbildung in
einem anerkannten Ausbildungsberuf zu verstehen, die nicht in der herkömmlichen
Form der betrieblichen Ausbildung erfolgt. Vertragspartner der Auszubildenden ist

zumeist eine Bildungseinrichtung, die die Ausbildung inhaltlich und organisatorisch steuert, die Ausbildungsvergütung bezahlt und dafür sorgt, dass die fachpraktische Ausbildung in einer geeigneten Ausbildungsstätte (z.B. Praxis eines niedergelassenen Arztes) erfolgt.

10.5.6 Zusätzliche Qualifizierung in der Ausbildung (Fortbildung)

Nicht wenige Ausbildungsbetriebe, insbesondere größere Einheiten wie Praxisnetze und medizinische Versorgungszentren, schließen auch ihre Auszubildenden von regelmäßig durchgeführten internen Fortbildungsmaßnahmen nicht aus. Diese zielen weniger auf ein Ergänzen der notwendigen Ausbildungsinhalte gemäß Verordnung ab, sondern richten sich gerade auf das (spezialisierte) Leistungsangebot der Praxis. Damit ist ein wünschenswerter Wissenszuwachs, insbesondere wenn es sich um vielfältige Angebote für mehrere Fachgebiete handelt, verbunden.

Eine Fortbildung, die häufig während der Ausbildung durchgeführt wird, ist der Erwerb der erforderlichen Kenntnisse gemäß § 24 der Röntgenverordnung.

Anhang

Musterprüfungsordnung für die Durchführung von Abschlussprüfungen

IM AUSBILDUNGSBERUF DES „MEDIZINISCHEN FACHANGESTELLTEN/DER MEDIZI-
NISCHEN FACHANGESTELLTEN"

Empfehlung des Vorstandes der Bundesärztekammer vom 28.04.2006 an die Landesärztekammern

Auf Grund des Beschlusses ihres Berufsbildungsausschusses vom ... 2006 erlässt die Ärztekammer ... als zuständige Stelle hiermit gemäß § 71 Abs. 6 i. V. m. §§ 47 Satz 1 und 79
Abs. 4 Berufsbildungsgesetz (BBiG) vom 23. März 2005 (BGBl. I S. 931 ff.) unter Berücksichtigung der Richtlinien des Bundesausschusses für Berufsbildung vom ...* sowie
unter Berücksichtigung der Verordnung über die Berufsausbildung zum Medizinischen
Fachangestellten/zur Medizinischen Fachangestellten vom 26. April 2006; BGBl. Teil I
Nr. 22 die folgende Prüfungsordnung für die Durchführung von Abschlussprüfungen:

I. ABSCHNITT
Prüfungsausschüsse

§ 1
Errichtung

(1) Für die Abnahme der Abschlussprüfung errichtet die Ärztekammer Prüfungsausschüsse (§ 39 Abs. 1 BBiG).

(2) Bei Bedarf, insbesondere bei einer großen Anzahl von Prüflingen, können mehrere Prüfungsausschüsse errichtet werden. Werden mehrere Prüfungsausschüsse errichtet, sollen Sitz und Zusammensetzung der Ausschüsse nach regionalen Gesichtspunkten
bestimmt werden.

---

* Nennung unter Vorbehalt der Verabschiedung

§ 2
Zusammensetzung und Berufung

(1) Der Prüfungsausschuss besteht aus mindestens drei Mitgliedern. Die Mitglieder müssen für die Prüfungsgebiete sachkundig und für die Mitwirkung im Prüfungswesen geeignet sein (§ 40 Abs. 1 BBiG).

(2) Dem Prüfungsausschuss müssen als Mitglieder Ärzte/Ärztinnen als Beauftragte der Arbeitgeber/Arbeitgeberinnen, Arzthelfer/Arzthelferinnen oder Medizinische Fachangestellte als Beauftragte der Arbeitnehmer/Arbeitnehmerinnen in gleicher Zahl sowie mindestens eine Lehrkraft einer berufsbildenden Schule angehören. Mindestens zwei Drittel der Gesamtzahl der Mitglieder sind Beauftragte der Arbeitgeber und der Arbeitnehmer (§ 40 Abs. 2 Satz 1 und 2 BBiG). Von dieser Zusammensetzung darf nur abgewichen werden, wenn anderenfalls die erforderliche Zahl von Mitgliedern des Prüfungsausschusses nicht berufen werden kann (§ 40 Abs. 5 BBiG).

(3) Die Mitglieder haben Stellvertreterinnen und Stellvertreter (§ 40 Abs. 2 Satz 3 BBiG).

(4) Die Mitglieder und stellvertretenden Mitglieder werden von der Ärztekammer längstens für fünf Jahre berufen (§ 40 Abs. 3 Satz 1 BBiG).

(5) Die Beauftragten der Arbeitnehmer werden auf Vorschlag der im Bereich der Ärztekammer bestehenden Gewerkschaften und selbständigen Vereinigungen von Arbeitnehmern mit sozial- und berufspolitischer Zwecksetzung berufen (§ 40 Abs. 3 Satz 2 BBiG).

(6) Lehrkräfte von berufsbildenden Schulen werden im Einvernehmen mit der Schulaufsichtsbehörde oder der von ihr bestimmten Stelle berufen (§ 40 Abs. 3 Satz 3 BBiG)

(7) Werden Mitglieder nicht oder nicht in ausreichender Zahl innerhalb einer von der Ärztekammer gesetzten angemessenen Frist vorgeschlagen oder wird das Einvernehmen zu einer Berufung nach Abs. 6 nicht hergestellt, so beruft die Ärztekammer insoweit nach pflichtgemäßem Ermessen (§ 40 Abs. 3 Satz 4 BBiG).

(8) Die Mitglieder und stellvertretenden Mitglieder der Prüfungsausschüsse können nach Anhören der an ihrer Berufung Beteiligten aus wichtigem Grund abberufen werden (§ 40 Abs. 3 Satz 5 BBiG).

(9) Die Tätigkeit im Prüfungsausschuss ist ehrenamtlich. Für bare Auslagen und für Zeitversäumnis ist, soweit eine Entschädigung nicht von anderer Seite gewährt wird, eine angemessene Entschädigung zu zahlen, deren Höhe von der Ärztekammer mit Genehmigung der obersten Landesbehörde festgesetzt wird (§ 40 Abs. 4 BBiG).

§ 3
Ausschluss/Befangenheit

(1) Bei der Zulassung und Prüfung dürfen Prüfungsausschussmitglieder nicht mitwirken, die z.B. mit dem Prüfling verheiratet oder verheiratet gewesen oder mit ihm in

gerader Linie verwandt oder verschwägert oder durch Annahme als Kind verbunden oder in der Seitenlinie bis zum dritten Grade verwandt oder bis zum zweiten Grade verschwägert sind, auch wenn die Ehe, durch welche die Schwägerschaft begründet ist, nicht mehr besteht. Im Übrigen findet § 20 VwVfG (Ausschluss), im Hinblick auf Befangenheit § 21 VwVfG Anwendung.

(2) Mitwirken soll ebenfalls nicht der ausbildende Arzt/die ausbildende Ärztin, soweit nicht besondere Umstände eine Mitwirkung zulassen oder erfordern.

(3) Prüfungsausschussmitglieder, die sich befangen fühlen, oder Prüflinge, die die Besorgnis der Befangenheit geltend machen wollen, haben dies der Ärztekammer mitzuteilen, während der Prüfung dem Prüfungsausschuss.

(4) Die Entscheidung über den Ausschluss von der Mitwirkung trifft die Ärztekammer, während der Prüfung der Prüfungsausschuss.

(5) Wenn infolge Ausschluss oder Befangenheit eine ordnungsgemäße Besetzung des Prüfungsausschusses nicht möglich ist, kann die Ärztekammer die Durchführung der Prüfung einem anderen Prüfungsausschuss, erforderlichenfalls einer anderen zuständigen Stelle übertragen. Das gleiche gilt, wenn eine objektive Durchführung der Prüfung aus anderen Gründen nicht gewährleistet erscheint.

§ 4
Vorsitz, Beschlussfähigkeit, Abstimmung

(1) Der Prüfungsausschuss wählt ein Mitglied, das den Vorsitz führt und ein weiteres Mitglied, das den Vorsitz stellvertretend übernimmt. Der/die Vorsitzende und das ihn/sie stellvertretende Mitglied sollen nicht derselben Mitgliedergruppe angehören (§ 41 Abs. 1 BBiG).

(2) Der Prüfungsausschuss ist beschlussfähig, wenn zwei Drittel der Mitglieder, mindestens drei, mitwirken. Er beschließt mit der Mehrheit der abgegebenen Stimmen. Bei Stimmengleichheit gibt die Stimme des vorsitzenden Mitglieds den Ausschlag (§ 41 Abs. 2 BBiG).

§ 5
Geschäftsführung

(1) Die Ärztekammer regelt im Benehmen mit dem Prüfungsausschuss dessen Geschäftsführung, insbesondere Einladungen, Protokollführung und Durchführung der Beschlüsse.

(2) Die Sitzungsprotokolle sind vom Protokollführer/von der Protokollführerin und vom vorsitzenden Mitglied zu unterzeichnen. § 22 Abs. 6 und 7 bleiben unberührt.

§ 6
Verschwiegenheit

Die Mitglieder des Prüfungsausschusses sowie Gäste gemäß § 16 Abs. 1 haben über alle Prüfungsvorgänge gegenüber Dritten Verschwiegenheit zu wahren. Dies gilt nicht gegenüber dem Berufsbildungsausschuss und der zuständigen Stelle. Ausnahmen von der Verpflichtung zur Verschwiegenheit bedürfen der Einwilligung der Ärztekammer.

II. Abschnitt
Vorbereitung der Prüfung

§ 7
Prüfungstermine

(1) Die Ärztekammer bestimmt in der Regel zwei für die Durchführung der Prüfung maßgebende Termine im Jahr. Diese Termine sollen auf den Ablauf der Berufsausbildung und des Schuljahres abgestimmt sein.

(2) Die Ärztekammer bzw. die zuständige Untergliederung gibt diese Termine einschließlich der Anmeldefristen rechtzeitig, mindestens zwei Monate vorher, bekannt.

(3) Wird die Abschlussprüfung mit einheitlichen überregionalen Prüfungsaufgaben durchgeführt, sind einheitliche Prüfungstermine anzusetzen.

§ 8
Zulassungsvoraussetzungen für die Abschlussprüfung

(1) Zur Abschlussprüfung ist zuzulassen,

◢ wer die Ausbildungszeit zurückgelegt hat oder wessen Ausbildungszeit nicht später als zwei Monate nach dem Prüfungstermin endet,

◢ wer an der Zwischenprüfung teilgenommen sowie den schriftlichen Ausbildungsnachweis geführt hat,

◢ wessen Berufsausbildungsverhältnis in das Verzeichnis der Berufsausbildungsverhältnisse eingetragen oder aus einem Grund nicht eingetragen ist, den weder der Auszubildende/die Auszubildende noch dessen gesetzlicher Vertreter zu vertreten hat (§ 43 Abs. 1 BBiG).

(2) Zur Abschlussprüfung ist ferner zuzulassen, wer in einer berufsbildenden Schule oder einer sonstigen Einrichtung ausgebildet worden ist, wenn dieser Bildungsgang der Berufsausbildung zum Medizinischen Fachangestellten/zur Medizinischen Fachangestellten entspricht (§ 43 Abs. 2 Satz 1).

(3) Behinderte Menschen sind zur Abschlussprüfung auch zuzulassen, wenn die Voraussetzungen des Abs. 1 Nr. 2 und 3 nicht vorliegen (§§ 64, 65 Abs. 2 Satz 2 BBiG).

§ 9
Zulassungsvoraussetzungen in besonderen Fällen

(1) Der Auszubildende/die Auszubildende kann nach Anhören des ausbildenden Arztes/der ausbildenden Ärztin und der Berufsschule vor Ablauf seiner Ausbildungszeit zur Abschlussprüfung zugelassen werden, wenn ihre/seine Leistungen dies rechtfertigen (§ 45 Abs.1).

(2) Zur Abschlussprüfung ist auch zuzulassen, wer nachweist, dass er mindestens das Eineinhalbfache der Zeit, die als Ausbildungszeit vorgeschrieben ist, im Beruf des Medizinischen Fachangestellten/der Medizinischen Fachangestellten oder des Arzthelfers/der Arzthelferin tätig gewesen ist. Als Zeiten der Berufstätigkeit gelten auch Ausbildungszeiten in einem anderen einschlägigen Ausbildungsberuf. Vom Nachweis der Mindestzeit nach Satz 1 kann ganz oder teilweise abgesehen werden, wenn durch Vorlage von Zeugnissen oder auf andere Weise glaubhaft dargelegt wird, dass der Bewerber/die Bewerberin die berufliche Handlungsfähigkeit erworben hat, die die Zulassung zur Prüfung rechtfertigen. Ausländische Bildungsabschlüsse und Zeiten der Berufstätigkeit im Ausland sind dabei zu berücksichtigen (§ 45 Abs. 2 BBiG).

(3) Soldaten und Soldatinnen auf Zeit und ehemalige Soldaten und Soldatinnen sind nach Abs. 2 Satz 3 zur Abschlussprüfung zuzulassen, wenn das Bundesministerium für Verteidigung oder die von ihm bestimmte Stelle bescheinigt, dass der Bewerber oder die Bewerberin berufliche Fertigkeiten, Kenntnisse und Fähigkeiten erworben hat, welche die Zulassung zur Prüfung rechtfertigen.

§ 10
Anmeldung zur Prüfung

(1) Die Anmeldung zur Prüfung hat schriftlich nach den von der Ärztekammer bestimmten Anmeldefristen und Formularen durch den ausbildenden Arzt/die ausbildende Ärztin mit Zustimmung des Auszubildenden/der Auszubildenden zu erfolgen.

(2) In besonderen Fällen kann der Prüfungsbewerber/die Prüfungsbewerberin selbst den Antrag auf Zulassung zur Prüfung stellen. Dies gilt insbesondere in Fällen gemäß § 9 und bei Wiederholungsprüfungen, falls ein Ausbildungsverhältnis nicht mehr besteht.

(3) Örtlich zuständig für die Anmeldung ist die Ärztekammer, in deren Bezirk

◢ in den Fällen des § 8 Abs.1 und § 9 Abs. 1 die Ausbildungsstätte und in den Fällen des § 8 Abs. 2 den Wohnsitzes des Prüfungsbewerbers liegt,

◢ in den Fällen des § 9 Abs. 2 die Arbeitsstätte oder, soweit kein Arbeitsverhältnis besteht, der Wohnsitz des Prüfungsbewerbers liegt,

(4) a) Der Anmeldung sind beizufügen:
in den Fällen der §§ 8 Abs. 1 und 9 Abs. 1

◢ eine Bescheinigung über die Teilnahme an der Zwischenprüfung,

◢ schriftlicher Ausbildungsnachweis oder eine schriftliche Bestätigung über das Führen des schriftlichen Ausbildungsnachweises;

in den Fällen des §§ 8 Abs. 2 und 9 Abs. 2

◢ Tätigkeitsnachweise oder glaubhafte Darlegung über den Erwerb der beruflichen Handlungsfähigkeit im Sinne des § 9 Abs. 2 oder Ausbildungsnachweise im Sinne des § 8 Abs. 2 ggf. in übersetzter Form.

b) Der Anmeldung sollen beigefügt werden:

in den Fällen des § 8 und des § 9 Abs. 1

◢ das letzte Zeugnis der berufsbildenden Schule in Abschrift,

◢ gegebenenfalls weitere Ausbildungs- und Tätigkeitsnachweise,

◢ ein tabellarischer Lebenslauf,

◢ ggf. Bescheinigung über Art und Umfang einer Behinderung,

in den Fällen des §§ 8 Abs. 2 und 9 Abs. 2

◢ soweit vorhanden, Zeugnisse einer weiterführenden Schule in Abschrift,

◢ ein Nachweis über ausreichende Kenntnisse in Erster Hilfe,

◢ gegebenenfalls weitere Ausbildungs- und Tätigkeitsnachweise,

◢ ein tabellarischer Lebenslauf,

◢ ggf. Bescheinigung über Art und Umfang einer Behinderung.

◢ Nachweise über ausländische Bildungsabschlüsse und Zeiten der Berufstätigkeit im Ausland in übersetzter Form.

(5) Die Abschlussprüfung ist für Auszubildende gebührenfrei (§ 37 Abs. 4 BBiG). Bei der Anmeldung zur Prüfung hat in den Fällen der §§ 8 und 9 Abs. 1 der ausbildende Arzt/die ausbildende Ärztin, in den übrigen Fällen der Prüfungsbewerber/die Prüfungsbewerberin die Prüfungsgebühr zu entrichten. Die Höhe der Prüfungsgebühr wird von der Ärztekammer festgelegt.

§ 11
Entscheidung über die Zulassung

(1) Über die Zulassung zur Abschlussprüfung entscheidet die Ärztekammer. Hält sie die Zulassungsvoraussetzungen nicht für gegeben, so entscheidet der Prüfungsausschuss (§ 46 Abs. 1 BBiG).

(2) Die Entscheidung über die Zulassung ist dem Prüfling rechtzeitig unter Angabe des Prüfungstages und -ortes einschließlich der erlaubten Arbeits- und Hilfsmittel mitzuteilen. Auf das Antragsrecht behinderter Menschen nach § 12 ist dabei hinzuweisen.

(3) Die Zulassung kann vom Prüfungsausschuss bis zum Beginn der Prüfung, wenn sie aufgrund von gefälschten Unterlagen oder falschen Angaben ausgesprochen worden ist, zurückgenommen werden.

(4) Die Entscheidung über die Nichtzulassung und Entscheidungen nach Abs. 3 sind schriftlich und unter Angabe der Gründe mitzuteilen. Der ausbildende Arzt/die ausbildende Ärztin ist von der Entscheidung zu benachrichtigen.

(5) Auszubildenden, die Elternzeit in Anspruch genommen haben, darf bei der Entscheidung über die Zulassung hieraus kein Nachteil erwachsen (§ 46 Abs. 2 BBiG).

§ 12
Regelungen für behinderte Menschen

Behinderte Menschen sind auf Antrag die ihrer Behinderung angemessenen Erleichterungen im Prüfungsverfahren einzuräumen. Art und Umfang der im Einzelfall zu gewährenden Erleichterungen sind rechtzeitig mit dem Behinderten zu erörtern.

III. ABSCHNITT
Durchführung der Prüfung

§ 13
Prüfungsgegenstand

Durch die Abschlussprüfung ist festzustellen, ob der Prüfling die berufliche Handlungsfähigkeit erworben hat. In ihr soll der Prüfling nachweisen, dass er die erforderlichen beruflichen Fertigkeiten beherrscht, die notwendigen beruflichen Kenntnisse und Fähigkeiten besitzt und mit dem im Berufsschulunterricht zu vermittelnden, für die Berufsausbildung wesentlichen Lehrstoff vertraut ist. Die Ausbildungsordnung ist zugrunde zu legen (§ 38 BBiG).

§ 14
Inhalt und Gliederung der Prüfung

(1) Die Abschlussprüfung erstreckt sich auf die im Ausbildungsrahmenplan der Verordnung über die Berufsausbildung zum Medizinischen Fachangestellten/zur Medizinischen Fachangestellten aufgeführten Fertigkeiten, Kenntnisse und Fähigkeiten sowie auf den im Berufsschulunterricht zu vermittelnden Lehrstoff, soweit er für die Berufsausbildung wesentlich ist.

(2) Die Prüfung besteht aus einem schriftlichen und einem praktischen Teil. Der schriftliche Teil der Prüfung kann in programmierter Form durchgeführt werden.

(3) Der schriftliche Teil der Prüfung besteht aus den Prüfungsbereichen Behandlungsassistenz, Betriebsorganisation und -verwaltung sowie Wirtschafts- und Sozialkunde. Die Anforderungen in den Prüfungsbereichen sind:
1. Prüfungsbereich Behandlungsassistenz
   Der Prüfling soll praxisbezogene Aufgaben bearbeiten. Er soll in der Prüfung zeigen, dass er im Bereich der Diagnostik und Therapie Arbeitsabläufe planen und die Durchführung der Behandlungsassistenz beschreiben kann. Dabei soll er gesetzliche und vertragliche Bestimmungen der medizinischen Versorgung, Sicherheit und Gesundheitsschutz bei der Arbeit, Umweltschutz sowie Maßnahmen der Arbeits- und Praxishygiene berücksichtigen. Der Prüfling soll nachweisen, dass er fachliche

Zusammenhänge verstehen, Sachverhalte analysieren sowie Lösungsmöglichkeiten entwickeln und darstellen kann.
Dem Prüfungsbereich sind folgende Gebiete zugrunde zu legen:
a) Qualitätssicherung,
b) Zeitmanagement,
c) Schutz vor Infektionskrankheiten,
d) Arzneimittel, Sera, Impfstoffe, Heil- und Hilfsmittel,
e) Patientenbetreuung und -beratung,
f) Grundlagen der Prävention und Rehabilitation,
g) Laborarbeiten,
h) Datenschutz und Datensicherheit,
i) Dokumentation,
j) Handeln bei Notfällen,
k) Abrechnung erbrachter Leistungen.

2. Prüfungsbereich Betriebsorganisation und -verwaltung
Der Prüfling soll praxisbezogene Aufgaben bearbeiten. Er soll in der Prüfung zeigen, dass er Betriebsabläufe beschreiben, Arbeitsabläufe systematisch planen sowie interne und externe Koordinierungsaufgaben darstellen kann. Dabei soll er Sicherheit und Gesundheitsschutz bei der Arbeit, Umweltschutz, Maßnahmen der Qualitätssicherung sowie informations- und Kommunikationsmöglichkeiten berücksichtigen.
Dem Prüfungsbereich sind folgende Gebiete zugrunde zu legen:
a) Gesetzliche und vertragliche Bestimmungen der medizinischen Versorgung,
b) Arbeiten im Team,
c) Verwaltungsarbeiten,
d) Dokumentation,
e) Marketing,
f) Zeitmanagement,
g) Datenschutz und Datensicherheit,
h) Organisation der Leistungsabrechnung,
i) Materialbeschaffung und -verwaltung.

3. Prüfungsbereich Wirtschafts- und Sozialkunde
Der Prüfling soll praxisbezogene Aufgaben aus der Berufs- und Arbeitswelt bearbeiten und dabei zeigen, dass er allgemeine wirtschaftliche und gesellschaftliche Zusammenhänge darstellen kann.

(4) Für den schriftlichen Teil der Prüfung ist von folgenden zeitlichen Höchstwerten auszugehen:

1. im Prüfungsbereich Behandlungsassistenz 120 Minuten,
2. im Prüfungsbereich Betriebsorganisation und -verwaltung 120 Minuten,
3. im Prüfungsbereich Wirtschafts- und Sozialkunde 60 Minuten.

(5) Die in Abs. 4 genannte Prüfungsdauer kann insbesondere unterschritten werden, soweit die schriftliche Prüfung in programmierter Form durchgeführt wird.

(6) Im praktischen Teil der Prüfung soll der Prüfling in höchstens 75 Minuten eine komplexe Prüfungsaufgabe bearbeiten sowie während dieser Zeit in höchstens 15 Minuten hierüber ein Fachgespräch führen. Dem Prüfling ist eine angemessene Vorbereitungszeit einzuräumen. Bei der Prüfungsaufgabe soll er praxisbezogene Arbeitsabläufe entsprechend der Nummern 1 oder 2 simulieren, demonstrieren, dokumentieren und präsentieren:

1. Assistieren bei Diagnose- und Therapiemaßnahmen einschließlich Betreuen des Patienten oder der Patientin vor, während und nach der Behandlung, Pflegen, Warten und Handhaben von Geräten und Instrumenten, Durchführen von Hygienemaßnahmen, Abrechnen und Dokumentieren von Leistungen sowie Aufklären über Möglichkeiten und Ziele der Prävention.
2. Assistieren bei Diagnose- und Therapiemaßnahmen einschließlich Betreuen des Patienten oder der Patientin vor, während und nach der Behandlung, Pflegen, Warten und Handhaben von Geräten und Instrumenten, Durchführen von Hygienemaßnahmen, Abrechnen und Dokumentieren von Leistungen sowie Durchführen von Laborarbeiten.

Durch die Durchführung der Prüfungsaufgabe und das Fachgespräch soll der Prüfling zeigen, dass er mit den Patienten situationsgerecht und personenorientiert kommunizieren, sie sachgerecht informieren und zur Kooperation motivieren kann. Er soll, nachweisen, dass er Arbeitsabläufe planen, Betriebsabläufe organisieren, Verwaltungsarbeiten durchführen, Mittel der technischen Kommunikation nutzen, Sicherheit und Gesundheitsschutz bei der Arbeit und Belange des Umweltschutzes berücksichtigen sowie die für die Prüfungsaufgabe relevanten fachlichen Hintergründe aufzeigen und die Vorgehensweise bei Durchführung der Prüfungsaufgabe begründen kann. Darüber hinaus soll er nachweisen, dass er Erste-Hilfe-Maßnahmen am Patienten oder an der Patientin durchführen kann.

(7) Sind im schriftlichen Teil der Prüfung die Prüfungsleistungen in bis zu zwei Prüfungsbereichen mit mangelhaft und im weiteren Prüfungsbereich mit mindestens ausreichend bewertet worden, so ist auf Antrag des Prüflings oder nach Ermessen des Prüfungsausschusses in einem der mit mangelhaft bewerteten Prüfungsbereiche die schriftliche Prüfung durch eine mündliche Prüfung von höchstens 15 Minuten zu ergänzen, wenn diese für das Bestehen der Prüfung den Ausschlag geben kann. Der Prüfungsbereich ist vom Prüfling zu bestimmen.

§ 15
Prüfungsaufgaben

(1) Der Prüfungsausschuss beschließt die Prüfungsaufgaben sowie Musterlösungen, Bewertungshinweise und die zulässigen Arbeits- und Hilfsmittel auf der Grundlage der Ausbildungsordnung.

(2) Der Prüfungsausschuss ist gehalten, überregional erstellte Prüfungsaufgaben, die von einem Ausschuss gemäß § 40 BBiG beschlossen werden, zu übernehmen.

§16
Nichtöffentlichkeit

(1) Die Prüfungen sind nicht öffentlich. Vertreter/Vertreterinnen der die Aufsicht über die Ärztekammer führenden Behörde und der Ärztekammer sowie die Mitglieder oder stellvertretenden Mitglieder des Berufsbildungsausschusses können anwesend sein. Der Prüfungsausschuss kann im Einvernehmen mit der Ärztekammer andere Personen als Gäste zulassen.

(2) Die in Abs. 1 bezeichneten Personen sind nicht stimmberechtigt und haben sich auch sonst jeder Einwirkung auf den Prüfungsablauf zu enthalten.

(3) Bei der Beratung über das Prüfungsergebnis dürfen nur die Mitglieder des Prüfungsausschusses anwesend sein.

§ 17
Leitung und Aufsicht

(1) Die Prüfung wird unter Leitung des Vorsitzenden/der Vorsitzenden vom Prüfungsausschuss abgenommen.

(2) Bei schriftlichen Prüfungen regelt die Ärztekammer im Benehmen mit dem Prüfungsausschuss die Aufsichtsführung, die sicherstellen soll, dass der Prüfling die Arbeiten selbstständig und nur mit den erlaubten Arbeits- und Hilfsmitteln ausführt. Die Prüfungsaufgaben sind dem Aufsichtsführenden im verschlossenen Umschlag zu übergeben, der erst bei Prüfungsbeginn zu öffnen ist.

(3) Der Prüfungsausschuss kann sich im Einvernehmen mit der Ärztekammer bei der Durchführung der Prüfung der Hilfe anderer Personen bedienen.

§ 18
Ausweispflicht und Belehrung

Die Prüflinge haben sich auf Verlangen des vorsitzenden Mitglieds oder des/der Aufsichtsführenden über ihre Person auszuweisen und zu versichern, dass sie sich gesundheitlich in der Lage fühlen, an der Prüfung teilzunehmen. Sie sind vor Beginn der Prüfung über den Prüfungsablauf, die zur Verfügung stehende Zeit, die erlaubten Arbeits- und Hilfsmittel, über die Folgen von Täuschungshandlungen und Ordnungsverstößen zu belehren.

§ 19
Täuschungshandlungen und Ordnungsverstöße

(1) Prüflinge, die versuchen, das Ergebnis der Prüfung durch Täuschung oder Benutzung nicht zugelassener Hilfsmittel zu beeinflussen oder die sonst erheblich gegen die Ordnung der Prüfung verstoßen, kann die aufsichtsführende Person von der Prüfung vorläufig ausschließen.

(2) Der Prüfungsausschuss kann nach Anhörung des Prüflings für die betreffenden Prüfungsarbeiten die Note „6" (ungenügend) erteilen.

In schwerwiegenden Fällen kann er den Prüfling von der Fortsetzung der Prüfung ausschließen; in diesem Fall gilt die Prüfung als nicht bestanden.

(3) Stellt der Prüfungsausschuss in der praktischen Prüfung Ordnungsverstöße fest, so entscheidet er entsprechend Abs. 2 über deren Folgen für die Prüfung.

(4) Wird ein Verstoß nach Abs. 1 erst nach Beendigung des Prüfungsverfahrens bekannt, so kann der Prüfungsausschuss innerhalb von drei Jahren nach Abschluss des Prüfungsverfahrens nach Anhörung des Prüflings das Prüfungsergebnis entsprechend berichtigen oder die Prüfung für nicht bestanden erklären. Das unrichtige Zeugnis ist einzuziehen. Die Frist nach S. 1 gilt nicht in den Fällen, in denen der Prüfling über seine Teilnahme an der Prüfung getäuscht hat.

§ 20
Rücktritt, Nichtteilnahme

(1) Der Prüfling kann nach erfolgter Anmeldung vor Beginn der Prüfung durch schriftliche Erklärung zurücktreten. In diesem Fall gilt die Prüfung als nicht begonnen.

(2) Tritt der Prüfling nach Beginn der Prüfung zurück, so können bereits erbrachte, in sich abgeschlossene Prüfungsleistungen nur anerkannt werden, wenn ein wichtiger Grund für den Rücktritt vorliegt, der – im Krankheitsfalle durch Vorlage eines ärztlichen Attestes über die Prüfungsunfähigkeit am Prüfungstag – unverzüglich nachzuweisen ist.

(3) Erfolgt der Rücktritt nach Beginn der Prüfung oder nimmt der Prüfling an der Prüfung nicht teil, ohne dass ein wichtiger Grund vorliegt, so gilt die Prüfung als nicht bestanden.

(4) Die Entscheidung über das Vorliegen eines wichtigen Grundes und über den Umfang der anzuerkennenden Prüfungsleistung trifft der Prüfungsausschuss nach Anhören des Prüflings.

IV. ABSCHNITT
Bewertung, Feststellung und Beurkundung des Prüfungsergebnisses

§ 21
Bewertung

(1) Die Prüfungsleistungen gemäß der Gliederung der Prüfung nach § 14 sowie die Gesamtleistung sind – unbeschadet der Gewichtung von einzelnen Prüfungsleistungen auf Grund der Ausbildungsverordnung – wie folgt zu bewerten:

eine den Anforderungen in besonderem Maße entsprechende Leistung
= 100–92 Punkte = Note 1 = sehr gut

eine den Anforderungen voll entsprechende Leistung
= unter 92–81 Punkte = Note 2 = gut

eine den Anforderungen im allgemeinen entsprechende Leistung
= unter 81–67 Punkte = Note 3 = befriedigend

eine Leistung, die zwar Mängel aufweist, aber im ganzen den Anforderungen noch entspricht
= unter 67–50 Punkte = Note 4 = ausreichend

eine Leistung, die den Anforderungen nicht entspricht, jedoch erkennen lässt, dass die notwendigen Grundkenntnisse vorhanden sind,
= unter 50–30 Punkte = Note 5 = mangelhaft

eine Leistung, die den Anforderungen nicht entspricht und bei der selbst die Grundkenntnisse lückenhaft sind,
= unter 30–0 Punkte = Note 6 = ungenügend.

(2) Soweit eine Bewertung der Leistungen nach dem Punktesystem nicht sachgerecht ist, ist die Bewertung nur nach Noten vorzunehmen. Bei programmierter Prüfung ist eine der Prüfungsart entsprechende Bewertung vorzunehmen.

(3) Jede Prüfungsleistung ist von den Mitgliedern des Prüfungsausschusses getrennt und selbständig zu beurteilen und zu bewerten.

(4) Zur Vorbereitung der Beschlussfassung nach § 22 Abs. 2 kann der Vorsitz mindestens zwei Mitglieder mit der Bewertung einzelner, nicht mündlich zu erbringender Prüfungsleistungen beauftragen (§ 42 Abs. 2 Satz 1 BBiG). Die Beauftragten sollen nicht derselben Mitgliedergruppe angehören. Diese dokumentieren die wesentlichen Abläufe und halten die für die Bewertung erheblichen Tatsachen fest (§ 42 Abs. 3 BBiG).

§ 22
Feststellung des Prüfungsergebnisses

(1) Innerhalb des schriftlichen Teils der Prüfung sind die Prüfungsbereiche wie folgt zu gewichten:

1. Prüfungsbereich Behandlungsassistenz 40 Prozent,
2. Prüfungsbereich Betriebsorganisation und -verwaltung 40 Prozent,
3. Prüfungsbereich Wirtschafts- und Sozialkunde 20 Prozent.

(2) Das Ergebnis des schriftlichen Teils der Prüfung ist dem Prüfling vor Beginn des praktischen Teils der Prüfung bekannt zu geben.

(3) Bei der Ermittlung des Ergebnisses für den Prüfungsbereich der Ergänzungsprüfung gemäß § 14 Abs. 7 sind das bisherige Ergebnis und das Ergebnis der mündlichen Ergänzungsprüfung im Verhältnis 2:1 zu gewichten.

(4) Die Prüfung ist bestanden, wenn jeweils im praktischen und im schriftlichen Teil der Prüfung sowie innerhalb des schriftlichen Teils der Prüfung in mindestens zwei Prüfungsbereichen mindestens ausreichende Prüfungsleistungen erbracht sind. Werden die Prüfungsleistungen in einem Prüfungsbereich mit „ungenügend" bewertet, ist die Prüfung nicht bestanden.

(5) Sofern eine Gesamtnote im Prüfungszeugnis ausgewiesen wird, setzt sie sich zusammen aus der Endnote des schriftlichen Prüfungsteils und der Note aus dem praktischen Prüfungsteil.

(6) Der Prüfungsausschuss stellt das Ergebnis der Prüfung fest und teilt es dem Prüfling mit. Hierüber ist dem Prüfling unverzüglich eine vom Vorsitzenden/von der Vorsitzenden zu unterzeichnende Bescheinigung auszuhändigen.

(7) Über den Verlauf der Prüfung einschließlich der Feststellung der einzelnen Prüfungsergebnisse ist eine Niederschrift zu fertigen. Sie ist von den Mitgliedern des Prüfungsausschusses zu unterzeichnen.

(8) Bei nicht bestandener Prüfung kann der Prüfungsausschuss unbeschadet des § 25 Abs. 2 bestimmen, in welchen Prüfungsbereichen oder Prüfungsteilen eine Wiederholungsprüfung nicht erforderlich ist.

§ 23
Prüfungszeugnis

(1) Über die Prüfung erhält der Prüfling von der Ärztekammer ein Zeugnis (§ 37 Abs. 2 BBiG).

(2) Das Prüfungszeugnis enthält:

- die Bezeichnung „Prüfungszeugnis" nach § 37 BBiG,
- die Personalien des Prüflings,
- den Ausbildungsberuf,
- die Ergebnisse der einzelnen Prüfungsteile und Prüfungsbereiche sowie ggf. eine Gesamtnote,

◢ das Datum des Bestehens der Prüfung,

◢ die Unterschriften des Vorsitzenden/der Vorsitzenden des Prüfungsausschusses und des/der Beauftragten der Ärztekammer mit Siegel.

(3) Dem Zeugnis ist auf Antrag der Auszubildenden eine englischsprachige und eine französischsprachige Übersetzung beizufügen. Auf Antrag der Auszubildenden kann das Ergebnis berufsschulischer Leistungsfeststellungen auf dem Zeugnis ausgewiesen werden (§ 37 Abs. 3 BBiG).

(4) Die Ärztekammer stellt nach bestandener Prüfung den Brief „Medizinischer Fachangestellter/Medizinische Fachangestellte" aus.

(5) Die Ergebnisse der Abschlussprüfung werden den ausbildenden Ärzten/Ärztinnen auf deren Verlangen übermittelt (§ 37 Abs. 2 Satz 2 BBiG).

§ 24
Nicht bestandene Prüfung

(1) Bei nicht bestandener Prüfung erhalten der Prüfling und sein gesetzlicher Vertreter sowie der ausbildende Arzt/die ausbildende Ärztin von der Ärztekammer einen schriftlichen Bescheid. Darin ist anzugeben, in welchem Prüfungsteil *oder* Prüfungsbereichen ausreichende Leistungen nicht erbracht worden sind und welche Prüfungsteile oder Prüfungsbereiche in einer Wiederholungsprüfung nicht mehr wiederholt zu werden brauchen (§ 22 Abs. 8)

(2) Auf die besonderen Bedingungen der Wiederholungsprüfung gem. § 25 ist hinzuweisen.

V. ABSCHNITT
Wiederholungsprüfung

§ 25
Wiederholungsprüfung

(1) Eine Abschlussprüfung kann im Falle des Nichtbestehens zweimal wiederholt werden (§ 37 Abs. 1 Satz 2 BBiG).

(2) Hat der Prüfling bei nicht bestandener Prüfung in einem Prüfungsteil oder Prüfungsbereich mindestens ausreichende Leistungen erbracht, so ist dieser auf Antrag des Prüflings nicht zu wiederholen, sofern dieser sich innerhalb von zwei Jahren – gerechnet vom Tage der Beendigung der nicht bestandenen Prüfung an – zur Wiederholungsprüfung anmeldet.

(3) Die Prüfung kann frühestens zum nächsten Prüfungstermin wiederholt werden.

(4) Die Vorschriften über die Anmeldung und Zulassung (§§ 8 bis 11) gelten sinngemäß. Bei der Anmeldung sind außerdem Ort und Datum der vorausgegangenen Prüfung anzugeben.

VI. ABSCHNITT
Schlussbestimmungen

§ 26
Rechtsbehelfsbelehrung

Maßnahmen und Entscheidungen der Prüfungsausschüsse sowie der Ärztekammer sind bei ihrer schriftlichen Bekanntgabe an den Prüfling mit einer Rechtsbehelfsbelehrung zu versehen. Diese richtet sich im einzelnen nach der Verwaltungsgerichtsordnung und den Ausführungsbestimmungen des Landes.

§ 27
Prüfungsunterlagen

Auf Antrag ist dem Prüfling nach Abschluss der Prüfung Einsicht in seine Prüfungsunterlagen zu gewähren. Die schriftlichen Prüfungsarbeiten sind zwei Jahre, die Anmeldungen und Niederschriften gem. §§ 10 und 22 Abs. 7 sind 10 Jahre aufzubewahren.

§ 28
Genehmigung, Inkrafttreten

Die Prüfungsordnung wurde am … gemäß § 47 Abs. 1 BBiG von der obersten Landesbehörde genehmigt. Diese Prüfungsordnung tritt am Tage nach ihrer Veröffentlichung im Ärzteblatt in Kraft.

Grundsätze für die Durchführung von Zwischenprüfungen

FÜR MEDIZINISCHE FACHANGESTELLTE

Auf Grund des Beschlusses ihres Berufsbildungsausschusses vom … 2006 erlässt die Ärztekammer … als zuständige Stelle hiermit gemäß § 71 Abs. 6 i. V. m. § 48 Abs. 1 Berufsbildungsgesetz (BBiG) vom 23. März 2005 (BGBl. I S. 931 ff.) unter Berücksichtigung der Verordnung über die Berufsausbildung zum Medizinischen Fachangestellten/zur Medizinischen Fachangestellten vom 26. April 2006; BGBl. Teil 1 Nr. 22 die folgenden Grundsätze für die Durchführung von Zwischenprüfungen:

1. Zweck

Zweck der Zwischenprüfung ist die Ermittlung des Ausbildungsstandes, um gegebenenfalls korrigierend auf die weitere Ausbildung einwirken zu können.

2. Inhalt und Gliederung

(1) Die Zwischenprüfung erstreckt sich auf die in den Anlagen 1 und 2 zu § 5 der Ausbildungsverordnung über die Berufsausbildung zum/zur Medizinischen Fachangestellten vom 26. April 2006 für die ersten 18 Monate aufgeführten Fertigkeiten, Kenntnisse und Fähigkeiten sowie auf den im Berufsschulunterricht entsprechend dem Rahmenlehrplan zu vermittelnden Lehrstoff, soweit er für die Berufsausbildung wesentlich ist.

(2) Die Zwischenprüfung ist schriftlich anhand praxisbezogener Aufgaben in höchstens 120 Minuten in folgenden Prüfungsbereichen durchzuführen:
1. Arbeits- und Praxishygiene,
2. Schutz vor Infektionskrankheiten,
3. Verwaltungsarbeiten,
4. Datenschutz und Datensicherheit,
5. Untersuchungen und Behandlungen vorbereiten.

(3) Die Zwischenprüfung kann in programmierter Form durchgeführt werden. Insbesondere in diesem Fall kann die Prüfungsdauer unterschritten werden.

3. Aufgabenerstellung

Der Prüfungsausschuss beschließt auf der Grundlage der Ausbildungsverordnung die Prüfungsaufgaben. Er kann überregional erstellte Prüfungsaufgaben übernehmen, soweit diese von Gremien erstellt oder ausgewählt werden, die entsprechend § 40 BBiG zusammengesetzt sind.

4. Prüfungsausschüsse

Für die Durchführung der Zwischenprüfung kann die Ärztekammer Prüfungsausschüsse, die bereits für Abschlussprüfungen errichtet sind, für zuständig erklären oder besondere Prüfungsausschüsse errichten. Bei der Zusammensetzung und Berufung sind die sich aus den §§ 40, 41 BBiG ergebenden Grundsätze zu wahren.

5. Prüfungstermin

(1) Der Zeitpunkt der Zwischenprüfung soll so abgestimmt werden, dass einerseits die Ausbildung so weit fortgeschritten ist, dass hinreichende Kenntnisse und Fertigkeiten prüfbar sind und andererseits gegebenenfalls notwendige Korrekturen in der Ausbildung noch erfolgen können.

(2) Die Zwischenprüfung soll vor Ende des zweiten Ausbildungsjahres stattfinden.

6. Anmeldung

Die Ärztekammer fordert den ausbildenden Arzt/die ausbildende Ärztin rechtzeitig zur Anmeldung des Auszubildenden/der Auszubildenden für die Teilnahme an der Zwischenprüfung auf. Die Anmeldung hat schriftlich nach den von der Ärztekammer bestimmten Fristen und Formularen zu erfolgen.

7. Feststellung des Ausbildungsstandes

Mängel im Ausbildungsstand sind gegeben, wenn die Leistungen den Anforderungen im Allgemeinen nicht entsprechen.

Die Bewertung der Prüfungsleistungen erfolgt gemäß § 21 der Prüfungsordnung für die Durchführung von Abschlussprüfungen in der jeweils gültigen Fassung.

8. Aufsicht

(1) Die Ärztekammer regelt im Benehmen mit dem Prüfungsausschuss die Aufsichtsführung, die sicherstellen soll, dass der Prüfling die Arbeiten selbstständig und nur mit den erlaubten Arbeits- und Hilfsmitteln ausführt.

(2) Über den Verlauf der Prüfung ist eine Niederschrift zu fertigen.

9. Prüfungsbescheinigung

(1) Über die Teilnahme wird eine Bescheinigung ausgestellt. Sie enthält eine Feststellung über den Ausbildungsstand.

(2) Die Bescheinigung erhalten der Auszubildende/die Auszubildende und der ausbildende Arzt/die ausbildende Ärztin auf dessen/deren Verlangen.

(3) Der Nachweis der Teilnahme ist Zulassungsvoraussetzung für die Abschlussprüfung.

10. Bekanntgabe

Die Grundsätze zur Zwischenprüfung werden im Ärzteblatt bekannt gegeben.

Berufsbildungsgesetz (Auszug)

Teil 1 Allgemeine Vorschriften

§ 1 Ziele und Begriffe der Berufsbildung
(1) Berufsbildung im Sinne dieses Gesetzes sind die Berufsausbildungsvorbereitung, die Berufsausbildung, die berufliche Fortbildung und die berufliche Umschulung.
(2) Die Berufsausbildungsvorbereitung dient dem Ziel, an eine Berufsausbildung in einem anerkannten Ausbildungsberuf oder eine gleichwertige Berufsausbildung heranzuführen.
(3) Die Berufsausbildung hat eine breit angelegte berufliche Grundbildung und die für die Ausübung einer qualifizierten beruflichen Tätigkeit notwendigen fachlichen Fertigkeiten und Kenntnisse in einem geordneten Ausbildungsgang zu vermitteln. Sie hat ferner den Erwerb der erforderlichen Berufserfahrungen zu ermöglichen.
(4) Die berufliche Fortbildung soll es ermöglichen, die beruflichen Kenntnisse und Fertigkeiten zu erhalten, zu erweitern, der technischen Entwicklung anzupassen oder beruflich aufzusteigen.
(5) Die berufliche Umschulung soll zu einer anderen beruflichen Tätigkeit befähigen.

§ 2 Lernorte der Berufsausbildung
Berufsbildung wird durchgeführt
1. in Betrieben der Wirtschaft, in vergleichbaren Einrichtungen außerhalb der Wirtschaft, insbesondere des öffentlichen Dienstes, der Angehörigen freier Berufe und in Haushalten (betriebliche Berufsbildung)
2. in berufsbildenden Schulen (schulischer Berufsbildung)
3. und sonstigen Berufsbildungseinrichtungen außerhalb der schulischen und betrieblichen Berufsbildung (außerbetriebliche Berufsbildung).

§ 3 Anwendungsbereich
(1) Dieses Gesetz gilt für die Berufsbildung, soweit sie nicht in berufsbildenden Schulen durchgeführt wird, die den Schulgesetzen der Länder unterstehen.
(2) Dieses Gesetz gilt nicht für
1. die Berufsbildung in einem öffentlich-rechtlichen Dienstverhältnis,
2. die Berufsbildung auf Kauffahrteischiffen, die nach dem Flaggenrechtsgesetz vom 8. Februar 1951 (Bundesgesetzbl. I S. 79) die Bundesflagge führen, soweit es sich nicht um Schiffe der kleinen Hochseefischerei oder der Küstenfischerei handelt.

Teil 2 Berufsbildung

Kapitel 1 Berufsausbildung

Abschnitt 1 Ordnung der Berufsausbildung; Anerkennung von Ausbildungsberufen

§ 4 Anerkennung von Ausbildungsberufen
(1) Als Grundlage für eine geordnete und einheitliche Berufsausbildung kann das Bundesministerium für Wirtschaft und Arbeit oder das sonst zuständige Fachministerium im Einvernehmen mit dem Bundesministerium für Bildung und Forschung durch Rechtsverordnung, die nicht der Zustimmung des Bundesrates bedarf, Ausbildungsberufe staatlich anerkennen und hierfür Ausbildungsordnungen nach § 5 erlassen.
(2) Für einen anerkannten Ausbildungsberuf darf nur nach der Ausbildungsordnung ausgebildet werden.
(3) In anderen als anerkannten Ausbildungsberufen dürfen Jugendliche unter 18 Jahren nicht ausgebildet werden, soweit die Berufsausbildung nicht auf den Besuch weiterführender Bildungsgänge vorbereitet.
(4) Wird die Ausbildungsordnung eines Ausbildungsberufes aufgehoben, so gelten für bestehende Berufsausbildungsverhältnisse die bisherigen Vorschriften.
(5) Das zuständige Fachministerium informiert die Länder frühzeitig über Neuordnungskonzepte und bezieht sie in die Abstimmung ein.

§ 5 Ausbildungsordnung
(1) Die Ausbildungsordnung hat festzulegen
1. die Bezeichnung des Ausbildungsberufes, der anerkannt wird,
2. die Ausbildungsdauer; sie soll nicht mehr als drei und nicht weniger als zwei Jahre betragen,
3. die beruflichen Fertigkeiten, Kenntnisse und Fähigkeiten, die mindestens Gegenstand der Berufsausbildung sind (Ausbildungsberufsbild),
4. eine Anleitung zur sachlichen und zeitlichen Gliederung der Vermittlung der beruflichen Fertigkeiten, Kenntnisse und Fähigkeiten (Ausbildungsrahmenplan),
5. die Prüfungsanforderungen.
(2) Die Ausbildungsordnung kann vorsehen,
1. dass die Berufsausbildung in sachlich und zeitlich besonders gegliederten, aufeinander aufbauenden Stufen erfolgt; nach den einzelnen Stufen soll ein Ausbildungsabschluss vorgesehen werden, der sowohl zu einer qualifizierten beruflichen Tätigkeit im Sinne des § 1 Abs. 3 befähigt als auch die Fortsetzung der Berufsausbildung in weiteren Stufen ermöglicht (Stufenausbildung),
2. dass die Abschlussprüfung in zwei zeitlich auseinanderfallenden Teilen durchgeführt wird,

3. dass abweichend von § 4 Abs. 4 die Berufsausbildung in diesem Ausbildungsberuf unter Anrechnung der bereits zurückgelegten Ausbildungszeit fortgesetzt werden kann, wenn die Vertragsparteien dies vereinbaren,

4. dass auf die durch die Ausbildungsordnung geregelte Berufsausbildung eine andere, einschlägige Berufsausbildung unter Berücksichtigung der hierbei erworbenen beruflichen Fertigkeiten, Kenntnisse und Fähigkeiten angerechnet werden kann,

5. dass über das in Absatz 1 Nr. 3 beschriebene Ausbildungsberufsbild hinaus zusätzliche berufliche Fertigkeiten, Kenntnisse und Fähigkeiten vermittelt werden können, die die berufliche Handlungsfähigkeit ergänzen oder erweitern,

6. dass Teile der Berufsausbildung in geeigneten Einrichtungen außerhalb der Ausbildungsstätte durchgeführt werden, wenn und soweit es die Berufsausbildung erfordert (überbetriebliche Berufsausbildung),

7. dass Auszubildende einen schriftlichen Ausbildungsnachweis zu führen haben.

Im Rahmen der Ordnungsverfahren soll stets geprüft werden, ob Regelungen nach Nummer 1, 2 und 4 sinnvoll und möglich sind.

§ 6 Erprobung neuer Ausbildungsberufe, Ausbildungs- und Prüfungsformen
Zur Entwicklung und Erprobung neuer Ausbildungsberufe sowie Ausbildungs- und Prüfungsformen kann das Bundesministerium für Wirtschaft und Arbeit oder das sonst zuständige Fachministerium im Einvernehmen mit dem Bundesministerium für Bildung und Forschung nach Anhörung des Hauptausschusses des Bundesinstituts für Berufsbildung durch Rechtsverordnung, die nicht der Zustimmung des Bundesrates bedarf, Ausnahmen von § 4 Abs. 2 und 3 sowie den §§ 5, 37 und 48 zulassen, die auch auf eine bestimmte Art und Zahl von Ausbildungsstätten beschränkt werden können.

§ 7 Anrechnung beruflicher Vorbildung auf die Ausbildungszeit
(1) Die Landesregierungen können nach Anhörung des Landesausschusses für Berufsbildung durch Rechtsverordnung bestimmen, dass der Besuch eines Bildungsganges berufsbildender Schulen oder die Berufsausbildung in einer sonstigen Einrichtung ganz oder teilweise auf die Ausbildungszeit angerechnet wird. Die Ermächtigung kann durch Rechtsverordnung auf oberste Landesbehörden weiter übertragen werden. Die Rechtsverordnung kann vorsehen, dass die Anrechnung eines gemeinsamen Antrags der Auszubildenden und Ausbildenden bedarf.
(2) (unbesetzt)*

---

* Gemäß Art. 8 Abs. 4 des Gesetzes vom 23.03.2005 tritt Abs. 1 Satz 3 am 1. August 2009 außer Kraft. Gleichzeitig tritt folgender Abs. 2 in Kraft: „(2) Die Anrechnung nach Abs. 1 bedarf des gemeinsamen Antrags der Auszubildenden und Ausbildenden. Der Antrag ist an die zuständige Stelle zu richten. Es kann sich auf Teile des höchstzulässigen Anrechnungszeitraums beschränken."

§ 8 Abkürzung und Verlängerung der Ausbildungszeit

(1) Auf gemeinsamen Antrag der Auszubildenden und Ausbildenden hat die zuständige Stelle die Ausbildungszeit zu kürzen, wenn zu erwarten ist, dass das Ausbildungsziel in der gekürzten Zeit erreicht wird. Bei berechtigtem Interesse kann sich der Antrag auch auf die Verkürzung der täglichen oder wöchentlichen Ausbildungszeit richten (Teilzeitberufsausbildung).

(2) In Ausnahmefällen kann die zuständige Stelle auf Antrag Auszubildender die Ausbildungszeit verlängern, wenn die Verlängerung erforderlich ist, um das Ausbildungsziel zu erreichen. Vor der Entscheidung nach Satz 1 sind die Ausbildenden zu hören.

(3) Für die Entscheidung über die Verkürzung oder Verlängerung der Ausbildungszeit kann der Hauptausschuss des Bundesinstituts für Berufsbildung Richtlinien erlassen.

§ 9 Regelungsbefugnis

Soweit Vorschriften nicht bestehen, regelt die zuständige Stelle die Durchführung der Berufsausbildung im Rahmen dieses Gesetzes.

Abschnitt 2 Berufsausbildungsverhältnis

Unterabschnitt 1 Begründung des Ausbildungsverhältnisses

§ 10 Vertrag

(1) Wer einen anderen zur Berufsausbildung einstellt (Ausbildender), hat mit dem Auszubildenden einen Berufsausbildungsvertrag zu schließen.

(2) Auf den Berufsausbildungsvertrag sind, soweit sich aus seinem Wesen und Zweck und aus diesem Gesetz nichts anderes ergibt, die für den Arbeitsvertrag geltenden Rechtsvorschriften und Rechtsgrundsätze anzuwenden.

(3) Schließen Eltern mit ihrem Kind einen Berufsausbildungsvertrag, so sind sie von dem Verbot des § 181 des Bürgerlichen Gesetzbuches befreit.

(4) Ein Mangel in der Berechtigung, Auszubildende einzustellen oder auszubilden, berührt die Wirksamkeit des Berufsausbildungsvertrags nicht.

§ 11 Vertragsniederschrift

(1) Der Ausbildende hat unverzüglich nach Abschluss des Berufsausbildungsvertrags, spätestens vor Beginn der Berufsausbildung, den wesentlichen Inhalt des Vertrags schriftlich niederzulegen. In die Niederschrift sind mindestens aufzunehmen

1. Art, sachliche und zeitliche Gliederung sowie Ziel der Berufsausbildung, insbesondere die Berufstätigkeit, für die ausgebildet werden soll,
2. Beginn und Dauer der Berufsausbildung,
3. Ausbildungsmaßnahmen außerhalb der Ausbildungsstätte,
4. Dauer der regelmäßigen täglichen Ausbildungszeit,

5. Dauer der Probezeit,
6. Zahlung und Höhe der Vergütung,
7. Dauer des Urlaubs,
8. Voraussetzungen, unter denen der Berufsausbildungsvertrag gekündigt werden kann,
9. ein in allgemeiner Form gehaltener Hinweis auf die Tarifverträge, Betriebs- oder Dienstvereinbarungen, die auf das Berufsausbildungsverhältnis anzuwenden sind.

(2) Die Niederschrift ist von dem Ausbildenden, dem Auszubildenden und dessen gesetzlichem Vertreter zu unterzeichnen.

(3) Der Ausbildende hat dem Auszubildenden und dessen gesetzlichem Vertreter eine Ausfertigung der unterzeichneten Niederschrift unverzüglich auszuhändigen.

(4) Bei Änderungen des Berufsausbildungsvertrags gelten die Absätze 1 bis 3 entsprechend.

§ 12 Nichtige Vereinbarungen

(1) Eine Vereinbarung, die den Auszubildenden für die Zeit nach Beendigung des Berufsausbildungsverhältnisses in der Ausübung seiner beruflichen Tätigkeit beschränkt, ist nichtig. Dies gilt nicht, wenn sich der Auszubildende innerhalb der letzten sechs Monate des Berufsausbildungsverhältnisses dazu verpflichtet, nach dessen Beendigung mit dem Ausbildenden ein Arbeitsverhältnis einzugehen.

(2) Nichtig ist eine Vereinbarung über
1. die Verpflichtung des Auszubildenden, für die Berufsausbildung eine Entschädigung zu zahlen,
2. Vertragsstrafen,
3. den Ausschluss oder die Beschränkung von Schadensersatzansprüchen,
4. die Festsetzung der Höhe eines Schadensersatzes in Pauschbeträgen.

Unterabschnitt 2 Pflichten der Auszubildenden

§ 13 Verhalten während der Berufsausbildung

Auszubildende haben sich zu bemühen, die berufliche Handlungsfähigkeit zu erwerben, die zum Erreichen des Ausbildungsziels erforderlich ist. Sie sind insbesondere verpflichtet,
1. die ihnen im Rahmen ihrer Berufsausbildung aufgetragenen Aufgaben sorgfältig auszuführen,
2. an Ausbildungsmaßnahmen teilzunehmen, für die sie nach § 15 freigestellt werden,
3. den Weisungen zu folgen, die ihnen im Rahmen der Berufsausbildung von Ausbildenden, von Ausbildern oder Ausbilderinnen oder von anderen weisungsberechtigten Personen erteilt werden,
4. die für die Ausbildungsstätte geltende Ordnung zu beachten,
5. Werkzeug, Maschinen und sonstige Einrichtungen pfleglich zu behandeln,
6. über Betriebs- und Geschäftsgeheimnisse Stillschweigen zu wahren.

Unterabschnitt 3 Pflichten der Ausbildenden

§ 14 Berufsausbildung

(1) Ausbildende haben

1. dafür zu sorgen, dass den Auszubildenden die Fertigkeiten und Kenntnisse vermittelt werden, die zum Erreichen des Ausbildungsziels erforderlich sind, und die Berufsausbildung in einer durch ihren Zweck gebotenen Form planmäßig, zeitlich und sachlich gegliedert so durchzuführen, dass das Ausbildungsziel in der vorgesehenen Ausbildungszeit erreicht werden kann,

2. selbst auszubilden oder einen Ausbilder ausdrücklich damit zu beauftragen,

3. Auszubildenden kostenlos die Ausbildungsmittel, insbesondere Werkzeuge und Werkstoffe zur Verfügung zu stellen, die zur Berufsausbildung und zum Ablegen von Zwischen- und Abschlussprüfungen, auch soweit solche nach Beendigung des Berufsausbildungsverhältnisses stattfinden, erforderlich sind,

4. Auszubildende zum Besuch der Berufsschule sowie zum Führen von Berichtsheften anzuhalten, soweit solche im Rahmen der Berufsausbildung verlangt werden, und diese durchzusehen,

5. dafür zu sorgen, dass Auszubildende charakterlich gefördert sowie sittlich und körperlich nicht gefährdet wird.

(2) Auszubildenden dürfen nur Aufgaben übertragen werden, die dem Ausbildungszweck dienen und seinen körperlichen Kräften angemessen sind.

§ 15 Freistellung

Ausbildende haben Auszubildende für die Teilnahme am Berufsschulunterricht und an Prüfungen freizustellen. Das gleiche gilt, wenn Ausbildungsmaßnahmen außerhalb der Ausbildungsstätte durchzuführen sind.

§ 16 Zeugnis

(1) Ausbildende haben den Auszubildenden bei Beendigung des Berufsausbildungsverhältnisses ein Zeugnis auszustellen. Haben Ausbildende die Berufsausbildung nicht selbst durchgeführt, so soll auch der Ausbilder oder die Ausbilderin das Zeugnis unterschreiben.

(2) Das Zeugnis muss Angaben enthalten über Art, Dauer und Ziel der Berufsausbildung sowie über die erworbenen Fertigkeiten und Kenntnisse der Auszubildenden. Auf Verlangen Auszubildender sind auch Angaben über Führung, Leistung und besondere fachliche Fähigkeiten aufzunehmen.

Unterabschnitt 4 Vergütung

§ 17 Vergütungsanspruch

(1) Ausbildende haben den Auszubildenden eine angemessene Vergütung zu gewähren. Sie ist nach dem Lebensalter der Auszubildenden so zu bemessen, dass sie mit fortschreitender Berufsausbildung, mindestens jährlich, ansteigt.

(2) Sachleistungen können in Höhe der nach § 17 Abs. 1 Satz 1 Nr. 4 des Vierten Buches Sozialgesetzbuch festgesetzten Sachbezugswerte angerechnet werden, jedoch nicht über 75 Prozent der Bruttovergütung hinaus.

(3) Eine über die vereinbarte regelmäßige tägliche Ausbildungszeit hinausgehende Beschäftigung ist besonders zu vergüten oder durch entsprechende Freizeit auszugleichen.

§ 18 Bemessung und Fälligkeit der Vergütung

(1) Die Vergütung bemisst sich nach Monaten. Bei Berechnung der Vergütung für einzelne Tage wird der Monat zu dreißig Tagen gerechnet.

(2) Die Vergütung für den laufenden Kalendermonat ist spätestens am letzten Arbeitstag des Monats zu zahlen.

§ 19 Fortzahlung der Vergütung

(1) Auszubildenden ist die Vergütung auch zu zahlen

1. für die Zeit der Freistellung (§ 15),
2. bis zur Dauer von sechs Wochen, wenn sie
   a. sich für die Berufsausbildung bereithalten, diese aber ausfällt, oder
   b. aus einem sonstigen, in ihrer Person liegenden Grund unverschuldet verhindert sind, ihre Pflichten aus dem Berufsausbildungsverhältnis zu erfüllen.

(2) Können Auszubildende während der Zeit, für welche die Vergütung fortzuzahlen ist, aus berechtigtem Grund Sachleistungen nicht abnehmen, so sind diese nach den Sachbezugswerten (§ 10 Abs. 2) abzugelten.

Unterabschnitt 5 Beginn und Beendigung des Ausbildungsverhältnisses

§ 20 Probezeit

Das Berufsausbildungsverhältnis beginnt mit der Probezeit. Sie muss mindestens einen Monat und darf höchstens drei Monate betragen.

§ 21 Beendigung

(1) Das Berufsausbildungsverhältnis endet mit dem Ablauf der Ausbildungszeit. Im Falle der Stufenausbildung endet es mit Ablauf der letzten Stufe.

(2) Bestehen Auszubildende vor Ablauf der Ausbildungszeit die Abschlussprüfung, so endet das Berufsausbildungsverhältnis mit Bekanntgabe des Ergebnisses durch den Prüfungsausschuss.

(3) Bestehen Auszubildende die Abschlussprüfung nicht, so verlängert sich das Berufsausbildungsverhältnis auf ihr Verlangen bis zur nächstmöglichen Wiederholungsprüfung, höchstens um ein Jahr.

§ 22 Kündigung

(1) Während der Probezeit kann das Berufsausbildungsverhältnis jederzeit ohne Einhalten einer Kündigungsfrist gekündigt werden.

(2) Nach der Probezeit kann das Berufsausbildungsverhältnis nur gekündigt werden

1. aus einem wichtigen Grund ohne Einhalten einer Kündigungsfrist,
2. von Auszubildenden mit einer Kündigungsfrist von vier Wochen, wenn sie die Berufsausbildung aufgeben oder sich für eine andere Berufstätigkeit ausbilden lassen wollen.

(3) Die Kündigung muss schriftlich und in den Fällen des Absatzes 2 unter Angabe der Kündigungsgründe erfolgen.

(4) Eine Kündigung aus einem wichtigen Grund ist unwirksam, wenn die ihr zugrunde liegenden Tatsachen dem zur Kündigung Berechtigten länger als zwei Wochen bekannt sind. Ist ein vorgesehenes Güteverfahren vor einer außergerichtlichen Stelle eingeleitet, so wird bis zu dessen Beendigung der Lauf dieser Frist gehemmt.

§ 23 Schadensersatz bei vorzeitiger Beendigung

(1) Wird das Berufsausbildungsverhältnis nach der Probezeit vorzeitig gelöst, so können Ausbildende oder Auszubildende Ersatz des Schadens verlangen, wenn die andere Person den Grund für die Auflösung zu vertreten hat. Dies gilt nicht im Falle des § 22 Abs. 2 Nr. 2.

(2) Der Anspruch erlischt, wenn er nicht innerhalb von drei Monaten nach Beendigung des Berufsausbildungsverhältnisses geltend gemacht wird.

Unterabschnitt 6 Sonstige Vorschriften

§ 24 Weiterarbeit

Werden Auszubildende im Anschluss an das Berufsausbildungsverhältnis beschäftigt, ohne dass hierüber ausdrücklich etwas vereinbart worden ist, so gilt ein Arbeitsverhältnis auf unbestimmte Zeit als begründet.

§ 25 Unabdingbarkeit

Eine Vereinbarung, die zuungunsten Auszubildender von den Vorschriften dieses Teils des Gesetzes abweicht, ist nichtig.

§ 26 Andere Vertragsverhältnisse

Soweit nicht ein Arbeitsverhältnis vereinbart ist, gelten für Personen, die eingestellt werden, um berufliche Fertigkeiten, Kenntnisse, Fähigkeiten oder berufliche Erfahrungen zu erwerben, ohne dass es sich um eine Berufsausbildung im Sinne dieses Gesetzes handelt, die §§ 10 bis 23 und 25 mit der Maßgabe, dass die gesetzliche Probezeit abgekürzt, auf die Vertragsniederschrift verzichtet und bei vorzeitiger Lösung des Vertragsverhältnisses nach Ablauf der Probezeit abweichend von § 23 Abs. 1 Satz 1 Schadensersatz nicht verlangt werden kann.

Anforderungen an die persönliche Leistungserbringung

Stellungnahme der Bundesärztekammer und der Kassenärztlichen Bundesvereinigung vom 22.09.1988

Inhaltsverzeichnis:

I. Rechtsgrundlagen

II. Auswirkungen

1. Nicht delegationsfähige, vom Arzt persönlich zu erbringende Leistungen
2. Im Einzelfall delegationsfähige Leistungen
3. Grundsätzlich delegationsfähige Leistungen
4. Delegation psychotherapeutischer Leistungen an Diplom-Psychologen
5. Anwesenheit des Arztes

III. Anforderungen an die persönliche Leistungserbringung im Rahmen einer Beteiligung nach § 29 ZO-Ä oder nach § 5 Nr. 6 EKV oder einer Ermächtigung zur Teilnahme an der kassenärztlichen Versorgung

I. Rechtsgrundlagen

Die persönliche Leistungserbringung ist eines der wesentlichen Merkmale freiberuflicher Tätigkeit. Sie erfordert von dem Angehörigen eines freien Berufes, dass er bei der Inanspruchnahme Dritter bei der Erbringung eigener beruflicher Leistungen leitend und eigenverantwortlich mitwirkt und dieser Leistung dadurch sein persönliches Gepräge gibt. Der Angehörige eines freien Berufes kann daher, anders als der gewerbliche Unternehmer, den Leistungsumfang seiner Praxis nicht durch Anstellung von Personal beliebig vermehren.

Für Dienstleistungen schreibt § 615 Satz 1 BGB generell vor, dass sie im Zweifel durch die Person des Dienstleistungsverpflichteten zu erbringen sind. Im ärztlichen Berufsrecht und im Kassenarztrecht hat die Verpflichtung zur persönlichen Leistungserbringung ihren Niederschlag in § 17 der Musterberufsordnung (der Arzt muss seine Praxis grundsätzlich persönlich ausüben), in § 32 der Zulassungsordnung für Kassenärzte (der Kassenarzt hat die kassenärztliche Tätigkeit persönlich in freier Praxis auszuüben) und in § 4 des Bundesmantelvertrages gefunden. Diese Vorschriften gelten auch für den Krankenhausarzt, soweit dieser eine eigene Sprechstundenpraxis oder Überweisungspraxis betreibt (für das Kassenarztrecht § 368 a Abs. 8 RVO). Im stationären Leistungsbereich ergibt sich für „wahlärztliche Leistungen" die Verpflichtung zur persönlichen Leistungserbringung aus § 7 der Bundespflegesatzverordnung.

Die Amtliche Gebührenordnung für Ärzte begrenzt in § 1 Abs. 2 die Berechnungsfähigkeit ärztlicher Leistungen nach Maßgabe dieser Verordnung auf solche, die der Arzt selbst erbracht hat oder durch Personen hat erbringen lassen, die seiner Aufsicht und

Weisung unterstehen*). Nach § 1 E-GO sind Hilfeleistungen nicht-ärztlicher Mitarbeiter nur dann Vertragsleistungen, wenn der Vertragsarzt diese anordnet, fachlich überwacht und der nicht-ärztliche Mitarbeiter zur Erbringung der jeweiligen Hilfeleistung qualifiziert ist.

II. Auswirkungen

Die Pflicht zur persönlichen Leistungserbringung schließt nicht aus, dass der Arzt beim jeweiligen Patienten bestimmte Leistungen an Personen delegiert, die unter seiner Aufsicht und Weisung stehen und für die Erbringung der Hilfeleistung qualifiziert sind. Ob und in welchem Umfang der Arzt ärztliche Leistungen in der Durchführung unter seiner Aufsicht und Weisung an medizinisches Assistenzpersonal delegieren darf, hängt im Wesentlichen von der Art der Leistung, der Schwere des Krankheitsfalles und der Qualifikation des Hilfspersonals ab. Dabei lassen sich drei Gruppen unterscheiden:

1. Nicht delegationsfähige, vom Arzt persönlich zu erbringende Leistungen

Hierzu zählen insbesondere sämtliche operativen Eingriffe, die Untersuchung und die Beratung des Patienten, die Psychotherapie, soweit nicht ihre Delegation an qualifiziert weitergebildete Diplom-Psychologen ausdrücklich zugelassen ist (Nr. 4), invasive diagnostische Eingriffe und die Entscheidung über sämtliche therapeutischen Maßnahmen.

Die Delegation dieser, in jedem Fall von einem Arzt vorzunehmenden Maßnahmen an ärztliche Mitarbeiter hängt davon ab, ob eine Verpflichtung zur persönlichen Tätigkeit, zum Beispiel des Chefarztes, besteht und ob der ärztliche Mitarbeiter zur Erbringung der jeweiligen Leistung qualifiziert ist.

In der Kassenpraxis bedarf die Beschäftigung ärztlicher Mitarbeiter der Assistentengenehmigung (§ 32 ZO-Ä).

Für die persönliche Leistungserbringung im Rahmen einer Beteiligung oder Ermächtigung gelten die in Abschnitt III festgelegten Anforderungen.

2. Im Einzelfall delegationsfähige Leistungen

Insoweit handelt es sich um Leistungen, bei denen der Arzt im Einzelfall in Kenntnis des Krankheitsbildes und der Qualifikation seiner Mitarbeiter zu entscheiden hat, ob eine Delegation mit medizinischen Erfordernissen zu vereinbaren ist. Dieser Gruppe sind insbesondere Injektionen, Infusionen und Blutentnahmen zuzurechnen.

Der Vorstand der Bundesärztekammer hat hierzu am 16.2.1974 folgende Stellungnahme abgegeben:

---

*) Neufassung § 4 Abs. 2 GOÄ: Der Arzt kann Gebühren für selbständige ärztliche Leistungen berechnen, die er selbst erbracht hat oder die unter seiner Aufsicht nach fachlicher Weisung erbracht werden (eigene Leistungen).

„Injektionen, Infusionen und Blutentnahmen sind Eingriffe, die zum Verantwortungsbereich des Arztes gehören. Der Arzt kann mit der Durchführung dieser von ihm angeordneten Maßnahmen sein medizinisches Assistenzpersonal beauftragen, soweit nicht die Art des Eingriffes sein persönliches Handeln erfordert.

Da Injektionen, Infusionen und Blutentnahmen nicht zu dem üblichen Aufgabenbereich des ausgebildeten Assistenzpersonals gehören, bleibt der Arzt in jedem Falle für die Anordnung und ordnungsgemäße Durchführung der Eingriffe sowie für die Auswahl und Überwachung der Hilfskraft verantwortlich.

Der Arzt darf daher die Durchführung nur solchen Hilfskräften übertragen, die in der Punktions- und Injektionstechnik besonders ausgebildet sind und von deren Können und Erfahrungen er sich selbst überzeugt hat. Die Durchführung von Injektionen, Infusionen und Blutentnahmen außerhalb des ärztlichen Verantwortungsbereiches ist nur in Notfällen vertretbar, in denen der Arzt nicht erreichbar ist."

Die Stellungnahme des Vorstandes der Bundesärztekammer differenziert nicht nach den einzelnen Injektionsarten. Im Hinblick auf die Delegation von Leistungen ist zu unterscheiden zwischen intravenösen Injektionen, Infusionen und Blutentnahmen einerseits und subkutanen und intramuskulären Injektionen andererseits. Die Durchführung von subkutanen und intramuskulären Injektionen kann auf Assistenzpersonal übertragen werden, wenn die zur Durchführung solcher Eingriffe erforderliche Qualifikation gewährleistet ist. Die Durchführung von Blutentnahmen darf nur ad personam an einzelne entsprechend qualifizierte Mitarbeiter delegiert werden. Intravenöse Injektionen und das Anlegen von Infusionen sollten vom Arzt selbst durchgeführt werden; sie sind wegen möglicher Komplikationen nur dann delegationsfähig, wenn sich der Arzt von der durch Ausbildung und Erfahrung gewonnenen spezifischen Qualifikation in der Punktions- und Injektionstechnik überzeugt hat und wenn er persönlich in der Praxis anwesend ist.

Die Anordnung über die Durchführung von Injektionen und Blutentnahmen und gegebenenfalls erforderliche Instruktionen müssen in jedem Falle durch den Arzt erfolgen.

Die Delegationsfähigkeit besteht grundsätzlich auch für radiologische Leistungen, soweit nicht die Eigenart der radiologischen Untersuchung das persönliche Handeln des Arztes erfordert. Delegationsfähig ist nur die technische Erstellung des Röntgenbildes. Dabei ist die Anwesenheit des Arztes im Röntgenraum nicht erforderlich. Auch für Röntgenleistungen ist jedoch zu verlangen, dass der Arzt persönlich für Rückfragen kurzfristig erreichbar ist und die auf seine Anordnung hin gefertigten Röntgenaufnahmen nach Erstellung selbst beurteilt, um daraus gegebenenfalls auch Schlussfolgerungen für eventuelle ergänzende Aufnahmen zu ziehen.

Bei EKG- und EEG-Leistungen ist die Beurteilung durch den Arzt im medizinisch notwendigen zeitlichen Zusammenhang mit der technischen Erstellung der Ableitung erforderlich. EKG-Leistungen unter Belastung dürfen nur in Anwesenheit des Arztes durchgeführt werden.

Laborleistungen sind grundsätzlich delegationsfähig, jedoch sind Leistungen des Speziallabors (Abschnitt O III EBM) unter der persönlichen Überwachung und Verantwortung bei Anwesenheit des Arztes zu erbringen.

3. Grundsätzlich delegationsfähige Leistungen

Insoweit handelt es sich um Leistungen, bei denen sich die Tätigkeit des Arztes darauf beschränken kann, die insbesondere durch eine entsprechende Ausbildung nachzuweisende spezifische Qualifikation des Personals zur Leistungserbringung festzustellen und in regelmäßigen Zeitabständen zu kontrollieren, die Leistungserbringung beim jeweiligen Patienten anzuordnen und nach deren Durchführung das Ergebnis, soweit es für Diagnostik und Therapie relevant ist, zu beurteilen. In diesen Leistungsbereich sind einzuordnen:

- ◢ Laborleistungen mit Ausnahme des Speziallabors,
- ◢ physikalisch-medizinische Leistungen,
- ◢ Ton- und Sprachaudiometrie sowie vergleichbare Messverfahren,
- ◢ Dauerkatheterwechsel,
- ◢ Wechsel einfacher Verbände.

Der Arzt darf ärztliche Sachleistungen nur dann ausführen, wenn er die dafür geeigneten Einrichtungen besitzt und über die erforderliche Vorbildung verfügt. Soweit Hilfskräfte tätig werden, müssen sie die entsprechenden fachlichen Voraussetzungen erfüllen (§ 25 Abs. 2 Bundesmantelvertrag).

Bestehen für einzelne Leistungsbereiche auf der Grundlage des Bundesmantelvertrages oder des Arzt-/Ersatzkassenvertrages besondere Anforderungen an Einrichtungen, Fachkunde und persönliche Leistungserbringung, so sind diese zu beachten.

4. Delegation psychotherapeutischer Leistungen an Diplom-Psychologen

Die Delegation psychotherapeutischer Leistungen an Diplom-Psychologen im Rahmen der kassen-/vertragsärztlichen Versorgung ist auch gegenüber in der eigenen Praxis angestellten Diplom-Psychologen nur unter den Voraussetzungen und in den Grenzen zulässig, die durch die Psychotherapie-Vereinbarung jeweils festgelegt werden. Hiervon unberührt bleibt die Möglichkeit der Beauftragung eines in der Arztpraxis angestellten Diplom-Psychologen mit der Durchführung psychologischer Testverfahren und der Durchführung übender psychotherapeutischer Verfahren unter Aufsicht und Weisung des Praxisinhabers.

5. Anwesenheit des Arztes

Die Verantwortung des Arztes für seinen Patienten setzt grundsätzlich voraus, dass der Arzt auch bei der Durchführung an Mitarbeiter delegierter Leistungen in der Praxis anwesend ist. Es ist daher unzulässig, in der Arztpraxis auf Grund genereller Anordnung an das Praxispersonal Leistungen durchführen zu lassen, wenn der Arzt persönlich nicht in der Praxis erscheinen kann oder für längere Zeit abwesend ist. In solchen Fällen muss daher ein Vertreter bestellt oder die Praxis vorübergehend geschlossen werden.

Bei vorübergehender Abwesenheit können jedoch bereits vom Arzt angeordnete Leistungen durchgeführt werden, wenn dies medizinischen Erfordernissen genügt. Vom Arzt vorher angeordnete Blutentnahmen können in der Zeit vor Beginn der Sprechstunde durchgeführt werden, wenn der Arzt in angemessener Zeit persönlich in der Praxis erreichbar ist.

III. Anforderungen an die persönliche Leistungserbringung im Rahmen einer Beteiligung nach § 29 ZO-Ä oder nach § 5 Nr. 6 EKV oder einer Ermächtigung zur Teilnahme an der kassenärztlichen Versorgung

Die an der kassen-/vertragsärztlichen Versorgung beteiligten Krankenhausärzte haben im Rahmen des Beteiligungsbeschlusses dieselben Rechte und Pflichten wie Kassenärzte (§ 368 a Abs. 8 RVO). Daraus ergibt sich die Verpflichtung zur persönlichen Leistungserbringung (§ 32 ZO–Ä, § 4 Abs. 1 BMV, § 5 Nr. 7 EKV). Diese Verpflichtung zur persönlichen Leistungserbringung ergibt sich auch aus Sinn und Zweck der Beteiligung oder Ermächtigung von Krankenhausärzten zur Teilnahme an der kassen-/vertragsärztlichen Versorgung, da hierdurch die persönlichen medizinischen Kenntnisse und ärztlichen Fähigkeiten eines qualifizierten Krankenhausarztes für die kassen-/vertragsärztliche Versorgung nutzbar gemacht werden sollen.

Würde der beteiligte oder ermächtigte Krankenhausarzt die Durchführung von Leistungen beliebig an ärztliche Mitarbeiter delegieren dürfen, wäre dieses Ziel nicht mehr erreichbar und ein Unterschied zwischen der persönlichen Beteiligung eines Krankenhausarztes und der institutionellen Ermächtigung des Krankenhausträgers nicht mehr erkennbar. Der beteiligte oder ermächtigte Krankenhausarzt kann daher ärztliche Leistungen, auch wenn dies medizinisch vertretbar wäre, nur unter den nachstehend genannten Kriterien an ärztliche Mitarbeiter delegieren.

Der beteiligte oder ermächtigte Krankenhausarzt muss selbst die Entscheidung darüber treffen, welche Leistungen bei einem Patienten beziehungsweise an zugesandtem Untersuchungsmaterial vorgenommen werden. Hierzu gehört – soweit erforderlich – die Untersuchung des Patienten beziehungsweise die eigene Beurteilung des Überweisungsfalles vor Durchführung von Einzeluntersuchungen.

Die aufgrund der Erstbeurteilung beziehungsweise Erstuntersuchung für notwendig gehaltenen weiteren Leistungen können nur unter den in Abschnitt II festgelegten Anforderungen delegiert werden. Dies gilt auch für die Delegation an ärztliche Mitarbeiter. Generell nicht delegationsfähig sind jene ärztlichen Leistungen, die in einem Beteiligungs- oder Ermächtigungsbeschluss einzeln aufgeführt sind.

Die abschließende Beurteilung erhobener medizinischer Befunde und gegebenenfalls die Beratung der Patienten obliegt ausschließlich dem beteiligten/ermächtigten Krankenhausarzt. Diese Beurteilung kann daher auch nicht von einem anderen Arzt vorgenommen werden. Der beteiligte/ermächtigte Krankenhausarzt kann sich – ebenso wie der Kassen-/Vertragsarzt – bei Krankheit, Urlaub oder Teilnahme an ärztlicher Fortbildung oder an einer Wehrübung innerhalb von 12 Monaten bis zur Dauer von 3 Monaten vertreten lassen (§ 32 ZO-Ä, § 5 Nr. 8 EKV). Der Vertreter muss über die erforderliche Qualifikation verfügen. Übt der beteiligte/ermächtigte Krankenhausarzt jedoch seine dienstliche Funktion aus, so muss er auch die kassenärztliche Überweisungspraxis selbst wahrnehmen. Er muss deswegen auch die Sprechstunden für die kassenärztliche Überweisungspraxis so gestalten, dass bei normalem Dienstablauf mit einer Verhinderung an der Ausübung der Überweisungspraxis nicht zu rechnen ist.

Die Versorgung ambulanter Notfälle im Krankenhaus durch den Bereitschaftsdienst ist nicht Bestandteil der Beteiligung/Ermächtigung als Krankenhausarzt an der kassen-/vertragsärztlichen Versorgung. In diesen Fällen erfolgt die Vergütung auf der Grundlage des § 368 d Abs. 1 Satz 2 RVO.

Adressverzeichnis

Ärztekammern

Landesärztekammer Baden-Württemberg, Jahnstr. 40, 70597 Stuttgart,
Tel.: 0711/769890, Fax: 0711/7698950, info@laek-bw.de, www.laek-bw.de

Bayerische Landesärztekammer, Mühlbaurstr. 16, 81677 München,
Tel.: 089/41470, Fax: 089/4147280, blaek@blaek.de, www.blaek.de

Ärztekammer Berlin, Friedrichstr. 16, 10969 Berlin
Tel.: 030/408060, Fax: 030/408063499, kammer@aekb.de, www.aekb.de

Landesärztekammer Brandenburg, Dreifertstr. 12, 03044 Cottbus
Tel.: 0355/78010-0, Fax: 0355/78010-36, post@laekb.de, www.laekb.de

Ärztekammer Bremen, Schwachhauser Heerstr. 30, 28209 Bremen
Tel.: 0421/3404200, Fax: 0421/3404209, info@aekhb.de, www.aekhb.de

Ärztekammer Hamburg, Humboldtstr. 56, 22083 Hamburg
Tel.: 040/22802596, Fax: 040/2209980
aekhh@aerztekammer-hamburg.de, www.aerztekammer-hamburg.de

Landesärztekammer Hessen, Im Vogelsgesang 3, 60488 Frankfurt
Tel.: 069/976720, Fax: 069/97672128, laek.hessen@laekh.de, www.laekh.de

Ärztekammer Mecklenburg-Vorpommern, August-Bebel-Str. 9a, 18055 Rostock
Tel.: 0381/492800, Fax: 0381/4928080, info@aek-mv.de, www.aek-mv.de

Ärztekammer Niedersachsen, Berliner Allee 20, 30175 Hannover
Tel.: 0511/38002, Fax: 0511/3802240, info@aekn.de, www.aekn.de

Ärztekammer Nordrhein, Tersteegenstr. 9, 40474 Düsseldorf
Tel.: 0211/43020, Fax: 0211/4302-1200, aerztekammer@aekno.de, www.aekno.de

Landesärztekammer Rheinland-Pfalz, Deutschhausplatz 3, 55116 Mainz
Tel.: 06131/270120, Fax: 06131/2701222, kammer@laek-rlp.de, www.laek-rlp.de

Ärztekammer des Saarlandes, Faktoreistr. 4, 66111 Saarbrücken
Tel.: 0681/40030, Fax: 0681/4003340,
info-aeks@aeksaar.de, www.aerztekammer-saarland.de

Sächsische Landesärztekammer, Schützenhöhe 16, 01099 Dresden
Tel.: 0351/82670, Fax: 0351/8267412, dresden@slaek.de, www.slaek.de

Ärztekammer Sachsen-Anhalt, Doctor-Eisenbart-Ring 2, 39120 Magdeburg
Tel.: 0391/60546, Fax: 0391/60547000, info@aeksa.de, www.aeksa.de

Ärztekammer Schleswig-Holstein, Bismarckallee 8–12, 23795 Bad Segeberg
Tel.: 04551/8030, Fax: 04551/803188, aerztekammer@aeksh.org, www.aeksh.de

Landesärztekammer Thüringen, Im Semmicht 33, 07751 Jena-Maua
Tel.: 03641/6140, Fax: 03641/614169
post@laek-thueringen.de, www.laek-thueringen.de

Ärztekammer Westfalen-Lippe, Gartenstr. 210–214, 48147 Münster
Tel.: 0251/9290, Fax: 0251/9292999, posteingang@aekwl.de, www.aekwl.de

Bundesärztekammer, Herbert-Lewin-Platz 1, 10623 Berlin
Tel.: 030/400456-0, Fax: 030/400456-388, info@baek.de, www.bundesaerztekammer.de

Wichtige Internetadressen

Ärztliches Zentrum für Qualität in der Medizin (ÄZQ): www.aezq.de

Berufgenossenschaft für Gesundheitsdienst und Wohlfahrtspflege (BGW):
www.bgw-online.de

Bundesgeschäftsstelle Qualitätssicherung gGmbH (BQS): www.bqs-online.de

Bundesinstitut für Berufsbildung (BIBB): www.bibb.de

Bundesministerium für Bildung und Forschung (BMBF): www.bmbf.de

Bundesministerium für Gesundheit (BMG): www.bmg.bund.de

Carl-Oelemann-Schule der Landesärztekammer Hessen: www.laekh.de

Deutsche Krankenhausgesellschaft (DKG): www.dkgev.de

Deutsches Gesundheitsnetz (DGN): www.dgn.de

Edmund-Christiani-Seminar der Ärztekammer Schleswig-Holstein:
www.aeksh.org/ecs/ecs.htm

E-Learning Projekt „LearnART": www.learnart-online.de

EU-Gesundheitsportal: http://health.europa.eu

Gemeinsamer Bundesausschuss (G-BA): www.g-ba.de

Gemeinschaft Fachärztlicher Berufsverbände (GFB): www.facharztverband.de

Hausärzteverband (BDA): www.bda-hausaerzteverband.de

Kassenärztliche Bundesvereinigung (KBV): www.kbv.de

Kooperation für Transparenz und Qualität im Gesundheitswesen (KTQ): www.ktq.de

Kultusministerkonferenz der Länder (KMK): www.kmk.org

Stiftung Begabtenförderungswerk Berufliche Bildung (SBB): www.begabtenfoerderung.de

Verband medizinischer Fachberufe e.V. (VmF): www.vmf-online.de

Vereinte Dienstleistungsgesellschaft (Ver.di): www.verdi.de

Zentralinstitut für die Kassenärztliche Versorgung in der Bundesrepublik Deutschland
(ZI): www.zi-berlin.de